Carola Flad · Sabine Schneider · Rainer Treptow

Handlungskompetenz in der Jugendhilfe

VS RESEARCH

Forschung und Entwicklung in der Erziehungswissenschaft

Herausgegeben von
Prof. Dr. Rainer Treptow, Universität Tübingen

Carola Flad · Sabine Schneider
Rainer Treptow

Handlungskompetenz in der Jugendhilfe

Eine qualitative Studie zum
Erfahrungswissen von Fachkräften

Mit einem Geleitwort von Prof. Dr. Rainer Treptow

Unter Mitarbeit von
Florian Eßer und Katharina Mangold

VS RESEARCH

Bibliografische Information Der Deutschen Nationalbibliothek
Die Deutsche Nationalbibliothek verzeichnet diese Publikation in der
Deutschen Nationalbibliografie; detaillierte bibliografische Daten sind im Internet über
<http://dnb.d-nb.de> abrufbar.

1. Auflage 2008

Lektorat: Christina M. Brian / Dr. Tatjana Rollnik-Manke

Der Deutsche Universitäts-Verlag und der VS Verlag für Sozialwissenschaften sind Unternehmen
von Springer Science+Business Media.
www.duv.de
www.vs-verlag.de

Umschlaggestaltung: KünkelLopka Medienentwicklung, Heidelberg
Gedruckt auf säurefreiem und chlorfrei gebleichtem Papier
Printed in Germany

ISBN 978-3-8350-7015-8

Geleitwort zur Publikationsreihe „Forschung und Entwicklung in der Erziehungswissenschaft"

Von pädagogischen Profis wird nicht nur erwartet, erziehungswissenschaftlichen Diskursen auch dann auf der Spur zu bleiben, wenn sie schon längst die Hochschuljahre hinter sich gelassen haben. Erwartet wird von Profis zunehmend auch der Erwerb von Kenntnissen in der Beurteilung wissenschaftlicher Befunde und in der eigenständigen Durchführung praxisbegleitender Studien im beruflichen Alltag. Hier steht Forschung in Zusammenhang mit Kompetenzentwicklung, Qualitätsentwicklung und Qualitätssicherung. Sie findet sich in der Beschaffung von Informationen zur Infrastrukturentwicklung, bietet eine Grundlage von Bildungs- und Sozialplanung oder bei der Konzeption personenbezogener Dienstleistungen im Bildungs-, Kultur- und Sozialsektor. Sie zeichnet schließlich für international vergleichende Untersuchungen verantwortlich, die auf vielfach vermittelte Weise die Rahmenbedingungen pädagogischen Handelns auf lokaler Ebene prägen.

Die Gestaltung, Entwicklung und Begründung professioneller Aufgabenfelder geschieht in einer Wissensgesellschaft also zunehmend durch die Einbeziehung von Forschung. Reichweiten und Grenzen der Verwissenschaftlichung zu kennen, die auf solche Entwicklungen Einfluss nehmen, ist daher von Interesse – für Studierende und Lehrende der Erziehungswissenschaft, für die weitere pädagogische Profession, für ihre Adressatinnen und Adressaten und nicht zuletzt für die weitere Öffentlichkeit.

Diesem gebündelten Interesse dient die mit dem vorliegenden Band eröffnete Publikationsreihe. Ihr Titel „Forschung und Entwicklung in der Erziehungswissenschaft" markiert drei Aufgaben:

-   *Erstens* sollen im Spektrum qualitativer und quantitativer Forschung Beiträge zu einzelnen pädagogischen Feldern und Fragestellungen der Erziehungswissenschaft vorgestellt werden;
-   *zweitens* sollen beschreibende, theoretisch-analytische Beiträge über Entwicklungsverläufe von Lern- und Bildungsbiografien, von Wissens- und Handlungsformen sowie von Organisationen und Institutionen im Bildungs-, Kultur- und Sozialsektor ein Forum bekommen;
-   *drittens* soll Arbeiten Raum gegeben werden, die insbesondere die Wechselbeziehung zwischen empirischer Forschung und solchen Entwicklungsverläufen untersuchen, also zeigen können, welche Relevanz Forschung für deren Beobachtung, Steuerung und Gestaltung einnimmt.

Diese Aufgaben können je für sich, aber auch im Zusammenhang miteinander stehen.

Ein solches Profil folgt einer Einsicht: Die Einbeziehung forschungsmethodisch begründeter Verfahren ist bei der Entwicklung pädagogischer Felder auch im Zuge wachsender Verwissenschaftlichung keineswegs die Regel. Die nachhaltige Verbindung von Entwicklung und Forschung wird auch von den Akteuren des Bildungs- und Sozialsystems nicht immer angestrebt, aus unterschiedlichen Gründen. Auch die Wissenschaft wird den Anwendungsbezug nicht immer suchen, insbesondere wenn sie Grundlagenforschung betreibt, sondern in diesem Fall angemessene Distanz zu praktischen Zwecken halten. Dann geht sie Fragestellungen nach, die mit ebenfalls guten Gründen, nicht nutzeninspiriertem Denken entspringen.

Zugleich ist deutlich, dass andere Entwicklungsverläufe pädagogischer Interaktionsverhältnisse und Organisationsformen ohne den Nutzen von Forschung nicht denkbar sind. Eng gekoppelt mit ihren Verfahren und Befunden folgen sie der Einsicht, sich nicht nur für die Legitimation von Maßnahmen, sondern auch für die Modifikation von Methoden und Settings, für deren Innovation und Veränderung auf theoriegeleitete Forschung stützen zu müssen. Dabei ist die Nutzung systematischer Datenerhebung, der Auswertung und des Wissenstransfers ebenso grundlegend wie der selbstverständliche Umgang mit wissenschaftlichem Wissen im Horizont praktischer Fragen. Mitunter prägen sie das Selbstverständnis pädagogischer Profession und Organisationen nachhaltig.

In dieser Vielfalt einer teils losen, teils engen Verbindung zu Forschung folgt der Wandel praktischer und institutioneller Strukturen verschiedenen Motiven und Begründungen. Die meisten haben ihre jeweils eigene Dignität. Die Darstellung von Forschung und Entwicklung wird daher auch pragmatischen, wirtschaftlichen, rechtlichen Rahmenbedingungen und Motiven und nicht zuletzt ethischen Maximen nachgehen, die die Entwicklung erziehungswissenschaftlicher Forschung und pädagogischer Praxis beeinflussen – oder ihnen abhanden kamen.

Interessant ist das Zusammenspiel von Forschung und Entwicklung, aber auch ihre Spannung. Die Reihe soll beides würdigen.

Der vorliegende Forschungsbericht stellt eine der Möglichkeiten dar, wie Forschung für ein besonderes Entwicklungsfeld in der Praxis – Handlungskompetenzentwicklung in der Jugendhilfe – fruchtbar gemacht werden kann.

Rainer Treptow

Inhaltsverzeichnis

Abkürzungsverzeichnis

[...]	= Auslassungen von Worten oder Sätzen bei Zitaten aus dem Interviewmaterial
[Wort]	= eingefügte Erklärungen oder Worte zur Verbesserung der Lesbarkeit der Interviewzitate oder Kommentierungen zum Interviewverlauf
-,	= Ende eines abgebrochenen Satzes in den Interviews
ASD	= Allgemeiner Sozialer Dienst
BJW	= Betreutes Jugendwohnen
DWW	= Diakonisches Werk Württemberg
EB	= Erziehungsberatung
EH	= Erziehungshilfe
HzE	= Hilfen zur Erziehung
I	= Interviewer bzw. Interviewerin
ISE	= Intensive sozialpädagogische Einzelbetreuung
JBH	= Jugendberufshilfe
JMD	= Jugendmigrationsdienst
JSA	= Jugendsozialarbeit
KOMMIT	= Projekt „Kompetenzentwicklung von Mitarbeitenden in der diakonischen Jugendhilfe"
MA	= Mitarbeiterinnen und Mitarbeiter
PsB	= Psychologische Beratung
SpFH	= sozialpädagogische Familienhilfe
X-Stadt	= von den Fachkräften erwähnter, anonymisierter Ort

1 Einleitung: Forschungsauftrag und Grundannahmen

Der vorliegende Bericht stellt Fragestellungen, methodisches Vorgehen, Ergebnisse und Schlussfolgerungen eines qualitativen Forschungsprojektes zum Thema „Handlungsfeldspezifische Kompetenzentwicklung" in der diakonischen Jugendhilfe vor. Die Untersuchung wurde vom Diakonischen Werk Württemberg[1] in Auftrag gegeben und von einer Forschergruppe der Universität Tübingen durchgeführt[2]. Im Mittelpunkt stehen Rekonstruktionen handlungskompetenz- und kontextbezogenen Wissens dort tätiger Jugendhilfefachkräfte in leitender und nichtleitender Funktion. Ihre Handlungsfelder liegen im Spektrum erzieherischer Hilfen, der Jugendsozialarbeit, der Jugendberufshilfe sowie der mobilen Jugendarbeit. Der Bericht wendet sich sowohl an Projektbeteiligte als auch an Führungs- und Leitungskräfte der Kinder- und Jugendhilfe, an Organisations- und Personalentwickler öffentlicher und freier Jugendhilfeträger, an Aus- und Weiterbildungsinstitute sowie an interessierte Fachkräfte und Studierende.

---

[1] Das Diakonische Werk Württemberg (DWW) gehört zu den Spitzenverbänden der freien Wohlfahrtspflege in Baden-Württemberg und ist Teil des Diakonischen Werkes der Evangelischen Kirche in Deutschland. Als Verbandsaufgaben werden Dienstleistungen für Mitglieder, zentrale Aufgaben (z.B. im Auftrag der Landeskirche), Koordinierungsfunktionen der verschiedenen Arbeitsbereiche sowie Lobbyarbeit beschrieben.
(vgl. http://portal.diakonie-wuerttemberg.de)
[2] Florian Eßer und Katharina Mangold haben als studentische Mitarbeiter im Forschungsteam (Flad, Schneider, Treptow) mitgewirkt und sowohl bei der Datenerhebung als auch der Auswertung eigenständige Beiträge geleistet. Für ihre ausdauernde Unterstützung und intensive Mitarbeit gilt ihnen unser bester Dank. Außerdem danken wir Alf Gaiser, Simone Heyder und Marc Weinhardt für ihre Hilfe bei der Endkorrektur.

1.1 Forschungsauftrag

Im Rahmen des Gesamtprojektes „Kompetenzentwicklung von Mitarbeitenden in der diakonischen Jugendhilfe" (KOMMIT) handelt es sich bei der vorliegenden Studie um ein Teilprojekt (Teilprojekt 1: „Handlungsfeldspezifische Kompetenzentwicklung – ein Forschungsauftrag"). Dessen Zeitrahmen erstreckte sich von Juni 2005 bis Februar 2007. Die weiteren Teilprojekte zielten auf den „Aufbau einrichtungsinterner Konzeptionen von Personalentwicklung" (Teilprojekt 2) sowie auf „Führungskräfteförderung in der Jugendhilfe auf der mittleren und obersten Leitungsebene" (Teilprojekt 3)[3].

Als *Projekthintergrund* wurden von Seiten des Auftraggebers folgende Entwicklungstendenzen thematisiert: Hinweise auf einen möglichen Mangel geeigneter Fachkräfte für den Bereich stationärer Erziehungshilfen; Lebenslanges Lernen als Anforderung (insbesondere angesichts spezieller Veränderungen in den unterschiedlichen Arbeitsfeldern); anstehender Generationenwechsel im Führungsbereich diakonischer Jugendhilfeeinrichtungen u.a. Als Rahmenziel geht es dem Auftraggeber um „kompetente, innovative und flexible MitarbeiterInnen und Führungskräfte" in der diakonischen Jugendhilfe (vgl. DWW 2004a).[4] Im Rahmen der Forschung erwartete der Auftraggeber die Klärung einer Reihe von Fragen zum Erfahrungswissen diakonischer Fachkräfte, die von der Forschergruppe in vier Bereiche zusammengefasst wurden:

–   Worin bestehen die *zukünftigen Herausforderungen* an die Handlungsfelder der Jugendhilfe? Welche Herausforderungen für das professionelle Handeln beschreiben die Fachkräfte?

---

[3] Ein zunächst angelegtes viertes Teilprojekt zu neuen Formen des Wissensmanagements („Wissens- und Informationsbörse") wurde außerhalb der Projektstruktur KOMMIT mit korrespondierenden Aktivitäten verknüpft.
[4] Die Fragestellungen im Projekt KOMMIT bauen u.a. auf Ergebnissen einer Reihe von abgeschlossenen Projekten auf, die im Auftrag des DWW durchgeführt wurden, z.B. „Qualitätsentwicklung in der diakonischen Jugendhilfe" (DWW 2002), „Innovative Jugendhilfe" (DWW 2004b), „Ikarus"(DWW 2004c).

- Welche *Kompetenzen* sind erforderlich, um diese zu meistern? Werden „neue" Kompetenzanforderungen genannt, die aus diesen Herausforderungen resultieren?
- Welche *Bedingungen* sind für kompetentes Handeln notwendig? Welche Aspekte thematisieren die Fachkräfte als entscheidende Einflussfaktoren kompetenter Praxis?
- Welche *Qualifizierungsbedarfe* gibt es und auf welche Weise sollen diese gedeckt werden?

Zum ersten Fragenbereich zählen Zukunftsbilder der Fachkräfte im Blick auf demographische, politische, jugendhilfepolitische und kulturelle Entwicklungen in der Gesellschaft, sowie Herausforderungen an die Erziehungshilfe und an die Jugendsozialarbeit im Hinblick auf Strukturen, Leistungsangebote, Abläufe und Kompetenzanforderungen. Im zweiten Bereich stehen handlungsfeldspezifische und handlungsfeldübergreifende Kompetenzen im Mittelpunkt. Drittens liegt die Aufmerksamkeit auf teils internen sowie externen Strukturbedingungen, teils auf Schnittstellen und Kooperationsformen, die zwischen Handlungsfeldern und Organisationen der Jugendhilfe entwickelt werden. Dem vierten Komplex sind Qualifizierungsangebote und Entwicklungskonzepte für Organisationen sowie Mitarbeiterinnen und Mitarbeiter zugeordnet.

Um diese Fragen zu klären, wurde das Verfahren qualitativer Interviews mit Experten der Jugendhilfe gewählt. In jeweils ein- bis zweistündigen Interviews wurden 22 Fachkräfte anhand eines Leitfadens zu den vier Fragekomplexen befragt. Die per Tonband aufgezeichneten Interviews wurden vollständig transkribiert und codierend ausgewertet (vgl. Kap. 2). In der vorliegenden Studie werden also die jeweiligen Deutungen diakonischer Fachkräfte – als Expertinnen und Experten für Handlungsprozesse – im Hinblick auf diese Ausgangsfragen rekonstruiert. Im Folgenden werden die zentralen theoretischen Grundannahmen, die für Datenerhebung und Auswertung richtungsweisend waren, dargestellt. Sie lassen sich als Grundannahmen zur Beschreibung von Handlungskompetenz zum einen und von Kompetenzentwicklung zum anderen zusammenfassen.

1.2 Grundannahmen zur Beschreibung von Handlungskompetenz

Erstens: Jugendhilfe kompetent zu betreiben, verlangt von den zuständigen Fachkräften, über eine Reihe von Grundlagen zu verfügen, über Fähigkeiten und Wissen, Mittel und Ressourcen. Diese in eigenständiger Weise kombinieren zu können, erfordert eine Reflexivität, die jede Fachkraft selbst zu organisieren und sich darüber mit anderen zu verständigen hat. Handlungskompetenz bezieht sich sowohl auf die Person im Verhältnis zum eigenen Selbst als auch auf die von ihr gestaltete „Verbindung von Kenntnis und Können" im Hinblick auf die Bearbeitung von funktionalen Aufgaben und Gestaltung des Organisationsrahmens[5].

Diesem Verständnis entsprechend wird unter *Handlungskompetenz* das Zusammenwirken von Haltungen, Wissen und Fähigkeiten verstanden, um typische berufliche Anforderungen zu erkennen, zu bewältigen, sowie zukünftige Herausforderungen an fachliches Handeln einschätzen und entsprechende Vorbereitungen treffen zu können.

Handeln ist der Beurteilung von Adressaten ebenso ausgesetzt wie fachlichen Evaluationsverfahren. Aussagen über kompetentes Handeln können darüber hinaus dann gemacht werden, wenn kompetent Handelnde selbst ihr Wissen darüber schildern und entsprechende Bedarfslagen, Schwierigkeiten, Herausforderungen, Erfolge und Einschränkungen deutlich werden lassen. Das bedeutet, die Frage „Wer bestimmt hier eigentlich, wer kompetent ist?" (Lau/Wolff 1982) von denjenigen beantworten – und das heißt hier: erzählend ausgestalten – zu lassen, die ihr eigenes Handeln in selbst erfahrene Kontexte stellen können. Mit anderen Worten: Forschung hat sich auf das berufsspezifische Wissen zu besinnen, das teils von Wissenschaft, vor allem aber von Fachkräften angesammelt wurde, die über langjährige Erfahrung in der kompetenten Gestaltung von Jugendhilfeaufgaben verfügen und zukünftigen Innovationsbedarf formulieren können.

---

[5] Dieses Kompetenzverständnis findet sich auch in den Leitsätzen der Auftraggeber zum Projekt KOMMIT (vgl. Schreyer-Schubert 2004); vgl. dazu auch Schreyer-Schubert/Grajer (2005), Erpenbeck/Rosenstiel (2003) sowie Leisgang/Kehler (2006).

Damit folgt die Untersuchung zugleich der Annahme, dass sich kompetentes Handeln immer auch in einem situativen, biografischen und strukturellen Umfeld einstellt, in dem Erfahrungen des Nicht-Gelingens, des Korrigierens und des wiederholten Versuchens ebenso konstitutiv für kompetentes Handeln sind, wie das ideale Zusammenspiel von Problembefund und erfolgreicher Lösung.[6] Die sich als „fachliches Können" realisierende Kompetenz (vgl. Müller 2006, Moch 2006, von Spiegel 2004), vor allem aber das Wissen, wie dies in konkret gegebenen Kontexten geschieht, macht den Kontextbezug zur Grundlage für das, was unter „handlungsfeldspezifischer Kompetenzentwicklung" verstanden wird. Entscheidend ist hier sowohl die Realisierung bereits erworbener Fähigkeiten im Kontext mehr oder minder eindeutiger Anforderungen. Besonders wichtig ist auch der kompetente Umgang mit Ungewissheit, also mit ungewöhnlichen, teils noch nicht klar erkannten oder begrifflich bestimmbaren Gegebenheiten, die zur Herausforderung an bereits erworbene Kompetenz werden (vgl. Olk 1986; Helsper/Hörster/Kade 2003). Diese Annahmen bilden den Hintergrund für Fragen an die Fachkräfte zu Wissen, Können und Haltungen.

Zweitens: Handlungskompetenzen bilden eine der zentralen Ressourcen der Kinder- und Jugendhilfe, indem sie zu einem Gutteil die Reproduktion dieser sozialen Dienstleistungen sicherstellen. Kompetenzen gewährleisten nämlich (mit hoher Wahrscheinlichkeit), dass besonderen Situationen des Hilfe- und Unterstützungsbedarfs mit angemessenen Handlungsschritten entsprochen werden kann. Es sind Besonderheiten, die durch Adressaten, durch die personelle Zusammensetzung der Teams, durch regionale und lokale Gegebenheiten usw. entstehen. Diese Spezifika sind die Kontexte fachlichen Handelns. Andere Kontexte finden sich im weiteren Rahmen der Gesellschaft, Wirtschaft, Politik und

---

[6] Freilich ist damit zugleich eine Grenze gegeben: Die Art und Weise, wie über eigenes kompetentes Handeln berichtet wird, ist für eigene normative Setzungen, Darstellungsinteressen und für Verzerrungen anfällig, daher wurden Fragen nach Nicht-Gelingen bzw. nach Fehlern im beruflichen Handeln bewusst in die Interviews mit aufgenommen.

Kultur, die den Gestaltungsmöglichkeiten der Jugendhilfe nur indirekt zugänglich sind. Sie legen Grenzen und Reichweiten des Handelns fest. Unter *Handlungskontexten* werden daher die besonderen Rahmenbedingungen der Kinder- und Jugendhilfe verstanden, die den Gestaltungsraum für das Handeln der Fachkräfte weitestgehend (vor)strukturieren. Hier entstehen Aufgaben, die auf rechtliche, wirtschaftliche, sozialräumliche, kommunikative und personale Strukturen zurückzuführen sind. Sie bilden ein meist mehrschichtiges Bündel von Anforderungen, die von Fachkräften situationsbezogen gedeutet und zur Entscheidungsgrundlage für die Wahl der Handlungsschritte werden.

Handlungsfelder der Kinder- und Jugendhilfe haben es mit mindestens zwei Einflussgrößen zu tun: mit solchen, die sie selbst gestalten und mit solchen, die sie selbst kaum oder gar nicht gestalten können. So steht die Kinder- und Jugendhilfe traditionell vor der Aufgabe, Anpassungsleistungen an externe Dynamiken zu erbringen und, in den Grenzen und Reichweiten ihres Auftrags und Selbstverständnisses, einen eigenständigen Gestaltungsrahmen zu begründen, ihn zu erhalten und weiter zu entwickeln. Sie übernimmt und verbürgt sich dafür, das infrastrukturelle Dienstleistungsangebot der Kinder- und Jugendhilfe – bisweilen auch widerständig – fachlich begründet zu sichern, zu differenzieren, zu erweitern. Handlungskompetenz bewährt sich an Routinen und Herausforderungen.

1.3 Grundannahmen zur Beschreibung von Kompetenzentwicklung

Erstens: Im Blick auf Zukunft kann die Aufgabe verschiedener Anpassungsleistungen zum Teil gemeistert werden, wenn die Fachkräfte ihr entsprechendes Rüstzeug an *Handlungskompetenz weiterentwickeln.* Dies aber in einer Weise, dass sowohl konkret-situative Gestaltungsaufgaben im sozialräumlichen Kontext ihrer einzelnen Einrichtung als auch mittel- bis langfristige Trends in Planungs- und Entwicklungsverläufe der Dachorganisationen rechtzeitig erkannt und einbezogen werden können. Es handelt sich um nichts Geringeres als um eine nachhaltige Verbindung von partikularem Handeln und übergreifender Organisationsentwicklung, und zwar nicht nur als getrennte Zuständigkeit zwischen Leitung und Basis, sondern als nachhaltige, strukturell verankerte und organisierte Verständigung zwischen beiden Bereichen. Der doppelten Dynamik, nämlich dem Wandel im gesellschaftlichen Umfeld und dem Wandel in Organisationen sozialer Dienstleistungen gerecht zu werden, bedeutet für Fachkräfte, sich einer Daueraufgabe zu stellen. Sie wird umso anstrengender, je geringer die Spielräume werden, um externe Anforderungen und interne Gestaltung miteinander abzugleichen oder gar zu synchronisieren. Je weniger sich nämlich Richtung und Folgen von Wandlungsprozessen mit Gewissheit vorhersagen lassen, desto stärker wird die Kinder- und Jugendhilfe auf die Fähigkeit ihrer Fachkräfte vertrauen müssen, ihren Aufgaben in zweierlei Hinsicht nachzukommen und entsprechende Qualifizierungsangebote machen:

- externe Veränderungen einschätzen zu können, um eigene Aufgaben derartig neu zu bestimmen, dass sie rechtzeitig bearbeitet und als zukünftige Herausforderungen zu begreifen sind;
- internen Veränderungsbedarf einschätzen zu können, also berufliche Routinen entwickeln, die sich nicht mehr nur in der Anwendung von Standardmethoden erschöpfen, sondern überliefertes Wissen und Können auf neue Bedarfslagen hin erweitern können.

Zweitens: Fachkräfte erwerben Kompetenzen in ihrem lebens- und berufsbiografischen Bildungsprozess. Darin nimmt der Wissenserwerb durch Aus-, Fort- und Weiterbildung einen ebenso wichtigen Stellenwert ein wie die Entwicklung persönlicher Haltungen und solcher Interessensrichtungen, die über den engeren Rahmen beruflichen Handelns und der formellen Wissensvermittlung hinausreichen. Bis sich ein eigenes berufliches Erfahrungswissen herausbildet, über das Fachkräfte selbst berichten können, wenn sie über Zukunftsbilder, Herausforderungen, Fehler im beruflichen Handeln oder über Qualifikationsbedarf sprechen, baut sich in der Lebens- und Berufsbiografie ein persönliches, letztlich unverwechselbares Gefüge zusammenspielender Fähigkeiten auf. Es entsteht ein eigener beruflicher Stil, der kompetentes Handeln möglich macht, aber auch begrenzt und auf Erweiterung angewiesen ist. Ein solches persönliches Kompetenzprofil verdankt sich einer jahre-, teils jahrzehntelangen Auseinandersetzung mit dem typischen Wechselverhältnis zwischen den Aufgaben und Anforderungen an das jeweilige Handlungsfeld der Jugendhilfe und einer Gestaltung der fachlich angemessenen Unterstützungsformen. Erst von hier aus wird es möglich, fachlich vertretbare Aussagen über Entwicklungsbedarfe im Hinblick auf Herausforderungen, Kompetenzen, Rahmenbedingungen und Qualifizierungsbedarf zu machen, besonders dann, wenn überliefertes Erfahrungswissen auf neue Sachverhalte treffen.

Drittens: Entscheidend ist, dass sich Kompetenzprofile der Jugendhilfe mit der Veränderung ihrer strukturellen und personellen Rahmenbedingungen ebenfalls partiell wandeln können. Kompetenz der Jugendhilfe zeichnet sich gerade dadurch aus, diesen Wandel durch überlegte Aneignung neuen Wissens gestalten, Lernprozesse einleiten und kreative Konzeptentwicklung erbringen zu können. Damit Organisationen der Jugendhilfe dies leisten können, fällt auch ihnen die Aufgabe zu, möglichst förderliche Bedingungen bereit zu halten, um neuen Herausforderungen insbesondere durch belastende, außergewöhnliche und ungewisse Entwicklungstrends begegnen zu können, und zwar möglichst rechtzeitig, um nicht nachträglich mit der Abarbeitung von Folgen befasst zu werden, die durch Unkenntnis oder versäumter Handlungsschritte entstanden sind. Daher wurden den Beschreibungen der Bedingungen kompetenter Praxis besondere Aufmerksamkeit in den Interviews geschenkt.

Viertens: Kompetenzentwicklung, die die Kontexte des Handelns „vor Ort" einzubeziehen hat, kann insbesondere dann gelingen, wenn die Fachkräfte verstanden werden als Praktiker, die Reflexivität aufbringen. Diese kann sich in verschiedenen Reflexionsformen äußern:
- Reflexionsformen ersten Grades dienen der Erzeugung und Erhaltung von Berufsroutinen. Sie stellen die an Fachlichkeit rückbezo-

gene Bearbeitung alltäglicher Anforderungen sicher, die für den Zu-
ständigkeitsbereich jeweiliger Fachkräfte typisch ist.

- Reflexionsformen zweiten Grades dienen der Bewältigung und Gestaltung von hoch ungewöhnlichen Ereignissen und Herausforderungen, die sich teils durch starke Ungewissheit, teils durch einen besonderen Druck auf die Erstellung unkonventioneller Lösungen aus-
zeichnen.

Um kompetent handeln und aus Handlungsprozessen lernen zu können,
so die Grundannahme der Forschergruppe, bedarf es einer *fachlichen Haltung*, die daran interessiert ist, Wissensbestände über ihr Handeln zu erwerben, diese zu verändern und zu erweitern, anzupassen oder zu behaupten, jedenfalls handlungsbegleitend zu nutzen und nicht zuletzt
sprachlich auszudrücken. Damit steht Handlungskompetenz im Horizont der „selbstorganisierten Reflexivität" der Fachkräfte. Dieser allgemeine Ausgang von kontextbezogener Handlungskompetenz verbindet
zweierlei: berufliche Leistungen, die im Spektrum beruflicher Routinen
erbracht und solche, die im Horizont davon abweichender, neuer oder
ungewöhnlicher Ereignisse gestaltet werden. Zugleich greift diese Bestimmung auf eine Reihe von theoretischen und empirischen Studien ü-
ber berufliche Handlungskompetenz in unterschiedlichen Feldern sozialer Arbeit zurück, die trotz uneinheitlicher Fragestellungen und Ergebnisse in einem Punkt zusammenlaufen[7]: Indem Handlungskompetenz in
enger Verbindung mit Reflexionsleistungen gesehen wird, sind Fachkräfte – im Gegensatz zu einem simplifizierenden Bild von Praxis –, immer
auch auf eine berufspragmatische Weise „theoretisch" tätig. Sie ordnen
eigenständig Wissensbestände und Aufgabenstellungen, sie deuten Le-
bens- und Problemsituationen von Adressaten, gestalten Beziehungen zu
Kolleginnen und Kollegen, organisieren Alltagsroutinen und interpretieren ungewöhnliche Ereignisse im Horizont einer teils teamgestützten,
teils supervisionsgeleiteten, teils selbstorganisierten Reflexivität.

---

[7] Für die Soziale Arbeit: Wolff (1983); Lau/Wolff (1982); Klatetzki (1993); Müller (2006); Lüders (1987); Treptow (2001); Thole/Küster-Schapfl (1997); Moch (2006); Schneider (2006); zur
Verbindung von Lernkultur, Interaktion und Handlungskompetenz: Veith (2003).

1.4 Forschung und Kompetenzentwicklung

Die vorliegende Forschung versteht sich als Beitrag zur Kompetenzentwicklung von Fachkräften in der Jugendhilfe. Für Orte des Dialogs zwischen Forschung und Praxis (die im Rahmen von praxisorientierter Forschung bzw. Auftragsforschung unverzichtbar sind), schlägt Burkhard Müller die Orientierung an einem „selbstreflexiven Praxismodell" vor (vgl. Müller 1997). Dabei geht er zunächst davon aus, dass eine Orientierung am sogenannten Expertenmodell, in welchem Wissenschaftler/innen diejenigen sind, die sagen, „wo's langgeht, was richtig ist" und Praktiker/innen diese Erkenntnisse irgendwie anwenden, nicht hilfreich sei. Schwierig sei aber auch, Wissenschaftler/innen nur als Lieferanten von Zusatzinformationen zu betrachten, „die sie möglichst handlich präsentiert abliefern sollten" (ebd.: 100f). Deshalb schlägt Müller die Verständigung auf ein „selbstreflexives Praxismodell" vor, in dem davon ausgegangen wird, dass über Orientierungsfragen, also Fragen, was zu tun und was zu ändern sei, immer nur praktisch entschieden werden könne, empfiehlt aber zugleich, dass dies nicht nur auf der Grundlage von gesammelter Erfahrung geschieht, sondern auf der Grundlage systematisch organisierter Selbstbeobachtung der Praxis. Forscherinnen und Forscher können dabei insofern hilfreich sein, als sie Instrumente der Selbstbeobachtung liefern (Beschreibungen, Focussierungen, Reformulierungen, Selbstevaluationen, Selbstbegrenzungen), der Praxis gleichsam Wahrnehmungsorgane, „Augen" und „Ohren" (so nannte das der Sozialpsychologe Kurt Lewin) oder auch „Spiegel" liefern (ebd.: 101). Diesem Verständnis pflichtet die vorliegende Studie bei.

1.5 Inhaltlicher Überblick und Lesehinweise

Der Bericht gliedert sich in folgende Kapitel:
- *Kapitel 2 – Forschungsmethodik:* Im zweiten Kapitel wird das konkrete forschungsmethodische Vorgehen vorgestellt und begründet. Erläutert wird das Verfahren der Datenerhebung mit Hilfe leitfadenge-

stützter Interviews mit Fachkräften der diakonischen Jugendhilfe sowie die Auswertung der Daten. Es folgen 22 Kurzportraits der jeweiligen Fachkräfte, die interviewt und deren vertextete Aussagen geordnet und miteinander verglichen werden.

In den anschließenden Kapiteln drei bis sechs werden die Ergebnisse der empirischen Rekonstruktionen vorgestellt. Dabei folgt die Darstellung der Reihenfolge der Fragebereiche:

- *Kapitel 3 – Herausforderungen:* Untersucht wird, was die befragten Fachkräften unter Herausforderungen verstehen, wie sie diese beschreiben, an welchen Stellen ihres beruflichen Handelns sie eine Rolle spielen und in welchem Bezug sie zur Bewältigung und Weiterentwicklung von Aufgaben im jeweiligen Handlungsfeld stehen.

- *Kapitel 4 – Handlungskompetenzen:* Die Rekonstruktion grundlegender Handlungskompetenzen, neben den Anforderungen an die Persönlichkeit der Professionellen insbesondere die Rekonstruktion notwendiger Fähigkeiten, wird entlang der von den Fachkräften vorgegebenen Schwerpunktsetzung vorgenommen und durch die jeweiligen Hinweise zu grundlegenden Wissensanforderungen sowie Möglichkeiten der Reflexion ergänzt.

- *Kapitel 5 – Bedingungen kompetenter Praxis:* Aus dem Quervergleich der Interviews werden die Bedingungen kompetenter Jugendhilfepraxis beschrieben, die aus der Sicht der Befragten notwendig sind, einen Veränderungsbedarf anzeigen oder der Reichweite fachlichen Handelns Grenzen setzen.

- *Kapitel 6 – Qualifizierungsbedarfe:* Die möglichen Konsequenzen für Inhalte und Themen einer für notwendig erachteten Qualifizierung von Jugendhilfefachkräften bilden den Schwerpunkt dieses Kapitels, das außerdem die jeweiligen Begründungskontexte und Ziele von Qualifizierung erläutert.

- *Kapitel 7 – Resümee:* Im abschließenden Kapitel wird zunächst eine Zusammenfassung der empirischen Ergebnisse gegeben. Daran schließen sich von dieser Untersuchung ausgehende Überlegungen und Empfehlungen für eine nachhaltige Kompetenzentwicklung an.

Der vorliegende Bericht nutzt bewusst zahlreiche, ausführliche Zitate aus den transkribierten Interviews mit den Fachkräften. Diese sollen gewährleisten, dass die durch die Forschungsgruppe vorgenommenen Systematisierungen und Zuspitzungen des Materials nachvollziehbar werden, gleichzeitig aber eigene Deutungen durch die Leserschaft möglich sind. Der Bericht ist weitgehend so aufgebaut, dass die schnelle Leserin bzw. der schnelle Leser die Zitate überspringen und die Thesen dennoch nachvollziehen kann.

Was die Wahl grundlegender Begriffe angeht, so wird im Folgenden zwischen Fachkräften in leitender Funktion (teilweise abgekürzt mit Leitung) und Fachkräften in nicht-leitender Funktion (teilweise mit „sozialpädagogischen" Fachkräften umschrieben) differenziert. Die Jugendlichen (Mädchen und Jungen) und Eltern, die im Zentrum pädagogischer Interaktionen im Rahmen der Jugendhilfe stehen, werden im Begriff der „Adressaten" zusammengefasst. Entsprechend der im Projekt KOMMIT verwendeten Grundsatzpapiere wird der Begriff ‚diakonische Jugendhilfe' als Übergriff für Jugendhilfeleistungen sowie Hilfestellungen der Jugendsozialarbeit etc. verwendet, die im Rahmen einer Einrichtung in diakonischer Trägerschaft geleistet werden. Für diese Einrichtungen verwenden wir in Anlehnung an unsere Interviewpartnerinnen und Interviewpartner die Begriffe Organisation, Einrichtung oder Institution.

Allen Interviewpartnerinnen und Interviewpartnern sei für ihre Gesprächsbereitschaft, Offenheit und Geduld gedankt.

2 Forschungsmethodisches Vorgehen

2.1 Begründung des Zugangs

Grundlage des vorgelegten Forschungsberichtes ist eine Vergleichsstudie, in welcher leitfadengestützte Experteninterviews mit 22 Schlüsselpersonen diakonischer Jugendhilfe (Hilfen zur Erziehung sowie Jugendberufshilfe/Jugendsozialarbeit) durchgeführt und ausgewertet werden[8]. Damit ist für die vorliegende Forschung ein „qualitativer" Zugang gewählt:

> „Mit der Anwendung qualitativer Methoden verfolgt man in der Sozialforschung das Ziel, die Welt der beforschten Personen aus ihrer eigenen Perspektive zu erschließen" (Huber 1992b: 115).

Eine qualitative Vorgehensweise erfordert Offenheit „für empirisch begründete Kategorien" (vgl. Lamnek 1988: 202). Das heißt: Befragungsverfahren, die Antwortmöglichkeiten nicht vorgeben, wird der Vorzug gegeben. Offenheit für Relevanzen der befragten Personen entsteht vor allem dadurch, dass im Rahmen der Interviews zu Erzählungen bisheriger Erfahrungen und zu individuellen Beschreibungen aufgefordert wird. Qualitative Interviews ähneln daher eher einem Gespräch als einer Befragung. In der Auswertung muss es daher zunächst um ein „Verstehen" gehen, das sich „auf den Nachvollzug der Perspektive des anderen" richtet (Flick/Kardorff/Steinke 2000: 23). Handelt es sich, wie in der vor-

---

[8] Die Studie wurde im Zeitraum von Juni 2005 bis Februar 2006 durchgeführt: Die Datenerhebung fand innerhalb von zwei Monaten statt (November und Dezember 2005); die Auswertung der Daten erfolgte über das Jahr 2006, die Ergebnisse der Forschung wurden von Dezember 2006 bis Februar 2007 im abschließenden Forschungsbericht und Materialanhang zusammengefasst (Flad/Schneider/Treptow 2007).

liegenden Forschung um eine *Vergleichsstudie,* so wird das einzelne Interview bzw.

> „der Fall nicht in seiner Komplexität und Ganzheit betrachtet, sondern eine Vielzahl von Fällen im Hinblick auf bestimmte Ausschnitte: Spezifische Inhalte des Expertenwissens mehrerer Personen [...] werden vergleichend gegenübergestellt" (Flick 2000: 254).

Im Gegensatz zur quantitativen Sozialforschung geht es dabei nicht um statistische Repräsentativität, sondern um die Rekonstruktion subjektiver Bedeutungszuschreibungen fachlichen Wissens und entsprechender Begründungsstrukturen, um dadurch ein Verstehen komplexer Zusammenhänge (wie sie sich für die befragten Fachkräfte darstellen) zu ermöglichen (vgl. Huber 1992a). Damit ist die entscheidende Grenze eines solchen Zuganges bereits benannt: Einzelne Aussagen können nicht auf eine breitere Gruppe verallgemeinert werden; beabsichtigt ist vielmehr die Variationsbreite subjektiver Deutungen sichtbar zu machen. Für die vorliegende Untersuchung bedeutet das konkret: Die Erfahrungen, von denen die interviewten Fachkräfte berichten, werden in ihrem Geltungsanspruch ernst genommen. Wie häufig welche Position bspw. innerhalb der gesamten Diakonie vertreten wird, kann damit nicht beantwortet werden.[9]

Das Ziel der vorliegenden Forschung liegt in der Erbringung von Ergebnissen in Form von Thesen: Thesen sind in diesem Zusammenhang als weitest gehende Form der Verallgemeinerung der Befunde zu verstehen, die aus dem Interviewmaterial gewonnen werden konnten. Die Thesenbildung stellt insofern einen abschließenden Schritt der Auswertung

---

[9] Nun könnte erstens eingewendet werden, ein solcher Zugang „messe der Sicht der untersuchten Akteure zu viel Gewicht bei" und beschädige damit den unverzichtbaren Objektivitätsanspruch jeder Wissenschaft. Dem entgegnet Alexandre Métraux u.E. zu Recht, dass sich eine Beschreibung bspw. stattfindender Arbeitsprozesse „ohne Erfassung der (im weitesten Sinn) mentalen Prozesse und Zustände der Akteure nicht erzielen" lasse (Métraux 2000: 650). Der zweite Einwand könnte sein, dass dieses Erfahrungswissen immer schon durch fachlichen Austausch bekannt ist. Selbst wenn dies zuträfe, ist solches Wissen immer nur jenen zugänglich, die diese Kommunikationen führen. Um es einer breiteren Diskussion zugänglich zu machen, muss es nachvollziehbar erhoben werden (in der Regel in systematisierter Form). Darin liegt ein weiteres Ziel dieser Forschung.

dar – geht ihr also nicht voraus – und intendiert, die Ergebnisse in dieser komprimierten Form anschlussfähig für weitere Überlegungen und Fachdiskussionen zu machen (z.b. Forschungen, Praxisevaluationen etc.). Wie in den zentralen Prozessen der Datenerhebung und Auswertung vorgegangen wurde, soll in den folgenden Abschnitten deutlich werden. Die forschungsmethodologischen Grundlagen basieren auf dem Konzept der Grounded Theory (vgl. Strauss 1991), wobei wir uns bei der Auswertung auf das „Thematische Kodieren", eine an die Grounded Theory angelehnte Strategie, beziehen (vgl. Flick 2002: 271 ff). Die Analyse der Texte orientiert sich in diesem Verfahren „an der Herausarbeitung von Gemeinsamkeiten und Unterschieden zwischen den vorab festgelegten Gruppen"– der Spielraum hinsichtlich einer zu entwickelnden Theorie sei daher, so Flick, „begrenzter als etwa im Verfahren von Strauss (1991)" (ebd.: 278).

2.2 Datenerhebung: Interviews mit Fachkräften

Die mittels leitfadengestützter Interviews durchgeführte Datenerhebung erfordert (1.) die Erstellung eines „Frage-Leitfadens", (2.) die Auswahl der zu interviewenden Fachkräfte (Sampling bzw. Sample) sowie (3.) die Durchführung und Transkription der Interviews.

2.2.1 Frage-Leitfaden

Zur Durchführung der Interviews stellt der *Frage-Leitfaden* insofern ein hilfreiches Instrument dar, als durch die Vorgabe zentraler Fragen, die allen Fachkräften gestellt werden, einerseits die Vergleichbarkeit der unterschiedlichen Interviews erhöht wird. Andererseits wird bei der Anwendung die notwendig flexible Handhabung betont, damit eine offene Gesprächssituation entstehen kann. Das kann bspw. bedeuten, dem Erzählverlauf der interviewten Fachkräfte zu folgen oder spontane Nachfragen, die von der Interviewerin bzw. dem Interviewer als wesentlich

erachtet werden, zu ergänzen. Die Verwendung eines Leitfadens ermöglicht also das freie Antworten der Befragten und damit die Integration aller Aspekte, die von den interviewten Fachkräften als wesentlich betrachtet werden, zwingt aber ebenfalls dazu, auf jene Fragen zurückzu-
kommen, die für die Gesamtfragestellung besonders relevant erscheinen.
Vor dem Hintergrund des Gesamtprojektes KOMMIT und der an den
Forschungsauftrag gebundenen Fragestellungen wurde folgender Frage-
Leitfaden entwickelt und eingesetzt:

Tabelle 1:   Frage-Leitfaden

Frageleitfaden für die Interviews mit Fachkräften in der diakonischen Jugendhilfe
(Fragen in kursiver Schreibweise wurden für Fachkräfte in leitender Funktion ergänzt)

1) **Einstieg - zum Verständnis des Arbeitsbereichs und zur Klärung gegenwärtiger und vergangener Herausforderungen**
   - Was sind die wichtigsten Aufgaben Ihrer Einrichtung/des Projektes? (welche Adressaten, Angebote, Ziele)
   - Wie würden Sie Ihre Arbeit beschreiben – was ist Ihr Part?
   - Was haben Sie in Ihrer bisherigen Berufstätigkeit (in diesem Arbeitsfeld) an Ver-änderungen erlebt? Konnten Sie diese beeinflussen und inwiefern?
   - Was waren Herausforderungen in der Vergangenheit?
   - Was sind für Sie im Moment die zentralen Herausforderungen/Anforderungen in Ihrer Arbeit?

2) **Zur Klärung zukünftiger Herausforderungen**
   - Was sehen Sie vor dem Hintergrund Ihrer Erfahrungen als zentrale Herausfor-derungen für die Zukunft in Ihrem Arbeitsfeld an?
   - Welche Aufgaben verändern sich? Was wird zunehmend wichtiger? Warum?
   - Wie wirken sich diese Veränderungen auf Ihre Arbeit/die Einrichtung aus?
   - Was würden Sie verändern, wenn Sie „freie Hand" hätten?

3) **Zur Klärung der Rahmenbedingungen „kompetenter" Praxis**
   - Was macht aus Ihrer Erfahrung gute Praxis in Ihrem Arbeitsfeld aus? Was sind Erfolge?
   - Welche Bedingungen braucht eine gute Praxis (Rahmenbedingungen)?
   - Was schränkt Sie in Ihrer Arbeit ein?
   - Wo haben Sie Spielräume/Gestaltungsmöglichkeiten, die Ihnen wichtig sind?
   - In welchen Fragen können Sie in der Regel mitbestimmen?
   - Welche Entscheidungen haben Sie in Ihrer Arbeit beeinflusst? Wie treffen Sie Entscheidungen?

- *Wo haben Sie Akzente gesetzt? Wie treffen Sie Entscheidungen? In welchen Fragen können und sollten Mitarbeiter/innen mitbestimmen?*
- Verwenden Sie Checklisten und welche Bedeutung spielen diese in Ihrem Arbeitsbereich? Wann sind diese sinnvoll, weniger sinnvoll?
- In welchen Situationen hilft Routine? Warum?
- Welche Fehler kann man in dieser Arbeit machen? Warum wären das Fehler?

4) **Zur Klärung notwendiger (handlungsfeldspezifische/-übergreifende) Kompetenzen und einem entsprechenden Qualifizierungsbedarf der Mitarbeiter/innen**
- Welche Fähigkeiten sollten Mitarbeiter/innen in diesen konkreten Arbeitsbereich mitbringen?
- Welches Wissen ist wichtig?
- *Was macht eine gute Führungskraft aus? Welcher Fortbildungsbedarf entsteht für Sie als Führungskraft (bzw. für angehende Führungskräfte)?*
- Wo sehen Sie einen Qualifizierungsbedarf der verschiedenen Mitarbeiter/innen?
- Wie wird der Qualifizierungsbedarf von den diakonischen Fortbildungsträgern aufgegriffen? Was ist gut?
- Welche Angebote müssten zusätzlich entwickelt werden?
- Wo sollten Qualifizierungsangebote angesiedelt sein? Wodurch werden sie effektiv?

5) **Zur Klärung eines Zusammenhangs von Berufssozialisation und Kompetenzentwicklung**
- Was waren in Ihrer beruflichen Entwicklung unterstützende Faktoren zur Entwicklung Ihrer beruflichen Kompetenz?
- Welche Erfahrungen waren für Sie besonders wichtig/prägend? Was waren Lern- und Bildungserfahrungen?
- Was ist Ihnen heute zur Bewältigung Ihres Berufsalltages wichtig?
- Haben Sie/die Einrichtung an Qualitätsentwicklungsprozessen teilgenommen? Wenn ja, was hat sich dadurch in Ihrer Arbeit verändert? (Wenn nein, warum nicht?)
- Inwiefern haben sich diese Qualitätssicherungen auf Ihr Handeln ausgewirkt?

6) **Ergänzungen (Vergessenes, Unterbelichtetes, Zu-Ergänzendes)**

Folgende Überlegungen führten zur konkreten Gestalt des Leitfades:

- Durch die Fragen nach Aufgaben, Adressaten, Zielen, vergangenen und gegenwärtigen Herausforderungen wird ein grundlegendes Arbeitsverständnis der jeweiligen Personen nachvollziehbar.
- Durch Fragen nach „wahrscheinlichen" Anforderungen und Veränderungen sowie eigenen Veränderungswünschen werden zukunfts-

bezogene Einschätzungen und darin auch Kritik an Bestehendem re-
konstruierbar.

- Fragen, die auf konkrete Erfahrungen guter Praxis bzw. Erfolgsdefi-
nitionen und auf Rahmenbedingungen zielen, sollen realisierte
Kompetenzen (Performanz) in den Blick nehmen und im Kontrast
dazu Einschränkungen und Fehler im beruflichen Handeln thematisieren.

- Ebenso sollen innerhalb der Interviews eher entscheidungsoffene Situationen im Kontrast zu standardisierten Abläufen und Verfahren
zur Sprache kommen, um zu erkennen, welche Prozesse gegenüber
anderen ein Mehr an Reflexion beanspruchen.

- Erfahrungen eigener Kompetenzentwicklung innerhalb der beruflichen Entwicklung (unterstützende Faktoren, Erlebnisse, Teilnahme
an Qualitätsentwicklungsprozessen etc.) fließen häufig implizit in
eine Bewertung bestehender Möglichkeiten mit ein. Die diesbezüglichen Fragen machen diese Erfahrungen bzw. die entsprechenden Reflexionen zugänglich. Sie stellen den Hintergrund dar, vor welchem
Qualifizierungsprozesse bewertet werden und sind deshalb im Rahmen der Frage nach der Gestaltung von entsprechenden Prozessen
interessant.

- Da zum Ende des Interviews die Befragten bekanntermaßen häufig
auf bislang noch unangesprochene Inhalte eingehen (oft nachdem
das Tonband schon abgeschaltet ist), soll ein Frageimpuls nach abschließenden Ergänzungen jener Aspekte, die aus Sicht der Interviewpartner bzw. -partnerinnen im Gespräch unterbelichtet oder
vernachlässigt wurden, am Ende des Interviews erfolgen.

2.2.2 Auswahl der interviewten Fachkräfte

Bei der Gestaltung des Leitfadens spielen nicht nur grundlegende Fach-
und Feldkenntnisse eine Rolle (sowie das Wissen um die Formulierung
erzählgenerierender Fragen), vielmehr muss auch berücksichtigt werden,
welche Personen mit Hilfe eines Leitfadens befragt werden sollen. Das

verweist auf die Frage nach der *Auswahl der zu interviewenden Fachkräfte* bzw. auf das Sample. Da Hintergrund der Forschung insbesondere auch aktuelle Veränderungen in der Jugendhilfe darstellen, sollten die entsprechenden Personen durch ein gewisses Interesse an diesen Fragen bzw. der aktiven Gestaltung von Praxis in Erscheinung getreten sein (daher der Wunsch, Führungskräfte zu interviewen), zumindest aber Interesse an der Mitarbeit im Projekt KOMMIT haben. Darüber hinaus sollten die zentralen Bereiche der Jugendhilfe im Bereich der Hilfen zur Erziehung sowie im Bereich der Jugendsozialarbeit mit entsprechenden Fachkräften der unterschiedlichen Arbeitsfelder abgebildet sein.

Auf dieser Grundlage wurde von der für die Forschung zuständigen Teilprojektgruppe in Zusammenarbeit mit dem Projektteam (des DWW) eine Liste mit ca. 100 möglichen Ansprechpersonen zur Verfügung gestellt. Die konkrete Auswahl wurde im Sinne einer „kriteriengeleiteten Fallauswahl und -kontrastierung" (vgl. Kelle/Kluge 1999) von der Forschergruppe vorgenommen. Die ausgewählten Interviewpartnerinnen und Interviewpartner bleiben für den Auftraggeber anonym. Folgende Kriterien waren für die Auswahl der Fachkräfte durch die Forschergruppe entscheidend:
-   Eine möglichst ausgewogene Verteilung von Fachkräften in nichtleitender und in leitender Funktion (Gesamtleitungen und Fachkräfte in mittleren Leitungspositionen),
-   eine möglichst breite Varianz der zentralen Arbeitsbereiche diakonischer Jugendhilfe,
-   eine möglichst ausgewogene Verteilung von Frauen und Männern,
-   Fachkräfte aus Einrichtungen, die sich regional möglichst weit verteilen sowie
-   jeweils im Bereich der Hilfen zur Erziehung bzw. Jugendsozialarbeit zugeordnete Fachkräfte einer interviewten Führungskraft.[10]

---

[10] Diese Aspekte sollten entsprechend der Empfehlungen von Anselm Strauss einen möglichst minimalen und maximalen Kontrast der befragten Fachkräfte ermöglichen. Dennoch wurde die Auswahl nicht (wie von Strauss empfohlen) erst im Laufe der Forschung sondern vorab festgelegt; dabei haben wir uns an dem Vorgehen des thematischen Kodierens von Flick orientiert, der gerade in der bewussten Auswahl verschiedener Gruppen eine entscheidende Chance sieht: „Es wird die Annahme zu Grunde gelegt, dass in unterschiedli-

2.2.3 Durchführung der Interviews

Die Durchführung der Interviews fand in den jeweiligen Büros der Fachkräfte statt. Ein Interview wurde (auf Wunsch der angefragten Interviewpartnerin) gemeinsam mit zwei Fachkräften durchgeführt. Die flexible Handhabung des Leitfadens hat sich in der Durchführung der Interviews als hilfreich erwiesen, auch wenn dies zu recht unterschiedlichen Verläufen der Interviews führte, die ca. eine bis zwei Stunden dauerten. Da die wesentlichen Fragen von allen Fachkräften beantwortet wurden, ist die Vergleichbarkeit der Interviews gewährleistet. Der unproblematische Verlauf der Gespräche sowie die Tatsache, dass die befragten Fachkräfte die Gespräche für sich selbst als interessant einschätzten, lassen den Schluss zu, dass sich der Leitfaden insgesamt bewährt hat.

Die abschließende Phase der Datenerhebung bestand in der vollständigen, wörtlichen und kommentierten Transkription der Tonband-Aufzeichnungen (insgesamt ca. 500 Seiten)[11]. Dialektformen wurden bei der Transkription überwiegend angeglichen (es sei denn, der Inhalt einer Aussage hätte sich durch die Streichung bestimmter Ausdrücke verändert, diese wurden dann verschriftlicht, bspw. „gell"). Alle verwendeten Namen und Ortsbezeichnungen wurden durch Pseudonyme ersetzt.

---

chen Welten bzw. sozialen Gruppen differierende Sichtweisen anzutreffen sind. [...] Das Sampling ist an den Gruppen orientiert, deren Perspektiven auf den Gegenstand für seine Analyse besonders aufschlussreich erscheinen und die damit vorab festgelegt [...] und nicht – wie bei Strauss – aus dem Stand der Interpretation abgeleitet werden" (Flick 2002, 271 ff). Abschließend sei darauf hingewiesen, dass die Auswahl der Personen durchaus als „Auswahl der Motivierten" betrachtet werden kann.

[11] Das erhobene Material (wie in diesem Fall) überwiegend selbst zu transkribieren erhöht einerseits die Einheitlichkeit der Transkripte und stellt darüber hinaus – durch die genaue Kenntnis der Texte – eine erhebliche Erleichterung bei der Auswertung dar, erfordert aber durchschnittlich ca. 6-8 Stunden pro Interview. Die von Flick erwähnte Abkürzungsstrategie, nur wesentliche Sequenzen eines Interviews zu transkribieren, hat sich nicht bewährt und wurde daher nur in einem Interview angewandt. Im Vorfeld der Auswertung kann nicht entschieden werden, was im Verlauf der Auswertung relevant werden wird, was dann im entsprechenden Fall eine aufwändigere Wiederverwendung der Tonbänder erfordern würde.

2.3 Auswertung der Daten: Thematisches Kodieren

Die Auswertung der Interviews basierte auf dem Konzept des „Thematischen Kodierens" nach Flick (vgl. Flick 2002)[12] und wurde in der vorliegenden Auswertung folgendermaßen realisiert bzw. angepasst:

- *Eröffnung der Auswertung:* Ausgehend von Einzelfallanalysen vier ausgewählter Interviews (zwei Führungskräfte, zwei Fachkräfte jeweils aus dem Bereich der Hilfen zur Erziehung bzw. der Jugendsozialarbeit) wurden zentrale inhaltliche Dimensionen herausgearbeitet.

- *Einzelfallanalyse:* Im Rahmen der weiteren Einzelfallanalyse wurde von jedem Interview ein inhaltliches Verlaufsprotokoll angefertigt, das einerseits einen Vergleich der verschiedenen Interviews ermöglichte, andererseits für die jeweils dominanten Themen einzelner Interviewter sensibilisiert. Die Beschäftigung mit den einzelnen Interviews stellte auch die Grundlage für die jeweilige Kurzbeschreibung der 22 befragten Personen im Rahmen von Portraits dar, in denen das jeweilige Arbeitsverständnis sowie individuelle Schwerpunktsetzungen der Fachkräfte skizziert werden (vgl. Kapitel 2.4).

---

[12] Flick empfiehlt zunächst eine *Analyse der einzelnen Fälle* (Einzelfallanalyse der Interviews), die in der Erstellung einer Kurzbeschreibung sowie einer vertiefenden Analyse (Kodierung nach Glaser/Strauss 1967) besteht. In den ersten Fallanalysen wird eine thematische Struktur entwickelt, die die Auswertung der weiteren Interviews strukturiert: Hinsichtlich dieser zentralen thematischen Bereiche werden die jeweils aufschlussreichen Passagen der einzelnen Interviews miteinander verglichen, um davon ausgehend das inhaltliche Spektrum der Aussagen zu entfalten (*Vergleiche entlang einer thematischen Struktur*). Für diese Vergleiche hält Flick die Einteilung in jene Gruppen für hilfreich, die im Rahmen des Samples ausgewählt und für aufschlussreich empfunden wurden: „Dabei werden ähnliche Kodierungen in der einzelnen Gruppe zusammengefasst und spezifische Themen der jeweiligen (Berufs-) Gruppen herausgearbeitet. Aus dem konstanten Vergleich der Fälle auf der Grundlage der entwickelten Struktur lässt sich das inhaltliche Spektrum der Auseinandersetzung der Interviewpartner mit den jeweiligen Themen skizzieren" – die Analyse von Texten orientiert sich „an der Herausarbeitung von Gemeinsamkeiten und Unterschieden zwischen den vorab festgelegten Gruppen" (Flick 2002: 277), nicht an der vertieften Analyse des Einzelfalls.

- *Quervergleiche zentraler Interviewpassagen:* Als wichtige thematische Dimensionen ergaben sich in den ersten Analysen folgende Aspekte:
  - das Arbeits- bzw. Zielverständnis der einzelnen Personen;
  - die Differenzierung bewältigter und offener Herausforderungen und zwar bezogen auf die Zielgruppen, die Mitarbeiterinnen und Mitarbeiter, die Institution bzw. Einrichtung, die Visionen „besserer" Hilfe, die gesellschaftlichen Lebenslagen und die neuen Kooperationsformen;
  - die Differenzierung notwendiger Kompetenzen mit Blick auf die eigene Persönlichkeit, fachliche Qualifikation, spezifische Interaktionsformen, die Organisation der Arbeit, die selbst organisierte Reflexivität und das unternehmerische Denken;
  - Qualifizierungsbedarfe hinsichtlich zentraler Themen sowie hinsichtlich der Art, der für effektiv befundenen Qualifizierungsangebote.

Im Hinblick auf diese Dimensionen wurden alle Interviews überprüft und entscheidende Passagen einem intensiven Vergleich (insbesondere nach den benannten Gruppen) unterzogen. Die Ergebnisse dieses kontinuierlichen Vergleichens (im Hinblick auf Gemeinsamkeiten und Differenzen) wurden in Form von Thesen festgehalten und anschließend im gesamten Material dahingehend geprüft, ob die interviewten Fachkräfte an bislang weniger beachteten Stellen Aspekte und Erfahrungen thematisieren, die die jeweiligen Thesen entkräften oder widerlegen könnten. Entscheidende Abweichungen von Flick ergaben sich in der Darstellung der Ergebnisse: Während Flick die Herausarbeitung unterschiedlicher Kategorien je nach Gruppe empfiehlt, hat sich in der vorliegenden Analyse gezeigt, dass die Übereinstimmungen der Nennungen innerhalb der Gruppen (Hilfen zur Erziehung/Jugendsozialarbeit sowie Fachkräfte in leitender und nicht-leitender Funktion) im Material überwiegen. Für die Ergebnisdarstellung in den zentralen Dimensionen (Herausforderungen, Kompetenzen, Rahmenbedingungen, Qualifizierungsbedarfe) heißt das, dass keine gruppenspezifischen Kategorien gebildet wurden, vielmehr die Auswertung in themenspezifische Thesen mündet:

- Im Hinblick auf *Herausforderungen* sind nicht die (zunächst gewählten) Zeitperspektiven von Vergangenheit, Gegenwart und Zukunft interessant, vielmehr die *Aufgabenbereiche,* von denen aus diese Herausforderungen formuliert werden.
- Im Hinblick auf die Systematisierung notwendiger *Kompetenzen* erweisen sich nicht die unterschiedlichen Arbeitsbereiche als entscheidend, vielmehr die jeweiligen Ebenen, auf denen die zentralen *Interaktionen* stattfinden.
- Wesentliche Aspekte notwendiger *Rahmenbedingungen* korrespondieren sehr stark mit den jeweiligen *Kompetenzanforderungen.*
- Mit Blick auf die von den Fachkräften formulierten *Qualifizierungsbedarfe* spielen nicht nur die für notwendig befundenen Themen und Inhalte, vielmehr auch die jeweiligen Begründungskontexte und Ziele, kurz: das *grundlegende Verständnis* von Qualifizierung eine entscheidende Rolle.

Die folgenden Kapitel (Kap. 3, 4, 5, 6) sind so aufgebaut, dass die entscheidenden Schritte der Interpretation nachvollziehbar werden: Im jeweils ersten Unterkapitel wird die Bandbreite der jeweiligen Antworten exemplarisch dargestellt und die weitere Differenzierung bzw. Kodierung begründet. Daran schließt sich die Zusammenfassung der vergleichenden Analyse an. Dieser Auswertungsschritt bildet die Basis für die Thesen, die am Ende der Auswertungskapitel die jeweiligen Ergebnisse dieses Vergleiches zusammenfassen (Kap. 3.3; 4.6; 5.3; 6.3).[13]

Während der gesamten Forschung waren der Austausch und die Rückkopplungen mit den beteiligten Personen der Teilprojektgruppe und des Projektteams des Diakonischen Werkes Württemberg hilfreich und stellen eine Besonderheit der vorliegenden Forschung dar.

---

[13] Für die Darstellung der Auswertung waren also entscheidend: (1.) Die Entwicklung der formulierten Thesen sollte – ausgehend von dem empirischen Material – nachvollziehbar werden. (2.) Aus dem empirischen Material (den Interviews) sollte – durch zahlreiche Zitate – so viel als möglich für eine weitere Diskussion zugänglich gemacht werden, denn im Zugänglichmachen subjektiver Erfahrungen und Deutungsmuster besteht ein wesentlicher Beitrag qualitativer Forschung.

Weil – wie oben beschrieben – die gewählte Auswertungsmethode über die Einheit des Einzelfall hinaus ihren Schwerpunkt im Quervergleich von themenspezifischen Aussagen aller befragten Fachkräfte hat, ist es sinnvoll, die befragten Personen in ihrer Differenziertheit und mit ihren besonderen Akzentuierungen über singuläre Aussagen hinaus vorzustellen. Dies soll in Form von Kurzportraits der interviewten Fachkräfte im folgenden Kapitel erfolgen.

2.4 Darstellung des Samples: Portraits der interviewten Fachkräfte

Die folgenden Portraits charakterisieren knapp Aufgaben und Tätigkeitsfeld, grundlegende Positionen und Auffassungen der interviewten Fachkräfte. Sie dienen u.a. dazu, die später vorgestellten Interviewpassagen den jeweiligen Gesprächspartnerinnen bzw. Gesprächspartnern zuzuordnen (die Bereichszuordnung „Erziehungshilfe" etc. wurde analog der Zuordnung des Auftraggebers vorgenommen).

Arbeitsbereich „Erziehungshilfen"

Harald Kurz (Leitung – Erziehungshilfe): Herr Kurz bezeichnet sich selbst als „leitenden Angestellten" eines gemeinwesenorientierten, großen Jugendhilfeträgers im ländlichen Raum. Als Leitung verfolgt er für die Einrichtung das Ziel, alle nach dem Gesetz möglichen Jugendhilfeleistungen bestmöglich anzubieten. Im Selbstbild des Wettbewerbers kommt es ihm auf Außenwirkung an, nicht zuletzt zur Entstigmatisierung der Jugendhilfe im öffentlichen Bild. Eine positive Corporate Identity aller Fachkräfte in allen Geschäftsbereichen ist dazu ein zentrales Mittel.

Gustav Xiller (Leitung – Erziehungshilfe): Herr Xiller ist Gesamtleiter eines großen Jugendhilfeträgers mit den Schwerpunkten Schule, Hilfen zur Erziehung und Jugendberufshilfe. Er thematisiert gegenwärtige Bewegungen in der Jugendhilfe unter moralischen Fragezeichen und ordnet sich und die eigene Einrichtung in diesem „umkämpften Terrain" ein. Seine Unternehmensziele liegen im Bereich der Konzeptentwicklung, hier sieht er sich im positiven Wettstreit zu Konkurrenten und will zu den führenden Einrichtungen zählen.

Eva Neumann (Leitung – Jugendwohnen): Als Quereinsteigerin ist Frau Neumann zur Sozialen Arbeit und einer geschäftsführenden Tätigkeit im Bereich des Betreuten Jugendwohnens gekommen. Ihre ursprüngliche Ausbildung hilft ihr zwar in pädagogischen Fragen der Mitarbeitermotivation weiter, nicht jedoch in betriebswirtschaftlichen Problemen. Es sind aber vor allem die finanziellen und wirtschaftlichen Schwierigkeiten, die ihre Arbeit erschweren. So sind ihre alltäglichen Aufgaben geprägt durch Fundraising, Anträge schreiben und stets mit der Sorge um die finanzielle Sicherung des Vereins verbunden.

Klaus Schiller (Leitung – Erziehungshilfe/Wohngruppen): Vor seiner leitenden Tätigkeit in einer diakonischen Einrichtung war Herr Schiller in der Jugendhilfe außerhalb der Diakonie beschäftigt. Diese beiden unterschiedlichen Perspektiven bringt er in das Interview ein. Auch die politischen Entwicklungen hat er im Blick. Im Hinblick auf die Zukunft sieht er vor allem in einer besseren Außendarstellung der Jugendhilfe (die auf Grund demographischer Entwicklungen stärker unter Druck geraten werde) eine wichtige Herausforderung. Gute pädagogische Praxis zeigt sich für ihn darin, dass im Verlauf einer Hilfe ein möglichst klares Ziel festgelegt wird, dessen Erreichung überprüft werden kann (zur Wirkungsmessung pädagogischer Interventionen besonders wichtig). Als Führungskraft muss er unterschiedliche Interessenslagen ausbalancieren und klare Entscheidungen treffen können. Den Blick über den „Tellerrand" bezeichnet er als besonders hilfreich.

Susanne Tross (Leitung – Erziehungshilfe/Wohngruppen): In ihrer langjährigen Position als Bereichsleitung stationärer Wohngruppen versteht sich Frau Tross vor allem als „Bindeglied" zwischen Mitarbeitern und Vorstand und differenziert dabei die zentralen Aufgaben der „Personalfürsorge", der Gestaltung der Belegungssituation und der Konzeptionsentwicklung. Als Ziel der pädagogischen Arbeit mit den Jugendlichen formuliert sie, diesen „eine Begleitung zu geben auf dem Weg, dass sie eine eigene individuelle Persönlichkeit werden können", ihre Individualität im Einklang mit anderen leben und ein „gutes Selbstbewusstsein" entwickeln können. Vor diesem Hintergrund problematisiert sie die schlechteren Lebensbedingungen für Kinder und Jugendliche, die auch darin liegen, dass verschiedene Instanzen (Familie/ Schule) nicht wissen, was diese an Bedingungen brauchen, um sich entsprechend entwickeln zu können. Hier müsse ein Bewusstsein entstehen, dass dies ein gesellschaftliches Thema sei. Innerhalb der Jugendhilfe sind die Sparzwänge insbesondere im stationären Bereich ein zentrales Problem. Als Leitung sieht sie sich hier gefordert, die Mitarbeiter/innen bestmöglichst zu unterstützen und macht deutlich, dass sie deren Individualität nicht weniger schätzt als die der Kinder.

Fanny Ittner (Leitung – Erziehungshilfe/Wohngruppen): Frau Ittner ist seit sieben Jahren bei einem großen Träger der Jugendhilfe tätig. Sie arbeitet als Koordinatorin im Bereich der stationären und teilstationären Jugendhilfe. Ihre Aufgaben sind die Koordination verschiedener Wohngruppen, Personalführung, Steuerungsprozesse und

Querschnittsaufgaben der Leitungsebene. Als Ziel ihrer Tätigkeit bezeichnet sie das Wohl der Kinder und deren Familien. Herausforderungen sieht sie vor allem in der Schnelllebigkeit der Hilfen, dem wirtschaftlichen Druck und der Ausdifferenzierung und Vergrößerung der Institution. Um mit diesen Herausforderungen umzugehen, benötige man Flexibilität und Risikofreude. Vor allem die Gestaltung von Aushandlungsprozessen zieht sich durch das Arbeitsverständnis von Frau Ittner. Diese Kooperation spielt auf allen Ebenen eine wichtige Rolle – mit den Adressaten, innerhalb der Organisation und mit externen Kooperationspartner/innen.

Vincent Laible (Fachkraft – Erziehungshilfe/Wohngruppe): Herr Laible ist Mitarbeiter einer großen Jugendhilfeeinrichtung mit umfassenden Leistungsbereichen. Sein Arbeitsgebiet liegt in den teilstationären Erziehungshilfen. Gemäß der Zielsetzung der Unterbringungsform arbeitet er an der Reintegration der Kinder und Jugendlichen in deren Familien oder ggf. an der Verselbstständigung der Jugendlichen. Angefangen als Zivildienstleistender arbeitet er seit langem als Jugend- und Heimerzieher an gleicher Stelle, inzwischen jedoch auf der Basis einer systemischen und erlebnis-pädagogischen Zusatzausbildung. Dem Träger „treu" blieb er in erster Linie deshalb, weil er sich entlang eigener Interessen und auf der Grundlage unterstützender Faktoren persönlich und beruflich weiterentwickeln konnte. Er versteht sein Wirken als Brücke in die Familie. Deswegen bietet er sich nicht nur für die Jugendlichen sondern auch für deren Eltern als Bezugsperson an. In geschätzten immerhin 50 Prozent aller Fälle gelinge eine Rückführung oder eine Stabilisierung positiver Eltern-Kind-Beziehungen.

Tanja Thallinger (Fachkraft – Erziehungshilfe/Tagesgruppe): Frau Thallinger ist seit vielen Jahren in einer teilstationären Maßnahme tätig. Ihre Aufgabe sieht sie in der Tagesstrukturierung mit dem Ziel, dass die Jugendlichen „besser klarkommen mit sich und ihrer Umwelt". Kooperation (mit Schulen, Eltern) und Vernetzung im Sozialraum nimmt einen zentralen Stellenwert in ihrer Arbeit ein. Jugendhilfe habe die Aufgabe sich an der Schnittstelle zur Schule konkret zu verorten. Frau Thallingers persönliches Interesse richtet sich dabei vor allem auf Angebote für hyperaktive Kinder. In ihrer langjährigen Praxis erlebt sie, dass die Problemlagen von Kindern und Jugendlichen komplexer werden. Für ihr Handeln benötigt sie Gestaltungsspielräume, in denen sie eigene Interessen und Können einbringen kann. Diese Gestaltungsspielräume fordert sie von Seiten der Leitung ein. Um innovativ handeln zu können benötigt sie jedoch nicht nur den Gestaltungsfreiraum, sondern ein Mindestmaß an finanzieller Sicherheit. Als Mitarbeiterin an der Basis wünscht sie sich Transparenz seitens der Leitung und möchte in Entscheidungen miteinbezogen werden. Die Qualität ihrer Arbeit werde gesteigert durch ein eingespieltes Team, dessen Mitglieder sich je mit ihren persönlichen Ressourcen einbringen.

Beate Meyer (Fachkraft – Betreutes Jugendwohnen): Frau Meyer ist seit vielen Jahren in der Begleitung von Jugendlichen im Rahmen des Betreuten Jugendwohnens tätig und betont, dass es ihr den größten Spaß mache und die größten Effekte zu spüren seien, wenn Aufgaben in Kooperation mit Kolleg/innen angepackt werden. Kooperationen nehmen neben der pädagogischen Arbeit mit den Jugendlichen (insbesondere der Beziehungsarbeit) einen zentralen Stellenwert ein. Dass durch diese Arbeit die Jugendlichen „auf die eigenen Füße kommen" sollen („Verselbstständigung") wird als implizites Ziel benannt. Verschlechterungen der Rahmenbedingungen erschweren die Erfüllung dieser Aufgabe, weshalb für Frau Meyer nach wie vor die Realisierung eines Grundprinzips eine Herausforderung darstellt: „den Jugendlichen mit ihrer ganz individuellen Problemlage [...] besser gerecht zu werden".

Theodora Ulmann (Fachkraft – Betreutes Jugendwohnen): Frau Ulmann ist bereits seit vielen Jahren im betreuten Jugendwohnen tätig. In der Betreuung der jungen Menschen wählt sie einerseits einen therapeutischen Zugang, betont anderseits aber die Wichtigkeit einer auch über diffuse Rollenanteile definierten Beziehung zu ihren Adressaten. Über die unmittelbare Arbeit mit den Jugendlichen und jungen Erwachsenen hinaus, begreift sie sich als deren „Lobbyistin": Sie sieht die sich jüngst vollziehende Beschneidung der Rechte und Ansprüche ihres Adressatenkreises (zum Beispiel im Zuge von Hartz IV) mit Sorge und fordert eine Politisierung Sozialer Arbeit. Frau Ulmann ist es wichtig auch als Mitarbeiterin an der Basis in der konzeptionellen Verantwortung zu sein und ist eine Verfechterin flacher Hierarchien.

Ina Pauli (Fachkraft – Erziehungshilfe/Wohnen): Frau Pauli arbeitet in einer Einrichtung, die ihren Schwerpunkt auf die Arbeit mit Mädchen mit Migrationshintergrund gelegt hat. Im Hinblick auf zukünftige Fragen stellt sie eine notwendig „interkulturelle" Jugendhilfe in den Mittelpunkt. Sowohl im Hinblick auf die Qualifizierung der Mitarbeiter/innen in der Jugendhilfe insgesamt als auch im Hinblick auf die Frage der Lebenssituationen junger Menschen mit Migrationshintergrund gibt es für sie noch viel zu tun – „interkulturelle Kompetenz wird die Zukunft der Jugendhilfe sein, muss die Zukunft der Jugendhilfe sein" so ihre Aussage, die zentrale Herausforderungen, Kompetenzen und Qualifizierungsbedarfe bündelt. Neben der pädagogischen Arbeit, in der ihr Anerkennung der einzelnen, Anerkennung von Heterogenität besonders wichtig ist, engagiert sie sich auch auf politischer Ebene für die Verbesserung der Lebenssituationen von Jugendlichen mit Migrationshintergrund.

Sonja Tannert (Leitung – ISE u.a.): Frau Tannert arbeitet als Bereichsleiterin der Intensiven sozialpädagogischen Einzelbetreuung mit Jugendlichen in komplexen Problemlagen. Das Einzugsgebiet erstreckt sich über die gesamte Bundesrepublik. Ihre Aufgabe ist die Organisation und Begleitung von Kleinstsettings und Einzelmaßnahmen sowie die Anleitung der Mitarbeiter/innen. Einerseits verfolgt Frau Tannert die betriebswirtschaftlichen Interessen ihrer Organisation und beschäftigt sich somit mit Belegungen, Öffentlichkeitsarbeit, Kooperation mit Kostenträgern; andererseits sieht sie den eigentlichen Kern ihrer Arbeit in der Begleitung der Jugendlichen. So definiert sie Erfolg auf unterschiedlichen Ebenen: einerseits als wirtschaftlichen Erfolg, anderseits als Schritte in der Entwicklung eines Jugendlichen. Organisationsinterne Kooperationen scheinen einen zentralen Stellenwert für die Qualität der Arbeit zu haben. Auf dieser Ebene werden weitere Entwicklungen notwendig sein. Führung bedeutet für sie, ihren Mitarbeiter/innen Möglichkeiten zur Eigeninitiative zu geben, sie aber nicht zu überfordern.

Ulrich Sommerfeld (Fachkraft– Erziehungshife/SpFH): Herr Sommerfeld ist seit einigen Jahren in der sozialpädagogischen Familienhilfe tätig. Er bekommt von Eltern und Jugendamtsmitarbeitern Aufträge übertragen, deren erfolgreiche Erledigung die Familien bei ihrer Lebensbewältigung unterstützt. Dem gemeinsamen Lösen lebenspraktischer Probleme zusammen mit den Eltern gewinnt Sommerfeld auch eine pädagogische Komponente ab: Diese erleben sich als selbstwirksam und gehen persönlich gestärkt aus den Situationen hervor. Das Ermitteln klarer und im Rahmen der Hilfe tatsächlich bearbeitbarer Aufträge wird besonders angesichts sich verkürzender Zeiten für die Reflexion und der Zunahme von Problemfamilien essentiell, um sich nicht selbst zu überfordern. Gegenüber den Eltern legt Herr Sommerfeld besonderen Wert darauf, dass allgemein Transparenz über die mit der Hilfe (besonders auch seitens des Jugendamts) verbundenen Intentionen herrscht. Als zentral für seine professionelle Sicherheit erachtet er Supervision und andere Methoden der reflexiven Aufarbeitung des eigenen beruflichen Handelns.

Christine Grossmann (Leitung – Erziehungshilfe): Frau Grossmann betreut im Rahmen ihrer Leitungsfunktion seit vielen Jahren Erziehungsstellen. Ihre Aufgaben liegen in der Akquirierung neuer, sowie der Begleitung und Fortbildung langjähriger Mitarbeiter. Besonders das Anwerben geeigneter neuer Erziehungsstellen beschreibt sie als schwierig: Einerseits muss sie genau auswählen, da diese Tätigkeit ein hohes Maß an Erfahrung und Professionalität erfordert, andererseits finden sich nur verhältnismäßig wenige Interessenten für ein Dienstverhältnis, das in derart hohem Maße das Öffnen des eigenen privaten Raumes verlangt. In die Zukunft blickt sie, was ihren Arbeitsbereich angeht, recht zuversichtlich, da Erziehungsstellen in den letzten Jahren verstärkt nachgefragt werden. Sorgen macht Frau Grossmann die Befürchtung, dass sich die rechtliche Grundlage für die Erziehungsstellen in der nächsten Zeit derart ändern könnte, dass sich die Anstellungsverhältnisse ihrer Mitarbeiter verschlechtern.

Jutta Seiler (Fachkraft – Erziehungshilfe/Jugendberufshilfe): Jutta Seiler gehört bereits seit langen Jahren dem Team des gemeinwesenorientierten, kleinen Jugendhilfebetriebs an. Angefangen hat der Träger mit intensiver Cliquenarbeit und Angeboten für randständige Kinder und Jugendliche. Sukzessive wurden die pädagogischen Angebote breiter und um den Bereich der Jugendsozialarbeit, der ambulanten Erziehungshilfen und schließlich um die Jugendberufshilfe erweitert. Daneben stehen auch immer generationenübergreifende Stadtteilangebote. Wie sich innerhalb des Programms des Trägers immer wieder Schwerpunktsetzungen verschoben haben, so hat auch Frau Seiler verschiedene Arbeitsschwerpunkte verfolgt. Aktuell unterstützt sie Mädchen und Jungen in ihren Berufsorientierungsprozessen.

Arbeitsbereich Jugendsozialarbeit & Jugendberufshilfe

Werner Iglauer (Leitung – Jugendsozialarbeit): Herr Iglauer war als Sozialarbeiter in unterschiedlichen Feldern innerhalb der Jugendhilfe tätig, bevor er vor einigen Jahren die Leitung verschiedener Arbeitsbereiche der Jugendsozialarbeit übernahm. In leitender Position liegen für ihn die zentralen Aufgaben im Bereich der Vernetzung, Finanzierung, Projekt- und Mitarbeiter-Entwicklung. Vor dem Hintergrund veränderter Rahmenbedingungen (Verlust von Planungssicherheit, Zunahme des Verteilungs- und Konkurrenzkampfes) thematisiert er die Notwendigkeit, zur Unterstützung von Jugendlichen ebenso wie zur Mitarbeiterqualifizierung, neue Angebote (insbesondere angesichts zunehmender Arbeitslosigkeit) zu initiieren. Die Förderung junger Menschen, ausgehend von deren Interessen und Ressourcen, wird dabei als implizites Ziel der Arbeit deutlich. Dabei sind sowohl die Mitarbeiter als auch er immer wieder gefordert, sich ebenfalls weiterzuentwickeln: „Getreu meinem Motto, wenn ich es nicht weiß, muss ich mich halt schlau machen".

Simon Qvortrup (Leitung – Jugendsozialarbeit): Herr Qvortrup ist bereits seit vielen Jahren in der Mobilen Jugendarbeit tätig. Neben der eigenen praktischen Tätigkeit übt er gleichzeitig als Koordinator die Fachaufsicht über mehrere andere Teams aus. Er sieht sich als Sozialarbeiter, der sich mit Hilfe klassischer Methoden und Zugänge um marginalisierte Jugendliche kümmert. Er möchte ihnen vermitteln, dass sie von der Gesellschaft gewollt sind. Dieser Aufgabe kann er aktuell – wegen zunehmenden Schwierigkeiten bei der beruflichen Integration – immer schlechter gerecht werden, weshalb er sich auf die Begleitung der Jugendlichen in ihrer schwierigen Situation beschränken muss. In der Ausübung seiner Fachaufsicht begreift er sich in erster Linie als Hilfesteller und Ansprechpartner für die weitgehend autonom und stadtteilorientiert arbeitenden Teams.

Karin Urban & Gregor Carl (Fachkräfte – Jugendberufshilfe): Während Frau Urban bereits in ganz verschiedenen Bereichen gearbeitet hat, ist die Jugendberufshilfe für Herrn Carl der Einstieg in die Jugendsozialarbeit. In verschiedenen Angeboten und Projekten versuchen sie insbesondere das Ziel, Jugendliche in Ausbildung zu vermitteln, zu erreichen. Dabei sind gute Kooperationsstrukturen zwischen Jugendberufshilfe und Wirtschaft sowie eine Imageaufbesserung sozialer Projekte besonders wichtig. Auch Gender-Aspekte müssen in der Berufsvorbereitung in jedem Fall berücksichtigt werden. Zentrale Herausforderung in diesem Bereich sind neben den strukturellen Faktoren, Verschärfungen auf dem Arbeitsmarkt sowie den besonderen Schwierigkeiten für Jugendliche mit (bzw. auch ohne) Hauptschulabschluss. Die eigenverantwortliche Arbeit, die Flexibilität des Chefs sowie die Möglichkeit der Nutzung von Synergieeffekten innerhalb des Arbeitsbereiches werden als besonders positiv bewertet.

Bianca Nellinger (Leitung – Jugendberufshilfe): Frau Nellinger ist Mitarbeiterin einer An-
lauf- und Beratungsstelle für Jugendliche, mit dem Schwerpunkt der Übergangsbe-
gleitung in Ausbildung oder Arbeit. Frau Nellinger ist für Aufgaben der Einrichtungsleitung ebenso zuständig wie für alltagsbegleitende Formen der Jugendberufshilfe mit Mädchen und Jungen. Mit Implementierung der Einrichtung stand zunächst
nur der kommunalpolitische Wille fest: „Es gibt ca. 300 junge Erwachsene im Kreis,
die sich nirgends melden. Da war der Auftrag: Sucht die! Sucht die und guckt, dass
ihr irgendein Konzept entwickelt, was die Jugendlichen in Arbeit oder in Ausbildung
bringen könnte." Das Konzept ging auf, so dass die Einrichtung bei den Jugendlichen
„für Hoffnung steht" und inzwischen zu einem kommunalen Trendsetter in der Arbeit mit jugendlichen Aussteigern geworden ist. Das zentrale Steuerungsinstrument
und eine Ressource dafür ist für Frau Nellinger ein gelingendes Projektmanagement.

Beatrice Michalski (Leitung – Jugendmigrationsdienst): Dieser Jugendmigrationsdienst
stellt nicht nur eine Beratungs- und Betreuungsstelle für Migranten, insbesondere Jugendliche und junge Erwachsene dar, ein besonderer Schwerpunkt liegt auch auf Angeboten im Bereich Übergang Schule-Beruf, der Kooperation mit Schulen, der Elternarbeit sowie eigenen Fortbildungsveranstaltungen. Frau Michalski betont in der Darstellung ihrer Arbeit immer wieder die notwendige europäische Perspektive und den
Bildungsaspekt in sozialpädagogischen Angeboten. Neben der direkten Unterstützung der jungen Menschen bzw. ihrer Familien geht es in dieser Arbeit, im Sinne von
Prävention, auch darum, sekundäre Diskriminierung zu verhindern, denn die Gesellschaft könne es sich „nicht leisten, einen Jugendlichen zu verlieren". Eine Herausforderung für Führungskräfte stelle vor allem das Projektmanagement im Zuge zahlrei-
cher Projektfinanzierungen dar, die zunehmend von allen Mitarbeitern geleistet werden müsse und einen erheblichen Qualifizierungsbedarf darstelle.

Clemens Opitz (Leitung – Jugendmigrationsdienst): Clemens Opitz ist Mitarbeiter eines
Jugendmigrationsdienstes. Ihm obliegt zugleich die Einrichtungsleitung des 1,5 Per-
sonalstellen umfassenden Dienstes. Untergebracht in den typischen Räumen einer Un-
terkunft für Migranten befindet er sich in unmittelbarer Nähe zu den jugendlichen
Adressaten und deren Familien. Sprachförderung begreift Herr Opitz als Hauptmo-
ment von Integration, daneben realisiert er jedoch weitere wichtige und integrations-
unterstützende Aufgaben, wie z.B. die psychosoziale Betreuung, eine ansprechende
Freizeitgestaltung und die Unterstützung der Jugendlichen im Übergang in eine Ausbildung. Ein Großteil der Angebote wird in Kooperation mit weiteren Jugendhilfestel-
len geplant und umgesetzt. Er versteht sich als Netzwerker.

In der folgenden Ergebnisdarstellung wird in Klammerverweisen auf die
Funktion und den Arbeitsbereich der zitierten Personen rekurriert[14].

---

[14] Beachte hierzu die im Abkürzungsverzeichnis angeführten Kürzel.

Tabelle 2: Übersicht des Samples

21 Interviews (1 Paarinterview) 22 Fachkräfte	Funktion in der Einrichtung*			Angebote der jeweiligen Einrichtung**								Größe des Arbeitsbereichs***		
	G.	L.	B.	1	2	3	4	5	6	7	8	≤ 5	≤ 30	> 30
1 *Kurz, Harald*	x			x	x	x		x						x
2 *Xiller, Gustav*	x			x	x	x					x	x			x
3 *Neumann, Eva*	x						x	x						x	
4 *Schiller, Klaus*		x		x	x	x	x		x						x
5 *Tross, Susanne*		x		x	x									x	
6 *Ittner, Fanny*		x		x		x								x	
7 *Laible, Vinzent*		x		x										x	
8 *Thallinger, Tanja*			x				x				x	x		
9 *Meyer, Beate*			x			x								x	
10 *Ulmann, Theodora*			x			x						x		
11 *Pauli, Ina*			x	x			x	x				x		
12 *Tannert, Sonja*		x				x								x	
13 *Sommerfeld, Ulrich*			x		x									x	
14 *Grossmann, Christ.*		x		x										x	
15 *Seiler, Jutta*			x				x		x		x			x	
16 *Iglauer, Werner*	x								x	x	x				x
17 *Qvortrup, Simon*			x						x					x	
18 *Urban, Karin &*		x							x					x	
19 *Carl, Gregor*		x							x					x	
20 *Nellinger, Bianca*			x					x	x	x	x	x		
21 *Michalski, Beatrice*	x										x				x
22 *Optiz, Clemens*			x								x	x		
Summen	5	8	9	8	5	7	5	4	7	3	7	5	12	5

* *Funktion in der Einrichtung:*

G.= Gesamtleitung
L.= (Bereichs-)Leitung & teilweise „Basisarbeit"
B.= „Basisarbeit"

** *Angebote der Einrichtung:*

1= stationäre EH (auch ISE)
2= teilstationäre EH
3= ambulante EH
4= betreutes Jugendwohnen
5= Jgl. m. Migrationshintergr.
6= schulbezogene Angebote
7= mobile Jugendarbeit
8= Jugendberufshilfe

*** *Größe des Arbeitsbereichs, Anzahl der MA im jeweiligen Bereich:*

≤ 5 klein
≤ 30 mittel
> 30 groß

3 Herausforderungen beruflichen Handelns

Ein erster Schwerpunkt der Untersuchung liegt darin, Herausforderungen zu rekonstruieren, die für die jeweiligen Handlungsfelder benannt werden. Die Jugendhilfefachkräfte werden danach gefragt, worin aus ihrer Sicht zentrale Herausforderungen in der Vergangenheit bestanden und welche gegenwärtigen und zukünftigen Herausforderungen sie erkennen. Die jeweiligen *Fragen nach Herausforderungen* zielen dabei nicht auf vereinzelte berufliche Situationen, die sich aufgrund von außergewöhnlichen Umständen zu Herausforderungen gesteigert haben, sondern auf die *Bestimmung genereller Veränderungen*. Sie zielen auch darauf, wie ein bestimmter Zeitabschnitt erlebt wird, insbesondere wie – zu geregelten Abläufen und Gewissheiten konträr stehende – eventuell hemmende, jedenfalls für Routinen nicht-typische Einflusskräfte auf die jeweilige Arbeit erfahren und gedeutet werden. Die berufliche Praxis kann dementsprechend nicht unberührt bleiben, wenn etwas als Herausforderung Einfluss nimmt, denn Herausforderungen provozieren zugleich eine erhöhte Aufmerksamkeit für die jeweils tangierten Aspekte der Arbeit.

Herausforderungen werden auf unterschiedliche Weise „angenommen". Das Sprechen darüber ist eine Akzentuierung im Sprechen über Veränderungen. Herausforderungen können als Innovation oder als Bedrohung erlebt, mit Elan oder Abwehr angegangen, als fremdverursacht oder eigenmächtig forciert eingestuft werden. Herausgefordert zu sein bedeutet also, sich zumindest gedanklich mit *noch unbekannten Handlungsalternativen* auseinander zu setzen. Herausforderungen können jedoch auch generalisiert und damit vom eigenständig zu verantwortenden Handlungsbereich *distanziert* wahrgenommen werden. Das heißt, nicht die einzelnen Fachkräfte fühlen sich in ihren Handlungsmöglichkei-

ten herausgefordert, vielmehr wird die Zuständigkeit für deren Bewältigung in einer übergeordneten Instanz gesehen, z.b. der Kommunalpolitik
oder einem entsprechenden Dachverband, dem sich eine Einrichtung zugeordnet hat und der in der Verantwortung für übergreifende Prozesse
steht. Diese einführenden Bemerkungen illustrieren, dass Herausforderungen vielfältig thematisiert bzw. konnotiert werden können.

Der Frage nach Herausforderungen ging im Interview zunächst die
explizite Frage nach *erlebten Veränderungen* voraus. Dabei waren folgende
Überlegungen wichtig: Das Feld der Jugendhilfe verändert sich kontinuierlich und langjährig tätige Fachkräfte haben bereits vielfältige Veränderungsprozesse miterlebt bzw. schwierige Veränderungen bewältigt.
Antworten auf die Frage nach erlebten Veränderungen sind dahingehend
interessant, welche Unterscheidungen die Fachkräfte selbst zwischen
Veränderungen und Herausforderungen konstruieren, was also im Unterschied zu erlebten Veränderungen in der aktuellen Situation als „noch
nicht bewältigt", als offene Aufgabe, als Anforderung, als Herausforderung, vielleicht auch als Zumutung erlebt wird.

In den Interviews lassen sich drei, von den Fachkräften beschriebene
Veränderungsdynamiken, differenzieren. Sie liegen auf unterschiedlichen Ebenen und werden in einem mehr oder weniger direkten Bezug
zum beruflichen Handeln gesehen: Veränderungen auf gesellschaftlicher
Ebene, Veränderungen im Bereich der Jugendhilfe (im Hinblick auf
Rahmenbedingungen und Inhalte) sowie Veränderungen, die im Kontext
der eigenen Aufgabenbewältigung als Herausforderungen gedeutet werden. Die dritte Kategorie bildet den Schwerpunkt der anschließenden
Auswertung. Zentrale Aspekte auf den beiden erstgenannten Ebenen
werden im Folgenden zusammenfassend skizziert.

Veränderungen gesellschaftlicher Dynamiken

Die Interviewaussagen machen insgesamt deutlich, dass gesellschaftliche
Dynamiken einen allgemeinen Hintergrund der Jugendhilfe bilden. Sie

flankieren die Praxis der Jugendhilfe in den untersuchten Handlungsfeldern. Entsprechende Äußerungen der Befragten – auch unabhängig von der Frage nach erlebten Veränderungen – lassen sich jedoch nicht immer unmittelbar auf konkretes berufliches Handeln beziehen. Dennoch macht es für die Befragten Sinn, sie zur Verdeutlichung verschiedener Situationseinschätzungen ins Gespräch einfließen zu lassen und ihre Aussagen dadurch in den Kontext gesellschaftlicher und politischer Einflüsse zu stellen. Um welche Dynamiken handelt es sich? Von den Befragten eingebrachte Aspekte beziehen sich auf

- die *demographische Entwicklung* – „mehr Alte als Junge", das heißt, auf einen bevorstehenden Wandel in der Alterszusammensetzung der Gesellschaft;
- *Kürzungen im Sozialbereich* – auf eine Politik also, die öffentliche Ressourcen nicht neu verteilt, aber unter Vorgaben der Einsparung neu bemisst und dabei auf Kürzungen im Sozialbereich zielt;
- eine *Zunahme von Armut*, die Familien und insbesondere Kinder betrifft und damit deren konkrete Möglichkeiten zur Teilhabe am gesellschaftlichen Leben einschränkt sowie insgesamt ihre Lebensbedingungen (Gesundheit, Bildung, Beschäftigung etc.) verschlechtert;
- *komplexere Problemlagen*, die auf Individuen zutreffen und Vorstellungen von einem einfachen Einwirken auf Probleme eindämmen, demgegenüber vernetzte Hilfestellungen notwendig machen;
- auf eine *Zuwanderungsgesellschaft*, die das ‚Zuwanderungskapital' ihrer Mitglieder erst noch zu Genüge erschließen lernen muss;
- personelle Änderungen in der *Kommunalpolitik*, die mit möglichen radikalen Veränderungen in Verbindung gebracht werden.

Veränderungen im Bereich der Jugendhilfe

Bezogen auf Veränderungen im Arbeitsbereich der Jugendhilfe zeigen sich in den Interviews zwei Tendenzen: Beschreibungen von Ausbau- und Differenzierungsprozessen der Jugendhilfeangebotslandschaft einerseits sowie Problematisierungen von Kürzungen und unproduktiven

Konkurrenzsituationen andererseits. Letztere fasst Herr Iglauer in folgender Antwort auf die Frage nach erlebten Veränderungen zusammen:

> Hr. Iglauer (Leitung/JSA): „Die Planungssicherheit hat sich entscheidend verändert. Als ich anfing, da haben wir eine *Planungssicherheit* gehabt bei den Angeboten, die war relativ stabil. [...] Und heute haben wir nur noch ganz kurzphasige Rhythmen, 2-Jahres-Rhythmen. Man schließt Leistungsverträge ab, die gehen über 2 Jahre. Das heißt, zwei Jahre ist die Sache gesichert und dann nach einem Jahr muss man schon wieder gucken, wie es weitergeht. Dann hat der *Verteilungskampf* mächtig zugenommen, der *Konkurrenzkampf* untereinander hat enorm zugenommen und dann eben die *interne Problematik der Kirchen und Diakonie* schlechthin. Das heißt, unser Tarifwerk kommt da an der Stelle unter Druck und in manchen Bereichen [...] stehen wir natürlich mächtig unter einem *Ausschreibungsdruck*, das heißt durch die veränderte Praxis, durch die *veränderte Sozialgesetzgebung*, müssen wir, wie jeder andere auch, an Ausschreibungen teilnehmen, die überregional sind und haben dann natürlich mit Konkurrenten und Anbietern zu tun, die halt deutschlandweit auf dem Markt agieren, d.h. die Preise können wir als Diakonie gar nicht halten, die die anderen bieten. Hier wird dann sichtbar, dass wir uns als Organisation entwickeln müssen. Vor zwei Jahren war noch die große *Fusionsthematik* im Raum, [...] mittlerweile sagt man eher, wir schaffen jetzt eine kleine *GmbH* an und die löst uns dann diese Probleme".

Wie interpretieren die Befragten diese Veränderungsprozesse? Diesbezüglich lassen sich folgende Polarisierungen ausgehend vom Material zuspitzen, die im Tenor auf sich verschlechternde *Rahmenbedingungen* für die Jugendhilfe verweisen:

-   ein Mehr an *Betreuungsaufwand* für Jugendliche in komplexen Problemlagen und eine Verschlechterung des „Betreuungsschlüssels";
-   ein Mehr, das man leisten muss und ein Weniger, das man *finanziert* bekommt;
-   ein Mehr an notwendigem Vorausblick und ein Weniger an *Planungssicherheit*;
-   ein Mehr an *Wirkungskontrolle* und ein Weniger an öffentlichem Vertrauen.

Im Gegensatz dazu beschreibt Herr Kurz Prozesse der Ökonomisierung folgendermaßen als Gewinn für die Entwicklung der Jugendhilfe bzw. der Einrichtung, die er leitet:

Hr. Kurz (Leitung/EH) [auf die Frage nach erlebten Veränderungen]: „Wenn Sie die
äußere Rahmung meinen [...], dann habe ich ja eingangs schon das Stichwort *Marktori-
entierung* gesagt oder *Dienstleitungsorientierung*, also das ist der entscheidende Unterschied. Als ich begann 1978 in der Jugendhilfe, da saß man wirklich auf dem Ross der
Fachlichkeit und die Gesellschaft hatte zu zahlen, [...] später im Übergang hat man
dann noch von der Partnerschaft gesprochen. Heute ist das in gewisser Hinsicht auch
noch eine Partnerschaft, aber klar ist, wer da das ‚Prä' hat in dieser Partnerschaft und
das ist der *Kostenträger*, das ist die *Politik*. Und das, sage ich mal, muss auch so okay
sein. Der *Kunde* bestimmt, was er will, wie er es will und bezahlt dann auch. Und
wenn er nicht zufrieden ist, dann bezahlt er auch nicht. Das ist sicherlich eine gewalti-
ge Veränderung. Aber die bedaure ich nicht, im Gegenteil, ich habe kräftig an diesen
Veränderungen mitgewirkt, ich bin gern *Wettbewerber*, sehr sportlich und ich sehe,
dass wir *Erfolg* haben als Unternehmen".

In den Interviews zeigen sich weitere Aspekte, die im Kontext eines Dif-
ferenzierungsprozesses der Jugendhilfe thematisiert werden:
- *Expansion* verschiedener Arbeitsbereiche und Flexibilisierung der
  Angebote (z.B. auch im Kontext der Entwicklung „ambulant vor stationär");
- *Etablierung* von neuen Unterstützungsangeboten, z.B. für Jugendliche im Übergang Schule Beruf;
- *Zunahme* an Kooperationen und Kooperationsbereitschaft, insbesondere durch eine verstärkte Sozialraumorientierung;
- *Qualitätsentwicklungsprozesse*, die fachliche Impulse setzten;
- methodische *Profilierungen*, z.B. in den Bereichen Erlebnispädagogik,
  Medienpädagogik, interkulturelle Ansätze und systemisches Arbeiten.

Ergänzend dazu thematisieren die Fachkräfte den Umbau von Hilfeset-
tings, den Umgang mit heterogenen Finanzierungsstrukturen sowie die
zunehmend wichtiger werdenden Maßnahmen zur Bestandserhaltung
der eigenen Einrichtung als Herausforderungen. Darin deutet sich bereits
an, wann eine entsprechende Einschätzung zur fachlichen Herausforderung wird: Ein Veränderungsprozess, der als Herausforderung gedeutet
wird, wird nicht reaktiv erlebt, sondern setzt einen notwendigen Hand-
lungsspielraum bei den Fachkräften, den Teams oder ihrer Einrichtung
voraus. Eine wesentliche Besonderheit in der Thematisierung von Her-

ausforderungen – das zeigt das empirische Material – liegt darin, dass sie aufgabenbezogen wahrgenommen werden. Dies wird im Folgenden nachvollziehbar und zur Grundlage weiterer Thesen gemacht.

3.1 „Herausfordernde" Aufgaben

Vergleicht man die Antworten der interviewten Fachkräfte auf die Fragen nach gegenwärtigen und zukünftigen, also antizipierten Herausforderungen, so zeigt sich als grundlegende Gemeinsamkeit dieser Aussagen zunächst, dass Herausforderungen aufgabenbezogen thematisiert werden. Dabei lassen sich vier Aufgaben aus dem Material rekonstruieren, denen sich die jeweils genannten Herausforderungen (vgl. dazu Kap. 3.2) zuordnen lassen. Einige beispielhafte Aussagen aus den Interviews sollen zunächst illustrieren, welche grundlegenden Aufgaben sich in einem – auf zukünftige Herausforderungen bezogenen – Quervergleich der Interviews identifizieren lassen.

Beobachtungsaufgaben

> Fr. Michalski (Leitung/JMD): „Ich denke, dass es eine zentrale Herausforderung sein wird, alle Ressourcen, die Migrantenjugendliche, die neu nach Deutschland kommen, haben, zu erkennen und die weiter zu fördern, dass die Jugendlichen hier mit diesem Angebot auch richtig ankommen können".

In dieser Äußerung wird als (herausfordernde) Aufgabe eine Deutungsleistung beschrieben, die offensichtlich besondere Aufmerksamkeit verlangt, weil Ressourcen zugewanderter Jugendlicher noch nicht umfassend im Blick seien. Das heißt, die Fachkraft verweist auf die Notwendigkeit eines den Jugendlichen angemessenen Angebotes und als Grundlage dafür plädiert sie für eine ressourcenorientierte Betrachtungsperspektive und Förderung dieser Jugendlichen. Ressourcenorientierte Förderung setzt das „Erkennen", die Beobachtung und Deutung „aller Ressourcen" voraus. Der Fachkraft zu Folge bestehen diesbezüglich Nachholbedarfe in der gängigen Praxis der Jugendhilfe. Die Herausforderung impliziert also auch, sich möglicherweise von tradierten Angebotsformen zu lösen und neue, aus der Situationsanalyse der Adressaten gewonnene Ansatzpunkte fachlichen Handelns zu finden.

Im Folgenden soll diese Art von Aufgaben als ‚Beobachtungsaufgaben' bezeichnet werden – die Aufmerksamkeit, die in Verbindung mit dem Vorgang des Beobachtens steht, wird zum Bezugspunkt von Herausforderungen. Beobachtungsaufgaben – so lässt sich weiteren Aussagen der Befragten entnehmen – beziehen sich darüber hinaus auf die ‚Beobachtung' von Familien, sozialen Milieus, Abhängigkeiten erzeugenden Lebensverhältnissen, Beziehungen zwischen Eltern und Schule, Einstellungsveränderungen bei Jugendlichen, Trends in der Arbeitsmarktpolitik, institutionelle Entwicklungen (z.b. Entwicklungen von Schulen zu Ganztagsschulen) sowie auf eine systematische Betrachtung von Angeboten anderer Jugendhilfeträger einschließlich der Identifizierung von Angebotslücken in der Gesamtstruktur der Jugendhilfe. Beobachtungsleistungen werden also im Hinblick auf die eingangs differenzierten externen und internen Veränderungsdynamiken der Jugendhilfe, als Grundlage für Kompetenzentwicklungsprozesse (vgl. Kap. 1.3), besonders relevant.

Kernaufgaben – Innere Aufgaben

> Fr. Tross (Leitung/EH): „Ein gutes Gleichgewicht zu finden zwischen dem Umgang mit den knappen Ressourcen – sprich Geldmitteln und damit auch knappen Personalressourcen, wo dann die größten Kosten auch entstehen – und mit diesen Ressourcen zu gewährleisten, dass wir eine gute Pädagogik machen, das ist glaube ich so die größte Herausforderung, die ich so sehe, jetzt auch in meiner Funktion als Bereichsleiterin".

Die Bereichsleiterin beschreibt es als ihre Funktion, Qualität („gute Pädagogik") sicherzustellen, was deswegen erhöhte Aufmerksamkeit verlangt, weil sich ganz wesentliche Rahmenbedingungen – Geldmittel und damit Personalressourcen – „verknappt" haben. Es handelt sich dabei um eine Aufgabe, die sich die Interviewpartnerin insbesondere in ihrer Funktion als Bereichsleitung zu schreibt. Die Kernaufgabe „gute Pädagogik" zu realisieren lässt sich für Fachkräfte in leitender und nicht-leitender Funktion – ausgehend von den Interviews – in folgende, weitere Aspekte differenzieren:

-   „Kernaufgaben" im Handlungsbereich *leitender Fachkräfte* können zum Beispiel darin bestehen, eine bedarfsangemessene Angebotsentwicklung und -restrukturierung anzuleiten, Qualitätsentwicklung und -sicherung in allen Leistungsbereichen der Einrichtung zu betreiben, wozu auch Struktur- und Personalentwicklungsprozesse zählen.

-   Demgegenüber liegen die „Kernaufgaben" der *sozialpädagogischen Fachkräfte* in der Gestaltung pädagogischer Beziehungen, Formen der Unterstützung und Beratung für Adressaten, Förderung von Mädchen und Jungen und gegebenenfalls deren Familien, wie auch in der Organisation von Arbeitsabläufen und Teamprozessen etc.

Organisation und Interaktion sind innerhalb dieser Dimension gleichermaßen von Bedeutung. „Kernaufgaben" können deswegen auch als „innere" Aufgaben bezeichnet werden, weil sie überwiegend im Rahmen interner institutioneller Settings (in der Einrichtung) organisiert oder durch die eigene institutionelle Logik geprägt sind (z.B. Streetwork und Familienhilfe).

Peripherieaufgaben

> Fr. Tannert (Leitung/ISE) [auf die Frage nach Herausforderungen]: „[...] für unsere Organisation, für meinen Arbeitsbereich würde ich sagen, ein viel, viel stärkeres Marketing, viel mehr Transparenz, was die Leistung beinhaltet, viel mehr Transparenz, wie Kosten sich zusammensetzen, [...] wir müssen mehr Hausieren gehen mit dem, was wir tun und wie wir es tun".

Die Befragte spricht hier einen Aufgabenbereich an, der offensichtlich noch zu wenig Aufmerksamkeit hat: „Hausieren gehen" – als Aufgabe verstanden meint, sich in (system-) externen Kontexten – z.b. gegenüber Kostenträgern – mit dem eigenen Leistungspotenzial überzeugend auszuweisen, die Arbeit zu präsentieren und damit zu legitimieren. Diese Herausforderung entwickelt sich demnach ausgehend von einer Aufgabe, die an der Schnittstelle zu einem äußeren Bezugsfeld liegt.

„Hausieren gehen" als Chiffre für Öffentlichkeitsarbeit, Marketing, Präsentation und Legitimation macht nicht das Kerngeschäft der Jugendhilfefachkräfte aus. Diese Aufgaben sind überwiegend repräsentativer Natur. Im Unterschied zu ‚inneren' Aufgaben beziehen sich ‚Peripherieaufgaben' nicht auf eine innerinstitutionelle fachliche Logik. Eine erfolgreiche Bewältigung ‚peripherer' Aufgaben stellt sich stattdessen strategisch auf das Kommunikationsgegenüber ein und will überzeugen. Diese Außenorientierung umfasst insbesondere die Information der Öffentlichkeit, der politischen Gremien, die Verhandlung mit Kostenträgern (Leistungsvereinbarungen) sowie das sich Bewerben um Fördergelder. Beispielsweise wird die Präsentation des eigenen Arbeitsbereichs vor einem Jugendhilfeausschuss als eine eher ‚periphere' Aufgabe verstanden. Auch das Schreiben eines Projektmittelantrages, das der Beantragung von Fördergeldern beigelegt wird, ist dementsprechend zu bewerten, so eine Fachkraft in der Jugendberufshilfe. ‚Peripher' heißt also nicht, dass diese so angesiedelten Aufgaben weniger wichtig (randständig) wären; stattdessen soll mit diesem Begriff ein inhärenter Außenbezug auf angrenzende Systemen betont werden.

Kooperationsaufgaben

> Hr. Carl (Fachkraft/JBH) [auf die Frage nach Herausforderungen]: „Also ich denke, alles steht und fällt damit, dass man gute Kooperationsstrukturen zwischen Jugendberufshilfe und Wirtschaft erreicht, also dass man Erfahrungen mit Betrieben hat, [...] Betriebe auch Erfahrungen mit uns als Kooperationspartner haben, wo man dann was Längerfristiges machen kann, um einfach Chancen für die Jugendlichen zu eröffnen".

Der Aufbau einer „guten Kooperationsstruktur" erfordert eine verlässliche (für „Längerfristiges") und belastbare (auf erfahrener, gegenseitiger

Nützlichkeit begründete) Basis der Kooperation zu erarbeiten. Die Interviewaussage verweist damit auf einen vierten Aufgabenbereich, in dem sich Herausforderungen stellen. Diese stehen in Verbindung mit der Notwendigkeit, *gemeinsam mit externen Partner* zu handeln und umfasst daher externe Kooperationsaufgaben.

Konzeptionelle Bezugnahmen auf weitere Institutionen, insbesondere Schulen, Kindertagesstätten, Psychiatrie, Justiz, Wirtschaft finden in den Interviews Erwähnung etc. Dabei geht es auch um die Entwicklung neuer Angebote, die kooperativ von verschiedenen Institutionen realisiert werden. Die mit Personalressourcen verbundene konkrete Kooperation zwischen Institutionen bedeutet faktisch ein berufliches Wirken, entweder in einem anderen „externen" Arbeitskontext (z.b. Schulsozialarbeit) oder an der Schnittstelle zwischen zwei Bezugsfeldern (z.B. Jugendberufshilfe).

Besonders interessant an den vier Aufgabenbereichen ist, dass sie sich als räumliches Schema lesen lassen und damit ein Verhältnis von ‚innen' und ‚außen', also entlang einer gedachten Grenze thematisieren. Die Verwendung von Begriffen einer räumlichen Verortung ist dabei dem Interviewmaterial entnommen („intern", „Kern", „nach außen hin" etc.). Eine räumliche Vorstellung von Arbeitskontexten bzw. Aufgaben scheint eine gängige Vorstellung in den Alltagstheorien der Befragten zu sein. Subjektive Vorstellungen müssen mit funktionalen Ein- und Ausschließungen darüber abgeglichen werden, was als Herausforderung legitimerweise angenommen und was zurückgewiesen wird. Die folgende Abbildung setzt die unterschiedlichen Aufgabenbereiche sowie die daraus resultierenden Herausforderungen in vereinfachter Weise ins Verhältnis zueinander (ohne dabei allerdings eine räumliche Dimensionierung von ‚innen' und ‚außen' zu berücksichtigen).

Abbildung 1:   Grundlegende Aufgabendifferenzierung

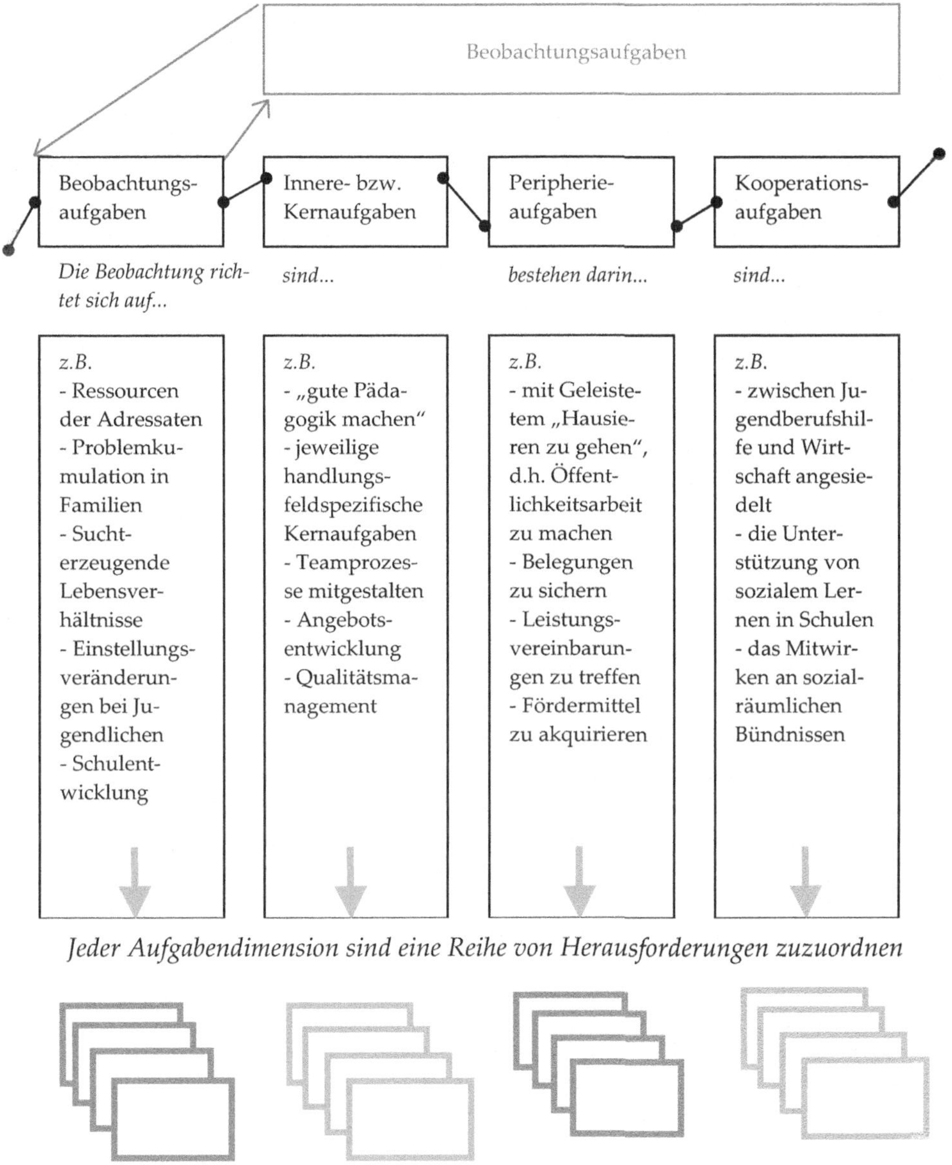

Beobachtungsaufgaben

Beobachtungs-aufgaben	Innere- bzw. Kernaufgaben	Peripherie-aufgaben	Kooperations-aufgaben
Die Beobachtung richtet sich auf...	*sind...*	*bestehen darin...*	*sind...*
z.B. - Ressourcen der Adressaten - Problemkumulation in Familien - Suchterzeugende Lebensverhältnisse - Einstellungsveränderungen bei Jugendlichen - Schulentwicklung	*z.B.* - „gute Pädagogik machen" - jeweilige handlungsfeldspezifische Kernaufgaben - Teamprozesse mitgestalten - Angebotsentwicklung - Qualitätsmanagement	*z.B.* - mit Geleistetem „Hausieren zu gehen", d.h. Öffentlichkeitsarbeit zu machen - Belegungen zu sichern - Leistungsvereinbarungen zu treffen - Fördermittel zu akquirieren	*z.B.* - zwischen Jugendberufshilfe und Wirtschaft angesiedelt - die Unterstützung von sozialem Lernen in Schulen - das Mitwirken an sozialräumlichen Bündnissen

Jeder Aufgabendimension sind eine Reihe von Herausforderungen zuzuordnen

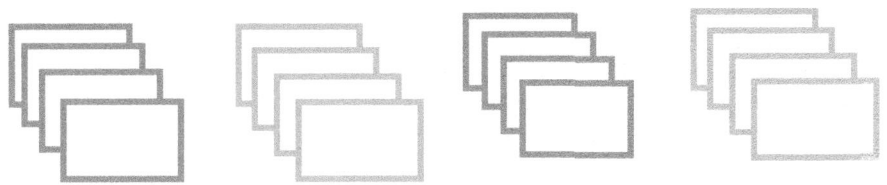

Der Abbildung ist zu entnehmen, dass die Aufgabenbereiche (vier Säulen) nicht mit einer zunehmenden bzw. abnehmenden Wertigkeit in Verbindung zu bringen sind. Grundsätzlich sind z.b. „Peripherieaufgaben" nicht weniger wichtig als „Beobachtungsaufgaben". Sie liegen für jeden Arbeitsbereich und im Unterschied von sozialpädagogischen und leitenden Fachkräften in einem anderen Mischverhältnis vor. So erfüllen funktionsbedingt leitende Fachkräfte – im Verhältnis zu Fachkräften in nichtleitender Funktion – andere „Kernaufgaben" und ein Mehr an „Peripherieaufgaben".

Zugleich zeigt die Abbildung, dass ‚Beobachtungsaufgaben' einen zweifachen Platz einnehmen. In ihrer zweifachen Verortung können sie sowohl als eigenständiges Aufgabengebiet, als auch als ein den weiteren drei Aufgabenbereichen hinterlegtes Feld, als eine querliegende Voraussetzung zur angemessenen Erfüllung dieser jeweiligen Aufgabensets, begriffen werden. Unter welchen Voraussetzungen entwickeln sich Aufgaben nun zu Herausforderungen?

3.2 Herausforderungen in ihrem Aufgabenbezug

3.2.1 Beobachtungsaufgaben als „Hintergrundleistung"

Die hiermit gemeinten Aufgabenstellungen lassen sich nur analytisch von anderen unterscheiden, denn jede Aufgabenbewältigung setzt eine eigene Form der analytischen Betrachtung bzw. eine Beobachtung ihres Bezugsfeldes voraus. Aus der Sicht der Befragten bilden Beobachtungsaufgaben eine Art virtuelle Kategorie, eine „Hintergrundleistung", für die es im konkreten Arbeitsalltag kein gesondertes Zeitfenster, wie z.B. für Verwaltungsaufgaben, gibt. Am ehesten sind sie mit Aufgaben einer Hilfeplanung zu erklären.[15] Dennoch macht es Sinn, diesen Vorgang als

---

[15] Zur Erläuterung Herr Sommerfeld (Fachkraft/SpFH): „[…] in erster Linie mal zu beobachten und mit Eltern und Kindern zu reden oder im Spiel herauszuarbeiten, was sind so die Dinge, die überhaupt einer Veränderung bedürfen oder wo die Eltern […] eine Veränderung wollen. Das ist der eine Punkt, also wirklich Zeit, sehr offen zu sein und die eigene I-dee zurückzustellen".

gesonderte Aufgabe und somit eigenständig zu betrachten, da die Herausforderungen, die in diesem Zusammenhang von den Fachkräften formuliert werden, zugleich einen Bedarf an bzw. ein Fehlen von handlungsleitendem Wissen aufzeigen, das noch nicht zur Verfügung steht. „Das ist schon eine Entwicklung, die man skeptisch beobachtet" formuliert Frau Urban (Fachkraft/JBH) im Hinblick auf die Möglichkeiten, Ausbildungsabbrüche bei Jugendlichen zu verhindern. Diese kurze Aussage verweist auf die weitere Anforderung, das Beobachtete zugleich in Bezug auf fachliche Möglichkeiten zu beurteilen. „Skeptisch" heißt hier, eine Beurteilung nicht abschließend getroffen zu haben. Beobachtungsaufgaben beinhalten daher die Integration zweier Leistungen, die Fachkräfte erbringen müssen: die Aufnahme neuer Wissensbestände und die Einschätzung der Konsequenzen für das diesbezügliche Handeln. Die Beobachtung des Bezugsfeldes und seiner Kontexte stellt die Grundlage für fachliche Entscheidungen und Bedarfsfeststellungen dar.[16]

Wann wird eine ‚Beobachtungsaufgabe' nun zur Herausforderung? Aus Sicht der Befragten generell dann, wenn Veränderungen in der Beschreibung der Zielgruppe bzw. deren Mentalität, deren Verhaltensweisen und deren gesellschaftlicher Situation angezeigt sind. Dann kommt es zu einer Bedarfsformulierung, die nach neuen Deutungsformen und Wissensinhalten verlangt. Die entsprechenden Erfahrungen der Befragten lassen sich in zwei Richtungen unterscheiden: Veränderungen erkennen und in Alternativen denken.

---

[16] Wie die Befragten diese Beobachtungen anstellen, bleibt unausgesprochen. Implizit wird zumindest deutlich, dass sie ihren Kontakt mit den Adressaten und deren lebensweltliche Bezüge nutzen, um einen Eindruck zu gewinnen. Explizit beschreibt Frau Pauli die Notwendigkeit einer Parallele von Konzeptionsentwicklung und Adressatenbefragung: „dass wir immer wieder eben in bestimmten Abständen unser Konzept aktualisiert haben, also aktualisiert haben heißt, Betroffene, und Betroffene heißt hier Migrantenjugendliche, angehört haben, also das ist für mich eine Kompetenz, nämlich Betroffene zu befragen und nicht irgendwie Konzepte für die zu entwickeln und die gar nicht befragen und zu meinen, man weiß es besser wie sie oder meint zu glauben, zu wissen, was sie brauchen". Ob die Fachkräfte über ihre Adressatenbezüge hinaus ‚Feldkontakte' suchen und ihre Deutungen mit Betroffenen abgleichen oder etwa auf Wahrnehmungen aus zweiter Hand setzen, wäre eine interessante Anschlussfragestellung, ebenso wie die systematische Gegenüberstellung von leitenden und sozialpädagogischen Fachkräften in Bezug auf ihr ‚Beobachtungs-Sujet'.

Veränderungen erkennen

Als ,zeitlose' Herausforderung thematisieren die Fachkräfte die angemessene Deutung lebensweltlicher Veränderungen ihrer Adressaten.
Folgende Aussage illustriert beispielhaft, dass Veränderungen – in diesem Fall bezogen auf das Drogenkonsumverhalten Jugendlicher – nicht
immer selbstverständlich oder zwangsläufig erkannt werden, ihre „Beobachtung" auch auf die Offenheit und das Vertrauen der Jugendlichen
angewiesen sein kann. So war Herr Qvortrup durch die sich als ,über-
holungsbedürftig' herausgestellten, vermeintlichen Gewissheiten über
das Drogenverhalten seiner Zielgruppe herausgefordert. Die Möglichkeit
der Beobachtung ist in diesem Beispiel an sich in Frage gestellt:

> Hr. Qvortrup (Leitung/JSA): „Was noch eine große Herausforderung war: Kiffen. Ge-
> kifft wurde zu dieser Zeit vor dem Streetworker, also ich wurde damals auch immer
> so vorgestellt, Dritten gegenüber: Das ist unser Streetworker. Was ich lange *nicht mit-*
> *gekriegt* habe, also was vor mir verheimlicht wurde, war, als die anfingen, sich ein
> bisschen in der Techno-Szene zu orientieren und dann die Experimentiermittel ein
> bisschen erweitert wurden – also vor allen Dingen Ecstasy – und ich das dann erst
> mitbekommen hatte, als mir ein Jugendlicher mal erzählte, wie er sich Sorgen macht
> um Kumpels. Und das war dann sehr interessant, also da hat man dann, da wusste
> man nicht so recht, die Illegalität war noch ein Stückchen weiter und man wusste
> nicht, inwieweit kann man dem Sozi, den man zu dem Zeitpunkt eigentlich schon ei-
> ne Weile kannte, auch noch das anvertrauen. Und man war dann sehr erstaunt, als ich
> dann – streng nach den Regeln Mobiler Jugendarbeit – akzeptierend reagierte".

Auch dann, wenn die Zielgruppe in ihrem gesellschaftlichen Erscheinungsbild nicht mehr einheitlich beschrieben werden kann und den Jugendhilfefachkräften dadurch weniger präzise Aussagen über ,ihre' Zielgruppe erlaubt sind, fühlen sie sich herausgefordert.

> Fr. Nellinger (Leitung/JBH): „Wir können weniger sagen, das sind die Jugendlichen
> aus einer ganz bestimmten Schicht – wenn ich jetzt so ein Schichtmodell als Grund-
> lage dafür heranziehe – und die werden einfach *jünger*. Die Problematik fängt in Schu-
> len heute schon früher an, also dass 12-, 13-Jährige straffällig werden und zwar ver-
> stärkt straffällig werden, aggressiv sind, anfangen zu kiffen. Das beginnt immens
> früh, sehr frühe Schwangerschaften, die es ja teilweise gibt. Und da muss man auch
> überlegen, wir sind hier ab 14 zuständig, ich glaube, dass man das irgendwann nach
> unten korrigieren muss".

Veränderungen zu erkennen bezieht sich schließlich nicht nur auf die jugendlichen Adressaten selbst. Als weitere Aufmerksamkeitspole gelten auch Veränderungen in den Herkunftsfamilien von stationär untergebrachten Kindern und auch – in kritischer Absicht – eine sich verändernde Auslegung von gesetzlichen Grundlagen sowie eine sich verändernde ‚Genehmigungspraxis' von Hilfen.

Alternative Handlungsmöglichkeiten erkennen

Veränderungen in den Lebenswelten der Adressaten fordern zu Beobachtungen und Deutungen darüber heraus, ob und inwiefern bestehende Angebote an Veränderungen anzupassen sind. Diese Herausforderung besteht also darin, die „richtige" Konsequenz aus der Verhaltensänderung der Zielgruppe zu ziehen und zwar auch unabhängig von tradierten Herangehensweisen – zwei Beispiele:

> Fr. Pauli (Fachkraft/EH): „Die Jugendlichen vor zehn Jahren hatten keine Handys, irgendwann hat jeder ein Handy, egal ob er Sozialhilfeempfänger oder Jugendhilfeempfänger ist und man muss in die pädagogische Arbeit auch das Handy einbeziehen, ja, dass wenn die eben flüchten [...] ja, *was heißt das denn eigentlich?* Muss man die Nummer wechseln oder was macht man mit den Rechnungen oder gibt es eine Fangschaltung? Also das waren so Sachen, da macht man sich vorher keine Gedanken, aber das waren einfach neue Herausforderungen".

> Fr. Michalski (Leitung/JMD): „Arbeit auf europäischer Ebene: Das bedeutet nicht nur EU-Projekte. Es bedeutet auch eine ganz *andere Denkweise* und das ist das, was jetzt auf uns zukommt. Weil die Jugendlichen, die wir heute begleiten, unterscheiden sich von den Jugendlichen, die vor zehn Jahren nach Deutschland gekommen sind. Die gehen mit allen Medien, wie Internet usw. ganz anders um, das ist jetzt kein neues Land für die Jugendlichen. Die Berührungsängste sind nicht da und da hat sich sehr viel geändert. [...] Ich denke für die Jugendlichen wächst Europa zusammen und wir können die Jugendlichen dann auch nur in dieser Vorstellung beraten: Arbeit, wo kann ich eine Ausbildung machen, bin ich mobil, bin ich nicht mobil? Und dass die, wie als Praktikumsstelle-, das ist dann auch eine von unseren Aufgaben, Jugendliche auf diesem Weg zu begleiten und zu sagen, guck doch, da kannst du es probieren oder das ist auch für dich möglich. Und das können wir nur dann machen, wenn wir selber auf diesem Niveau sind. I: Also das heißt vor allem den europäischen Arbeitsmarkt zu nutzen? Fr. Michalski: Ja, und auch die Arbeit mit anderen Institutionen".

In Alternativen zu denken, die den beobachteten Veränderungen angemessen sind – auch wenn sie im Horizont der Fachkraft in gewisser Weise ungewöhnlich sein mögen – ist für Frau Michalski insbesondere im
Hinblick auf Migrations- und Internationalisierungsprozesse unverzichtbar. Darin liegt für sie eine zentrale zukünftige Herausforderung.

3.2.2 Kernaufgaben: Herausforderungen im inneren Bezugsfeld

Unter welchen Umständen werden „Kernaufgaben" zu Herausforderungen? Die Ergebnisse hierzu lassen sich in drei Bereiche ordnen:
-    gegenwärtige Diskrepanzerfahrungen bezüglich einer fachlichen
     Aufwertung von Jugendhilfeleistungen und zugleich knapper wer-
     denden Ressourcen,
-    Erreichen von Planungssicherheit,
-    Ausbilden einer Corporate Identity der Jugendhilfeeinrichtungen.

Anpassungen an veränderte Finanzierungsstrukturen – Diskrepanzerfahrungen
zwischen fachlicher Aufwertung und knapper werdenden Ressourcen

Nicht nur im Zuge einer Flexibilisierung teilstationärer und ambulanter
Hilfen, die in den Interviews angesprochen wird, auch darüber hinaus,
sieht sich Jugendhilfe der Qualitätsentwicklung verpflichtet.[17] Damit ist
zugleich die Frage der Qualitätskontrolle angesprochen: Wer bestimmt
Qualität unter welchen Vorgaben? Wer bemisst sie anhand welcher Indi-
katoren? Qualitätsentwicklung und -sicherung ist kein ‚Kann-Projekt',
weil sie in der Praxis bereits in der Beauftragung sowie in der Leistungs-
bewertung freier Träger durch eine Kommune stattfindet. Das heißt,
auch lokale Leistungsvereinbarungen über Inhalt, Umfang und Qualität
sind Ausdruck der Bemühungen um Qualitätsentwicklung in der Jugendhilfe. Verkürzt geht es auch um die Frage: Was wird finanziert?

---

[17] Vgl. hierzu den Zweiten Landesjugendbericht Baden-Württemberg für die 13. Legislaturperiode, Stuttgart 2004.

Die Aussagen, die diese Fragestellung im Kontext von Herausforderungen aufgreifen, lassen sich als Kontroverse hinsichtlich einer fachlichen Aufwertung der Arbeit lesen. In der Zusammenschau der folgenden Aussagen werden zwei Argumentationspole (Aufwertungen contra Einschränkungen pädagogischer Arbeit) deutlich: Jene interviewten Fachkräfte, die diese Entwicklung als positive Herausforderung auffassen, betonen die fachliche Seite, die sie als anspruchsvoller erleben, z.b. durch den Zugewinn an Beurteilungsleistungen und ein Mehr an Handlungsentscheidungen, die notwendig werden – ein Beispiel:

> Fr. Ittner (Leitung/EH): „Diese Transparenz im stationären Bereich, für was bekommt man Geld, was wird von uns erwartet, diese Klarheit darüber, die hat sehr massiv zu Veränderungen geführt. Also zum einen diese Erkenntnisse für sich selber, ich weiß, was mein Auftrag und mein Ziel ist als Mitarbeiter, Mitarbeiterin von einer Gruppe. Zum anderen war es bei uns hier tatsächlich so, dass wir auch *mehr machen konnten, inhaltlich*, also am Anfang, als ich kam, haben wir einen sehr geringen Pflegesatz gehabt und man konnte gerade die Aufsichtspflicht abdecken. [...] diese *Ausdifferenzierung*, es macht ja einfach auch Spaß. So Sachen, da stärker zu gucken, wo ist ein Angebot verortet, stärker zu gucken, wie kann man individuell für Kinder und Jugendliche ihre Hilfeplanziele erarbeiten, das erfordert auch ein hohes Maß an Fachlichkeit".

Demgegenüber beschreiben diejenigen Fachkräfte, die darin eine negative Entwicklung sehen, die Herausforderung, rationalisierter arbeiten zu müssen und machen dies insbesondere an ökonomischen Motiven der Kosteneinsparung fest. Unisono weisen die Fachkräfte auf Unverhältnismäßigkeiten hin – zwei Beispiele:

> Fr. Meyer (Fachkraft/BJW): „Den Jugendlichen fehlt in dem Alter so viel an Möglichkeiten durchzuhalten und auch die Probleme durchzustehen und wieder neu für Weiterbewilligungen und Beantragungen eben hinzustehen, dass das letztendlich im Grunde nicht funktionieren kann. Und das ist wirklich eine sehr schwierige Sache, also das ist so eine Vision, die ich gerade im Moment eher noch habe, aber die Zeichen sind schon klar zu erkennen und ich glaube das heißt auch wirklich für uns, wir müssen auch jetzt schon mehr Jugendliche *in weniger Zeit mit weniger finanziellen Mitteln* effizienter betreuen. Und das wird, irgendwann hat es mal eine Grenze und wenn die Grenze erreicht ist, denke ich, geht es wirklich an den Jugendlichen ab und dann stehen letztendlich wesentlich mehr Jugendliche nachher da und haben nix oder sind gescheitert".

Fr. Tross (Leitung/EH): „Also faktisch ist es so, die können es nicht finanzieren und dennoch sind die Kinder und Jugendlichen da und wir von daher mit sehr großen Herausforderungen gerade leben müssen, mehr, intensivere, komplexere Aufgabengebiete zu haben, *mit weniger Mitteln*, die wir zur Verfügung haben. Also angefangen von Personalverknappung, dass eben für das Gleiche weniger bezahlt wird, beziehungsweise wir längst nicht mehr das Geld dafür kriegen, das wir auch brauchen".

Die folgende Aussage macht darüber hinaus deutlich, dass Verfahren der Qualitätsbemessung, die einen Aufwand im Verhältnis zu den Wirkungen bilanzieren wollen, nicht nur eine Arbeitszeitverdichtung abverlangen, sondern zugleich eine Ziel- und Wertefrage für die Jugendhilfe insgesamt provozieren.

Hr. Iglauer (Leitung/JSA): „Früher war die Beziehung im Mittelpunkt, also die Arbeit am Menschen. Heute ist eher der Takt im Mittelpunkt, also unter dem Stichwort, wer Beziehungsthemen bearbeitet, der sagt dann, Erfolge oder Veränderungen stellen sich in zwei, drei, vier Jahren ein. Heute sagt man, Erfolge müssen sich einstellen in einem halben Jahr. Es muss ergebnis- und lösungsorientiert sein. Die Beziehung ist nicht mehr im Vordergrund. Das heißt von daher gibt es andere Frequenzen, also Frequenz im Sinne von Takten. Ein Hilfeprozess muss in einem halben Jahr abgeschlossen sein, also im Grunde muss er auch überprüfbar sein".

Tendenziell deutet sich hier ein Unterschied zwischen leitenden und nicht-leitenden Fachkräften an: Während leitende Fachkräfte verstärkt Herausforderungen in der Perspektive einer Qualitätsentwicklung betonen,[18] beschreiben nicht-leitende Fachkräfte Herausforderungen durch sich verschlechternde Rahmenbedingungen – „weniger Zeit".

---

[18] So z.B. Hr. Xiller, der die Etablierung von intrainstitutionell schlüssigen Hilfeketten als seine fachliche Leitvorstellung ausweist und verfolgt, um Abbrüche innerhalb von Jugendhilfeprozessen möglichst zu vermeiden: „Am liebsten wäre es mir, wenn ein Kind dann auch von ein und demselben Mitarbeiter durch die verschiedenen Hilfeketten durch betreut wird. Das ist natürlich ein ganz kühner Spruch, weiß ich auch nicht, wie ich das realisieren soll, aber das sind dann so Wunschträume, die man manchmal so im Kopf hat."

Erreichen von Planungssicherheit und Flexibilität

Der Trend zu bedarfsgerechten Angebotsstrukturen, zu flexiblen und sozialräumlich orientierten Hilfen, die sich lösen von vorab festgelegten Angebotsformen, impliziert für eine Jugendhilfeeinrichtung auch, Schwankungen in der ‚Auslastung' ausgesetzt zu sein. Denn nicht immer sind Leistungspotenziale gleichermaßen gefragt bzw. im Ad-Hoc-Verfahren durch Alternativangebote zu kompensieren. Jugendhilfefachkräfte thematisieren diese Dynamik als Herausforderung. Für Fachkräfte in leitender und nicht-leitender Funktion ist das Erzielen von Planungssicherheit aus Gründen der Arbeitsplatzsicherung der sozialpädagogischen Fachkräfte gewissermaßen existenziell. Leitende Fachkräfte thematisieren Planungssicherheit deswegen als Entlastung ihrer Mitarbeiterinnen und Mitarbeiter, damit eine Konzentration auf die sozialpädagogischen Prozesse möglich ist. Frau Thallinger (Fachkraft/EH) bringt die fehlende Sicherheit und Kontinuität als emotionale Belastung für sich und ihr Team in der Tagesgruppe auf folgendes Bild: „es hängt immer das Damoklesschwert über uns, dass es die Einschneidungen, diese Veränderungen wirklich noch gibt". Auch verändert sich durch das oben aufgezeigte ‚Soll' die Grundlage der Planung. Planung muss nicht nur *Sicherheit* garantieren, sondern auch *Flexibilität* ermöglichen. Das Instrument ‚Jahresplan' ist deswegen nur als ‚grober Fahrplan' auszuarbeiten.

> Fr. Ittner (Leitung/EH): *„Kurzfristigkeit* als Stichwort: Also wir haben jetzt einen Jahresplan und gehen davon aus, den können wir auch umsetzen, [...] ich denk wir werden weiterhin mit Jahresplänen arbeiten, aber wir werden deutlich Puffer einplanen müssen, zu sagen: okay, wie organisieren wir das dann, dass die kurzfristig anstehende Arbeit auch zu bewältigen ist".

Ein weiterer Aspekt von Planungssicherheit rückt schließlich die Notwendigkeit vor Augen, einen fachlichen Spielraum für die Entwicklung bedarfsgerechter Angebote einzuräumen und damit die Ausarbeitung und die Erprobung von neuartigen Konzepten in Planungsprozesse mitzudenken.

Fr. Nellinger (Leitung/JBH): „Schulverweigerung ist z.B. ein Thema, das für uns lange
sehr schwierig war, wo wir nicht wussten, wie sollen wir denn da rangehen, irgendwie erreichen wir die ja auch nicht so richtig, weil in der Schule sind die ja nicht. Und
da gab es dann ein Projekt [...] über zwei Jahre, wo ich dann sagte: okay, in den zwei
Jahren können wir *mal ausprobieren*, was greift denn in diesem Fall, und haben da unterschiedliche Methoden ausprobiert und haben dann auch welche gefunden, die für
uns funktionieren, wie wir wirklich einen Zugang finden".

Sicherheit und Flexibilität der Angebote gleichzeitig zu gewährleisten,
stellt also eine Herausforderung im Bereich der Kernaufgaben dar.

Corporate Identity

Leitende Fachkräfte beschreiben die Ausbildung einer ,Corporate Identity' als Aufgabe, die sie mit erhöhter Aufmerksamkeit verfolgt haben
bzw. die als solche verfolgt werden sollte.

Hr. Kurz (Leitung/EH): „Das ist eine zentrale Aufgabe von mir, im Grunde die Marke
[Trägername] zu platzieren und das ist im Prinzip auch sehr gut gelungen in der Zwi-
schenzeit, weil das Logo bei uns auch intern lebendig geworden ist. Die Teams greifen
es auf, wandeln es um in ihre Gestaltung oder in ihre Ausstattung von Mobiliar und
so weiter. [...] Also das Logo ist sehr lebendig nach innen und nach draußen genauso.
Das hat also einen hohen Wiedererkennungswert".

Das Corporate Design ist – wie dem Zitat zu entnehmen ist – erst in zweiter Linie aus Gründen eines Wettbewerbsvorteils, den ein einheitliches
Erscheinungsbild einbringt, wesentlich. Herr Kurz stellt es in den Zusammenhang eines entstehenden Gemeinsinns unter den Mitarbeiterinnen und Mitarbeitern, als „organisches Material", das sie sich individuell aneignen und das ihnen zugleich die Identifikation mit der Einrichtung ermöglicht.

Neben der positiven Identifikation mit der Einrichtung stellt die be-
reichsübergreifende Kommunikation ein weiteres Element einer Corporate Identity dar. Diese wird vor allem dann als Herausforderung betrachtet, wenn sie als zu schwach vorhanden beschrieben wird: „da haben wir noch ein dickes Paket vor uns", so Frau Tannert (Leitung/ISE).

Mit dem Konzept einer Corporate Identity scheinen vor allem große Jugendhilfeträger unterschiedliche Erfahrungen gemacht zu haben. Während manche Führungskräfte ein auf die jeweilige Abteilung begrenztes Denken und somit fehlendes Bewusstsein für die Gesamteinrichtung wahrnehmen, stellen andere die gelungene Umsetzung einer Corporate Identity als Erfolgsfaktor in den Vordergrund. Eine Corporate Identity stärke schließlich nicht nur die Einrichtung „nach innen", sondern erweist sich als Folge davon auch als wirksames Mittel in der Kommunikation mit der Öffentlichkeit.

3.2.3 Peripherieaufgaben: Herausforderungen im peripheren Bezugsfeld

Wodurch werden ‚Peripherieaufgaben' zu Herausforderungen? Interessant ist, dass relativ häufig auf die Frage nach Herausforderungen ein auf die jeweilige Kommune bezogener Wechsel von Amtspersonen angeführt wird. Beispielsweise stellt der Wechsel in der Leitung des Jugendamtes oder im Sozialdezernat mehrere Fachkräfte vor die Herausforderung, sich neu zu orientieren, weil „politische Weichen" anders gestellt werden. So kann nicht mehr selbstverständlich vom Budget des Vorjahres auf den etwaigen Etat des Folgejahres geschlossen werden, mündliche Vereinbarungen werden möglicherweise mit neuer Besetzung unwirksam. Dadurch rückt die Abhängigkeit freier Träger von kommunalen Steuerungsprozessen ins Bewusstsein. In diesem Verständnis argumentierend, lassen sich die Aussagen der Befragten in zwei Richtungen unterscheiden: die Thematisierung zunehmender Legitimationsprobleme einerseits; die Versuche der Intensivierung von Kommunikation andererseits. Einige Beispiele sollen den Unterschied verdeutlichen.

Legitimationsprobleme

> Hr. Qvortrup (Leitung/JSA): „Mobile Jugendarbeit, Sozialarbeit steht immer im Blick der Öffentlichkeit. Man will immer noch wissen, was tut ihr eigentlich? Und in Zeiten knapper werdender öffentlicher Mittel natürlich immer mehr. Das Hauptproblem von

Sozialarbeit, Sozialpädagogik: Letztendlich können wir nichts beweisen. Wir können nicht beweisen durch meine konkrete Unterstützung ist jetzt das oder das passiert – in den wenigsten Fällen können wir das. [...] Infolgedessen gilt es das, was wir wissen und das, was wir tun, immer wieder transparent zu machen, weil die *Geldgeber* wollen wissen, also sprich bei der Mobilen und bei der Jugendsozialarbeit eben wie gesagt die *Kommunen*, das ist auf der einen Seite die Verwaltung, die wissen wollen, was tun die eigentlich? Was schaffen die? Und auf der anderen Seite aber auch die, die dann eben die Hand heben müssen, ob irgendwas weiterfinanziert wird, nämlich die *Gemeinderäte*. Das heißt die müssen regelmäßig bedient werden und man muss immer berücksichtigen, es sind keine Fachleute, die auch in der Regel [...] nicht wissen, mit welchen Jugendlichen da gearbeitet wird. Das heißt es sind in der Regel zwei Dinge, die man ihnen erklären muss, nämlich einmal: Was sind das eigentlich für Jugendliche, für die wir zuständig sind und mit denen wir arbeiten und auf der anderen Seite, was tun die denn da konkret. Und das wird immer schwieriger, weil es mittlerweile in allen größeren Städten *Haushaltsstrukturkommissionen* gibt, ja, die dann halt zum Teil eben auch, wie z.B. in X-Stadt auf die Idee kommen, wir streichen jetzt pauschal 15 Prozent aller Personalkosten".

Herrn Qvortrups Aussage thematisiert den Übergang einer standardmäßigen Aufgabe in eine Herausforderung. Das Handlungsfeld, das er vertritt, steht „immer" unter öffentlicher Aufmerksamkeit und „immer" besteht die Anforderung, einen Rest von Ungewissheit bezogen auf die Wirkungsfrage gekonnt zu umgehen bzw. Laien verständlich zu machen, dass das pädagogische Angebot in seinem spezifischen Zuschnitt angemessen ist. An die Wirkungsfrage habe man sich gewöhnt und ist darauf eingestellt, nicht jedoch auf eine Art des rigiden Abbaus, der sich einem argumentativen Zugang gänzlich verschließt und damit neue Legitimationsprobleme aufwirft. Haushaltstrukturkommissionen sind schließlich ein Chiffre für das Aussetzen eines Verhandlungsmoments in der Beziehung zwischen öffentlicher Verwaltung und Jugendhilfeeinrichtungen. Eine neue technokratische Steuerung tritt an dessen Stelle.

Intensivierung von Kommunikation

Anders argumentiert Frau Tannert, die eine „aktive Position" für notwendig erachtet, die zugleich eine Herausforderung darstellt:

Fr. Tannert (Leitung/ISE): „Während dem Maßnahmeverlauf ist für mich eine Frage, wie findet der Transport der einzelnen Bausteine, die umgesetzt werden oder der einzelnen Etappen, die im Hilfeplan vereinbart wurden, wie werden die Zwischenergebnisse transportiert zum *Kostenträger*. In der Vergangenheit war das oft so – und da spreche ich glaub ich nicht nur für uns [...]: Aus den Augen, aus dem Sinn [...] und vielleicht auch noch eine Zurückhaltung von Seiten der Einrichtung, relativ zurückhaltend mit Informationen umzugehen. Und meistens ist es schwer, das Gegenteil zu machen, in die *aktive Position* zu kommen, ohne dass direkt ein Handlungsbedarf an den Kostenträger dran geknüpft wird, [...] Zwischenergebnisse an ganz bestimmten Meilensteinen weiterzugeben, damit deutlich wird: Aha, dahin bewegt sich das Ganze jetzt, dass nachvollziehbar wird, wie die Leistung erbracht wird und wie mit dem Jugendlichen gearbeitet wird".

Auch in diesem Beispiel steht der Kontakt zum Kostenträger im Mittelpunkt. Eine Kontaktintensivierung soll zu mehr Transparenz beitragen und das Leistungspotenzial der Hilfen schließlich verdeutlichen. Anstatt einer Vermeidungshaltung soll es verstärkt, über das Vorgeschriebene hinaus, zum Dialog kommen. Mehr Information als erwartet zu geben, macht sich auch Frau Nellinger zur Strategie, wenn sie Politikern Fallhintergründe „emotional" aufschlüsselt:

Fr. Nellinger (Leitung/JBH): „Ich *verkaufe unsere Arbeit auch sehr emotional*, weil das bisher ein Erfolgsgarant war [...] I: Heißt das, Sie erzählen Fallgeschichten? Fr. Nellinger: Zum Teil. Damit es einfach ein bisschen plakativer wird".

Schließlich besteht die Herausforderung durch ‚Peripherieaufgaben' auch darin, kommunale Prozesse nicht abzuwarten, sondern diese mit anzustoßen. Ein Beispiel:

Hr. Xiller (Leitung/EH): „Wir werden nächstes Jahr für uns insoweit Neuland betreten, dass wir einen Hort in X-Stadt eröffnen [...] So wie wir jetzt mit der Stadt X gerade dabei sind, das mit der Stadt zusammen zu entwickeln, die ganz klar davon ausgeht, es wird Ganztagsschulen geben, vom Hort unterstützt. [...] Also die sind weg von der Kommstruktur hin zur Gehstruktur und sagen da auch, sie wollen an den Ganztagsschulen ein Netzwerk haben aus professionellen Jugendhilfehelfern, Ehrenamtlichen und dann die ganze Palette: EB, PsB, Jugendhilfe, Musikverein, alles, was so kommt. Ist fachlich, denke ich auch nicht falsch, es so zu machen. Und da gucken wir, dass wir die Weichen so gestellt kriegen, dass wir in einer relativ großen Bandbreite mit dabei sind und mitentwickeln können, um unsere Inhalte und unsere Interessenslagen da mitzuvertreten".

Zwischen den Zeilen spielt diese Aussage auf eine konkurrierende Situation unter freien Jugendhilfeträgern an, die sich auf Zuständigkeiten für bestimmte, u.U. neue Leistungen wie schulergänzende Betreuungsangebote kaprizieren. Sich als verlässlicher Partner für die Kommune zu erweisen, bringt neben Anpassungsleitungen auch den Vorteil, Steuerungspotenzial zu gewinnen. Sich auf gegenseitige Abhängigkeiten einzulassen ist mit Blick auf den nächsten Abschnitt ein weiteres zentrales Thema innerhalb der dargestellten Herausforderungen.

3.2.4 Externe Kooperationsaufgaben: Herausforderungen im Bezugsfeld externer Zusammenarbeit

Externe Kooperationen erfordern die Vermittlung und interinstitutionelle Klärung von gemeinsam getragenen Zielen bis hin zum Mitwirken an kommunalen Leitlinien.[19] Bezüglich dieser weitreichenden Kooperationsaufgaben sind im Material zwei Herausforderungen zu differenzieren: Fachliche Abgrenzungen, die eine Kooperation erschweren, so weit als möglich zu überwinden bzw. zu vermitteln, als auch institutionelle Grenzen zu Gunsten einer sozialräumlichen Betrachtungsweise zu überschreiten.

Überwindung von Abgrenzung

So schildert der Streetworker Herr Qvortrup in folgendem Beispiel die Notwendigkeit, in einem ursprünglich ausschließlichen Differenzdenken eine Möglichkeit der Ressourcenerweiterung zu entdecken:

---

[19] Folgt man Seckinger und van Santen so stellt interinstitutionelle Kooperation per se eine Herausforderung dar. Ausgangspunkt ihrer empirischen Studie war die Beobachtung, dass der Kooperation ein ungemein hoher Stellenwert beigemessen wird. Demgegenüber bleibt jedoch die Frage unterbelichtet, „wie kooperieren eigentlich geht", welche Handlungsvoraussetzungen daran gebunden sind und welche Haltungen es erfordert, dass die Auswirkungen produktiver Natur sind. Weil diese Fragen so entscheidend sind, verwundert es nicht, dass die Befragten sie als Herausforderung thematisieren.

Hr. Qvortrup (Leitung/JSA): „Die größte Herausforderung war tatsächlich damals diese gewaltbereiten Jugendlichen und da das in X-Stadt so erfolgreich war, will ich da einfach noch einmal diese *Kooperation als wesentlich* bezeichnen. In dieser Phase brach das erste Mal diese Skepsis zwischen Polizei und Sozialpädagogik, Sozialarbeit ein bisschen auf, man hat gesehen, bis zu einem gewissen Grad zieht man eigentlich am gleichen Strang. Aber auch Schule hat sich in dem Bereich verändert zu der Zeit, so dass es durchaus sein konnte, dass eine stellvertretende Rektorin einer Hauptschule eben nachmittags auch Mal in einem Jugendtreff auftauchte, um Jugendliche, die sich da in ihren Gangs organisiert haben, auch aus ihrer Anonymität rauszureißen".

Herr Qvortrup setzt an einem akuten Problem an. Die beschriebene Herausforderung verbindet sich jedoch nicht mit einem überaus starken Anstieg der Schwierigkeiten, die auf die Gang zurückgehen, sondern mit dem sich neu abzeichnenden Lösungspotenzial, das aus der Zusammenarbeit von Institutionen resultiert, die sich zunächst voneinander abgrenzten.

Schulen sind inzwischen ein wichtiges Gegenüber für die Jugendhilfe, dies zeigt sich in den Aussagen der Fachkräfte deutlich. Schulen als Kooperationspartner zu begreifen kann im negativen wie auch im positiven Sinn eine Herausforderung bedeuten:

- Negativ deuten Fachkräfte als vereinnahmend empfundene Kooperationsbeziehungen, die es abzuwehren gilt. Eine gemeinsame Idee und Zielsetzung gerät dabei aufgrund einseitiger Strukturen der Zuarbeit aus dem Blick.
- Eine positive Herausforderung wird in Bezug auf solche Kooperationsprojekte geäußert, die noch im konzeptionellen Zuschnitt begriffen und daher noch weitgehend offen sind. Ein Beispiel:
  Fr. Thallinger (Fachkraft/EH): „Es gibt immer mehr Schüler, die nicht beschulbar sind und da wäre ich auch stark daran interessiert, so eine *außerschulische Beschulung* mit auf den Weg zu bringen, vielleicht auch in Kooperation von verschiedenen Schulen, dass es irgendwo ein Ort gibt, wo die Kinder oder wo die Jugendlichen hingehen können, wenn sie in der Klasse nicht gut tun. Wo man einfach andere Dinge lernt bis sie vielleicht wieder in ihre Schule zurückgehen oder in einer andern Form, [...] mehr in der zugehenden Arbeit, ich weiß nicht, aber da würde ich gerne mehr entwickeln".

Probleme aus der eigenen Zuständigkeit entlassen – Sozialraum als Chance

Die für die Kooperationsbeziehung zu Schulen getroffene Unterscheidung führt zu der Frage: Verläuft die Entwicklung von Kooperationen in Phasen, die je nach Stand der Zusammenarbeit nicht nur andere Herausforderungen, sondern auch differierende Möglichkeiten der Ressourcenschöpfung beinhalten? In der Phase der Ideengewinnung scheint das Versprechen auf eine Ressourcenerweiterung ungemein groß. Das zeigt auch die folgende Passage.

> Hr. Iglauer (Leitung/JSA): „Unsere Hauptzielgruppe wird keine Jobs kriegen, das wird einfach so sein auf absehbare Zeit, da braucht sich keiner was vormachen, das heißt, dann müssen wir aber gucken, welche Angebote entwickeln wir, damit die nicht auf der Straße rumhängen. Das heißt, dann wird es hier *stadtteilorientiert* oder je nachdem, wie die *Sozialräume* halt auch gestrickt sind, wird es Initiativen geben müssen, um Jugendlichen in Arbeit zu verhelfen. Das ist eine Herausforderung an uns alle, welche Initiative wir starten. Ob wir sagen, wir machen dort den ersten Arbeitsmarkt oder über eine Schleife oder einen Hauptschulabschluss nach zu machen oder noch weiter. Da denke ich, da ist noch viel Phantasie gefragt, wie das funktioniert auf diese Kleinräumigkeit hin bezogen".

Der Sozialraum wird angesichts des globalen Problems der Jugendarbeitslosigkeit zur Bezugsgröße und als Ressourcenstruktur verstanden. Eine mit dieser kleinräumigen Entwicklung von Konzepten verbundene Herausforderung besteht schließlich auch darin, ein Problem aus der eigenständigen Bearbeitung der Jugendhilfe zu entlassen und es als sozusagen ‚genossenschaftliches Projekt' anzugehen.[20]

Der Aufriss an Herausforderungen, die im Einzelnen genannt wurden und die sich analytisch nach Aufgabenbereichen systematisieren lassen,

---

[20] Die Entwicklung von sozialraumorientierten Kooperationsmodellen zwischen Jugendhilfe und Schule zeigt, dass solch ein komplexes Kooperationsarrangement neben kooperationswilligen Fachkräften auch der Absicherung und Koordination auf übergeordneter Steuerungsebene (Jugendhilfeplanung, Schulamt, Träger) bedarf, die sich nach anfänglicher Planung und ersten Implementierungsschritten nicht wieder zurückzieht, sondern Kooperationsprojekte prozessbegleitend sichert (vgl. Bolay/Flad/Gutbrod 2004 zur sozialraumverankerten Schulsozialarbeit).

wird an dieser Stelle abgeschlossen. Ziel dieses Abschnitts war, einen Gesamtüberblick über das, was herausfordert zu vermitteln. Im Folgenden werden die Zusammenhänge im Material herausgehoben, die u.E. eine hohe Relevanz für die Kompetenzfrage beinhalten. Drei Zusammenhänge werden dargestellt, die jeweils mit einer These eingeleitet werden.

3.3 Ergebnisse: Markante Verschiebungen und neue Gewichtungen

Im Prozess der Auswertung folgte dieser ersten aufgabenbezogenen Kodierung der jeweiligen Herausforderungen die Suche nach – quer zu dieser Differenzierung liegenden – grundlegenden Themen bzw. Kategorien. Dabei wurden „Verschiebungen" bzw. „neue Gewichtungen" im Handeln der Fachkräfte in leitender und nicht-leitender Funktion offensichtlich. Erkenntnisleitend war also der Blick auf Strategien professionellen Handelns, die im Kontext der beschriebenen Aufgaben als Herausforderungen von den Fachkräften thematisiert werden. Diese im Folgenden illustrierten „Verschiebungen" werden – als Ergebnisse der Auswertung – in Form von Thesen festgehalten. Zusammenfassend zeigen sich (als Verschiebungen) kontinuierliche Steigerungen der Anforderungen im Bereich der unterschiedlichen Aufgabenfelder (Kern-, Peripherie- und Beobachtungsaufgaben) bei gleichzeitiger Abnahme der zur Verfügung stehenden strukturellen (finanziellen, personellen, zeitlichen) und konzeptionellen Ressourcen.

3.3.1 Ressourcengewinnung durch Verzahnungen von Qualitätsentwicklung und Personalförderung

These 1: Qualitätsentwicklung und Personalförderung zu verzahnen, um Ressourcen zu gewinnen, bildet eine wichtige Herausforderung im Bereich der „Kernaufgaben" für Führungskräfte.

Die Herausforderung, die dieser Zusammenhang bewirkt, stellt sich Fachkräften in leitender Funktion. Sie besteht darin, geeignete Instrumente der Personalförderung zu entwickeln, um damit die Qualität der Leistungen einer Jugendhilfeeinrichtung zu sichern aber auch weiterzuentwickeln[21]. Die Jugendhilfefachkraft mit ihren Potenzialen wird unabhängig vom Handlungsfeld als entscheidende Ressource einer flexiblen Organisation angesehen. Es geht nicht nur darum, für den jeweiligen Tätigkeitsbereich mit geeigneten Arbeitskräften zusammenzuarbeiten (Eignung) sondern vielmehr um das Abschöpfen eines gewissen Mehrwerts, der dann für die Organisation als Ganzes zum Tragen kommt. Wenn das Unternehmen strukturelle Voraussetzungen dafür schafft, dann – so führt Herr Xiller (Leitung/EH) fort – „passt wieder der alte Spruch: Wir sind an dem Gold in den Köpfen unserer Mitarbeiter dran und wenn uns das gelingt, dann haben wir's". Interessanterweise entfaltet sich dieser Zusammenhang an unterschiedlichen Stationen einer Berufsbiografie und thematisiert das Herstellen von Verbindlichkeiten, die offensichtlich noch zu wenig im Blick sind.

Als Ziel formuliert diese Leitungskraft, die Potenziale der jeweiligen Fachkräfte so zu fördern, dass diese so weit als möglich in der jeweiligen beruflichen Tätigkeit zum Tragen kommen und für die Einrichtung genutzt werden können. Im Hinblick auf so verstandene Verzahnungen von Personalförderung und Qualitätsentwicklung gehen von den Erfahrungen der Fachkräfte in leitender Funktion folgende strategische Impulse aus, die sich auf eine entsprechende Einstellungspolitik, berufliche Weiterbildungspraxis („Querkarrieren"), Ideenförderung und „Diversity Management" beziehen.

---

[21] These 1 beschreibt eine Herausforderung innerhalb der ‚Kernaufgaben', die allerdings komplexer als die vorne angeführte Reihe an Herausforderungen ausfällt, weil zwei ‚innere Aufgaben' (Qualitätsentwicklung/-sicherung und Personalförderung) aufeinander bezogen werden.

Qualitätsentwicklung durch Einstellungspolitik

Fr. Michalski (Leitung/JMD): „Wir haben jetzt schon ein ganz *anderes Profil* auch von Mitarbeitern und das ist auch *Voraussetzung für eine Anstellung* bei uns, nicht klassischer Sozialpädagoge sondern eher Richtung *Sozialmanagement*. Es wird erwartet, dass die Menschen, die hier tätig sind, selber in bestimmten Rahmen, wenn das Projekt vorgegeben ist, ein Angebot ausarbeiten können, Kontakte knüpfen können und selbstständig auch mit Finanzen umgehen können. [...] Dass dann die Menschen auf jeden Fall fähig sind, ihre Arbeit in schriftlicher Form zusammenzufassen, Bericht erstatten, auch Nachweise zu erstatten, kooperative Arbeit mit anderen Institutionen zu machen. [...] Die Mitarbeiter machen das selbstständig, dass dann jeder quasi ein kleiner Manager ist im eigenen Bereich".

Frau Michalskis Aussage misst den Fähigkeiten zur Selbstorganisation und Eigenverantwortung der Fachkräfte einen ausgesprochen hohen Stellenwert bei, was sie auch mit der zentralen Bedeutung von Projektarbeit in ihrem Arbeitsfeld (Jugendmigrationsdienst) begründet. Der „kleine Manager im eigenen Bereich" (Ressource) umschreibt die Handlungsbasis der Projektarbeit und ist Sinnbild einer Entbürokratisierung. Er legt die Aufhebung rigider Formen der Arbeitsteilung zugunsten einer stärkeren Autonomie der Jugendhilfefachkräfte (Qualität) nahe. Selbstständigkeit in der Gestaltung der Arbeit ist daher Zentrum von Einstellungsfragen. Über diese singuläre Aussage hinaus lässt sich feststellen, dass es in der Personalakquise darauf ankommt, Interessen und Talente von Bewerberinnen und Bewerbern auch neben der Qualifikation zu berücksichtigen und als Chance im Hinblick auf eine Angebotserweiterung zu deuten.

Qualitätsentwicklung durch ‚Querkarrieren'

Hr. Xiller (Leitung/EH): „Also da auch wirklich diese Kreativität im Kopf immer mitzudenken und sich auch immer dann flexibel dem anzupassen. [...] Ich brauche Mitarbeiter, die wirklich sagen: Okay, was bringe ich einerseits beruflich mit, was bringe ich an persönlichen Neigungen und Stärken und Fähigkeiten mit und daran gemeinsam auszuloten: Was brauchen wir von deinen beruflichen, von deinen persönlichen Fähigkeiten und Neigungen, wo bringst du uns als Unternehmen weiter und wo fördern wir dich, dass du als Mensch da auch weiterkommst. [...] Es bedingt für uns kla-

re Personalentwicklungskonzepte, das heißt, wir müssen Klarheit erfüllen durch Zielabsprachen: wo entwickelt sich dein Bereich hin, wo entwickelst Du dich hin. Diese
Absprachen mit den Kollegen treffen [...] auch so Personalplanung, Karriereplanung,
[...] was heißt Karriere im sozialen Bereich? Karriere ist der Moment, in dem ich dann
Einrichtungsleiter bin? Da müssen wir glaube ich mal unsere Begrifflichkeiten und
unsere Strukturen im Kopf von Unternehmen noch mal überdenken. Kann Karriere
nicht auch sein, ich entwickle mich beruflich weiter, [...] *in der Flexibilität und der Ange-
botsbreite mache ich so etwas wie Karriere,* weil ich da viel erfüllter arbeiten kann. Und
ich denke, das wird noch mal für uns ein Thema werden".

Die von Herrn Xiller proklamierte berufliche Weiterbildung bzw. Karriereplanung, nicht als persönlicher Statuszuwachs sondern als Erweiterung
der Angebotspalette verstanden – wir verwenden dafür den Begriff der
‚Querkarrieren' – wird als alternatives Personalentwicklungsmodell vorgestellt. Die Förderung von Querkarrieren orientiert sich an der Motivation der Fachkräfte sowie an ihrer Unterschiedlichkeit. Während Herr
Xiller die Verbindlichkeiten auf der Ebene von Absprachen betont, die
ein solches Modell der Personalführung impliziert, gehen andere Vor-
schläge darüber hinaus: um „Querkarrieren" zu ermöglichen bedarf es
geeigneter Instrumente, die auf berufliche Übergangsprozesse abgestimmt sind (vgl. dazu Kap. 6.2.4).

Qualitätsentwicklung durch Förderungen innovativer Mitarbeiterideen

Fr. Nellinger (Leitung/JBH): „Bei uns werden im Frühjahr zwei stationäre Gruppen
geschlossen. Für mich ist immer die Frage: wäre man früher in ein anderes Feld einge-
stiegen, hätte man doch so manches noch auffangen können. [...] Oder dass wir uns in
einem anderen Maß dieses Social-Sponsoring vornehmen, da ist viel möglich. Nur
braucht da auch jemand den Auftrag und da sehe ich bei uns in der Leitungsrunde:
wir spinnen super tolle Ideen, dann kriegt aber niemand den Auftrag, das weiterzu-
verfolgen. Wenn hier jetzt jemand eine *gute* Idee hat, dann sage ich: okay, das finde ich
auch gut, hör dich um, schaff mir Informationen bei, überleg dir, wie können wir es
umsetzen, ich guck nach dem Geld, dann, wenn es soweit ist. Dann braucht jemand
den *Auftrag.* Und ich muss mich als Führungskraft aber auch drauf einlassen, diese
Anweisungen zu geben".

Die Verbindlichkeit, auf die Frau Nellinger verweist, besteht darin, als
Führungskraft das Ideenpotenzial, das aus gemeinsamen Zirkeln er-

wächst, ernst zu nehmen bzw. in die Ideen der Mitarbeiterinnen und Mitarbeiter zu investieren. Die Herausforderung „guten Ideen Aufträge zu erteilen", ist gegen die Trägheit von Einrichtungen gerichtet und meint, die Begrenzung der eigenen Erfahrung – ‚so haben wir es immer gemacht, so hat es sich bewährt' – zu überschreiten, indem weiterführende Überlegungen im Rahmen der Arbeit erprobt werden können.

Qualitätsentwicklung durch „Diversity Management"

All diese Beispiele in ihrer Unterschiedlichkeit beinhalten einen Ansatzpunkt, der in Verbindung gebracht werden kann mit Diversity Management als einem Modell der Unternehmensführung. Unternehmen, die die Heterogenität ihrer Mitarbeitenden als positiven Wert verzeichnen, gehen davon aus, dass ihnen dadurch ein Wettbewerbsvorteil entsteht, weil sie sich aufgrund einer gesteigerten Lösungskompetenz besser an ihr Auftraggebersystem anpassen können. Haben die vorangehenden Beispiele ökonomische Motive in den Mittelpunkt gestellt, so macht die folgende Aussage einer Mitarbeiterin (in nicht leitender Funktion) auf einen inhaltlichen Gehalt von „Diversity Management" aufmerksam:

> Fr. Pauli (Fachkraft/EH): „Also was mir wichtig ist, ist dass wir ein *interkulturelles Team* sind. Ich denke, dass wir dann eine gesellschaftliche Realität auch widerspiegeln. Weil die Realität ist nicht homogen, sondern heterogen und das wollen wir auch im Team leben und auch vorleben. Und wir sind ja Identifikationsfiguren oder -flächen für die Adressaten und müssen das auch ein stückweit vorleben, indem wir dann auch im Team so besetzt sind. Und deswegen legen wir auch Wert darauf, dass eben auch Migrantinnen mit Migrationshintergrund unter anderem auch dabei sind. [...] Meine Vision von der Jugendhilfe ist-, also ich hätte es toll gefunden, wenn ich Jugendliche gewesen wäre und ich gehe jetzt zum Beispiel ins Jugendamt oder Ausländeramt oder in die Schule, dass ich das alles ein bisschen *heterogener* erlebt hätte. Also ich hätte mir gerne viel mehr Vorbilder gewünscht, das finde ich fehlt noch. Es ist eben noch keine Selbstverständlichkeit, egal in welchem Gesellschaftszweig [...] Es ist auch noch keine Selbstverständlichkeit in der Jugendhilfe. Also das fehlt mir, weil ich denke, die gesellschaftliche Wirklichkeit ist schon seit vierzig, fünfzig Jahren-, hat die sich verändert, aber das spiegelt sich nicht in den Institutionen. Auch nicht in der Schule. Und das finde ich ein großes Manko und das ist eine der größten Herausforderungen für die Jugendhilfe und natürlich auch für die kirchlichen [Träger]".

Die Aussage von Frau Pauli reflektiert die Bedeutung, die im authentischen Erleben einer pädagogischen Fachkraft durch die Heranwachsenden angelegt ist. Sich als Jugendhilfefachkraft zugänglich zu machen, beinhaltet bis zu einem gewissen Grad auch immer, sich jenseits einer eng gefassten beruflichen Rolle als glaubwürdige Person zu erweisen. Die kulturelle Herkunft einer Fachkraft und darauf bezogene Erfahrungen sind dann für Jugendliche auf der Suche nach attraktiven Lebensentwürfen unter Umständen eine wichtige Quelle. Vor diesem Hintergrund stellt ein interkulturell besetztes Team eine facettenreiche Grundlage für informelle Lernprozesse in der Beziehung zu ‚positiven' Erwachsenfiguren dar. Der Umgang mit Heterogenität und Vielfalt gehört zu den Schlüsselkompetenzen von Führungskräften (vgl. Rychen/Salganik 2003).

3.3.2 Die ‚Peripherie' wirkt nach ‚innen'

These 2: Peripherieaufgaben werden häufiger und nehmen an Bedeutung im Verhältnis zu den Kernaufgaben zu.

> Fr. Meyer (Fachkraft/BJW): „Wenn ich das jetzt mal so überlege, dann ist das schon wirklich eine ganze Menge gewesen, mit dem wir uns so neben der eigentlichen Arbeit her ständig auseinandersetzen mussten".

Der Einfluss von Peripherieaufgaben auf die Bereiche der Kernaufgaben pädagogischer Arbeit wird von den Jugendhilfefachkräften unterschiedlich kommentiert: als problematische Verdrängungsdynamik bzw. als Verknüpfungsdynamik mit fachlichen Potenzialen.

Verdrängungen: Bewältigungen von Peripherieaufgaben gehen zu Lasten von Kernaufgaben

Eine Reihe von Aussagen zu Herausforderungen, die mehrheitlich Führungskräften zuzuordnen sind, beinhalten die Anforderung, zwischen einer nach außen hin orientierten wirtschaftlichen oder legitimatorischen

Logik (Bezug sind Peripherieaufgaben im Horizont aktueller Ökonomisierungsprozesse) und einer auf die Qualität des Hilfesystems bedachten Logik (Bezug sind Kernaufgaben im Horizont fachlicher Standards) zu vermitteln. Als „Verschiebung von Anteilen" thematisiert z.b. Frau Tross diese Veränderung:

> Fr. Tross (Leitung/EH): „Es gehören viel mehr Dokumentationsaufgaben in allen Bereichen und sehr viel mehr Umwandlung in prüfbare Prozesse, dass ist vielleicht so das Gravierendste, was ich so auch mitbekomme im Arbeitsalltag der Mitarbeiter, der dann automatisch auch mein Arbeitsalltag ist. Die Entwicklung in den Wohngruppen geht dahin, dass diese Aufgaben *noch zusätzlich bewältigt* werden. Dadurch haben sich auch die Arbeitsinhalte etwas *verschoben*. Also vom Anteil der Arbeit in den Wohngruppen her – und damit auch automatisch meiner – hat dieser Anteil an diesen Aufgaben deutlich zugenommen. Und die direkte Arbeit – also ich kann es eigentlich übertragen –, die direkte Arbeit von den Kollegen, die mit den Kindern und Jugendlichen arbeiten – übertragen bei mir auf die direkte Arbeit, die ich rein nur mit Gesprächen und Prozessbegleitung habe –, ist dadurch einfach anteilmäßig geringer geworden und die anderen Anteile haben deutlich zugenommen. Das ist jetzt eher so, was ich auf der einen Seite für *notwendig* erachte, aber auch *bedaure*, dass dabei viel Energie auch drauf gehen muss".

Dokumentations- und Evaluationsaufgaben machen die Arbeit für Außenstehende einsehbar und überprüfbar.[22] Der Nutzen wird zwar nicht bestritten, allerdings die Verhältnismäßigkeit im Zeitaufwand durchaus in Frage gestellt. Im folgenden Beispiel zeigt sich darüber hinaus eine habituelle Verunsicherung („Wie legitimieren?"):

---

[22] Warum dies derzeit in einem größeren Maß als zu anderen Zeiten notwendig geworden ist, kann mit einer Untersuchung von Schwarz erklärt werden, die den Evaluationsboom in den letzten Jahren kritisch in seiner Funktion als „modernes Ritual" erklärt: „Schockierendes Ergebnis meiner Fallstudien war, dass sich die Evaluationsaktivitäten quantitativ so weit ausgedehnt hatten, dass zum Teil mehr Aufwand betrieben wurde, um etwas auf seine Wirksamkeit zu überprüfen, als das zu Überprüfende zu realisieren" (Schwarz 2004: 2; vgl. auch Schwarz 2006). Schwarz führt weiter aus, dass Evaluation, verstanden als „Legitimität verschaffendes Verwaltungsinstrument", in seiner massenhaften Verbreitung Gegenteiliges bewirkt, nämlich eine „Verunsicherung über die Legitimität öffentlicher Ausgaben (ebd.). Nichts desto trotz gewinnt es als Konsens herstellendes Verfahren zwischen öffentlichen Kostenträgern und Praxisstellen eine zentrale Bedeutung. Konsens ist damit fluktuierend und von Effizienzdenken abhängig, Vertrauen nicht mehr per se gegeben.

Fr. Nellinger (Leitung/JBH): „Ich glaube immer, dass uns das hier verbindet, dass wir so Weltverbesserer [sind], trotz dass wir jetzt doch schon ein bisschen älter werden. Und das nimmt man uns interessanter Weise auch ab. [...] Letztendlich lebe ich davon, wenn ich das verkaufen kann, diese Haltung und ich finde interessant, dass es bisher funktioniert hat. Ich glaube mit Frau Merkel weht jetzt ein anderer Wind. Jetzt wird mehr Sachlichkeit und mehr Fakten von uns erwartet, dass wir nüchterner sind. Das bleibt jetzt einfach mal abzuwarten, wie wir das umsetzen oder wie auch die Forderung denn dann so da ist, dass wir wirklich nüchterner werden müssen. I: Was heißt nüchterner werden? Fr. Nellinger: Zahlen und Fakten, Statistik, wer verbleibt wie lang. Natürlich kann man so was bei uns auch noch optimieren, Verbleibsdaten und so weiter. Ich meine, wir machen Statistik und Vermittlungszahlen und wir könnten die teilweise natürlich auch noch mehr hinterfragen [...] aber es ist die Frage mit knapp über vier Stellen, wie viel Zeit ich da für solche Evaluationen dann auch verbrauche, *weil es geht immer an der direkten Pädagogik ab* und wir haben hier über 1000 Jugendliche im Jahr".

Peripherieaufgaben zu Lasten von Kernaufgaben bewältigen zu müssen, wird als Strategie von den Fachkräften kritisch betrachtet, die Plausibilität bisweilen in Frage gestellt. Legitimation nach außen und „direkte Pädagogik" kommen sich jedoch nicht nur in Bezug auf Arbeitszeitanteile ‚in die Quere'. Die folgende Aussage problematisiert vielmehr einen Loyalitätskonflikt zwischen Geldgebern und Adressaten:

Hr. Schiller (Leitung/EH): „Und das ist unsere Herausforderung, der wir uns stellen müssen. Wir haben diese Vereinbarung geschlossen, sie ist noch nicht unterschrieben, aber wird sicherlich jetzt [...] unterzeichnet werden, von den Freien Trägern und vom Landrat. Dann werden wir in den nächsten 2 Jahren sehr stark auch dafür verantwortlich gemacht werden, was in der Kostenentwicklung passiert hier im Landkreis und letztendlich sind wir da auch in einer *Verantwortung*, die wir eigentlich so nicht unbedingt nur wollen, weil wir sagen, wir haben ja auch andere Interessen und einen *anderen Auftrag*, den wir uns selber geben, auch Parteilichkeit, Vertreter der Interessen unserer Klienten".

Fatal erscheint die Auswirkung eines einseitig effizienzorientierten Denkens insbesondere dann, wenn die Sorge um die Bestandserhaltung die Logik ‚innerer Aufgaben' gleichsam aufweicht und zu einem fachlichen Stillstand führt. In den folgenden Aussagen werden aber auch andere Einschätzungen der Einwirkung von Peripher- auf Kernaufgaben deutlich.

Verknüpfungen: Bewältigungen von Peripherieaufgaben befördern Kernaufgaben

Das Verhältnis von ‚inneren Aufgaben' und ‚Peripherieaufgaben' verändert sich also, indem sich die Peripherie auf den Bereich der ‚inneren Aufgaben' auswirkt. Somit entstehen in der Planung von Handlungen neue Bezugspunkte. *Kombinatorisches Denken* hat gleichzeitig stattfindenden Dynamiken Rechnung zu tragen („sowohl als auch"). Herausforderungen, die dieser Konstellation zuzuordnen sind, werden jedoch nicht nur negativ sondern auch positiv von den Fachkräften bewertet.

- Beispielsweise geht es nicht nur darum, passgenaue Konzepte für Problemstellungen zu entwickeln (‚innere Aufgabe' Angebotsentwicklung), sondern diese innovativen Konzepte gleichzeitig als Mittel in einem konkurrierenden Wettbewerb unter Jugendhilfeträgern einzusetzen (Peripherieaufgabe):

  Hr. Xiller (Leitung/EH): „Da setz ich drauf, wenn ich ein gutes Konzept habe, dann glaube ich auch dran, dass sich die Inhalte auf Dauer durchsetzen werden. In die Konkurrenz, um die besseren Konzepte, da gehe ich mit".

- Eine breite Angebotspalette ist nicht nur für die jugendlichen Adressaten hilfreich, sondern auch für die Einrichtung als Sicherungsstrategie von Belegungszahlen:

  Hr. Xiller (Leitung/EH): „In dem Moment, wo ich mich spezialisiere, bin ich als Jugendhilfeträger natürlich auch anfälliger. [...] Momentan unter der restriktiven Jugendhilfepolitik bricht uns natürlich auch ein Stück weit eine Belegung zusammen. Das ist so dass, wenn ich mich zu sehr spezialisiere, bin ich natürlich auch nachher in der Angebotsentwicklung viel abhängiger. [...] Deswegen will ich da von der Angebotsperspektive in die Breite gehen [...]. Und ich finde es auch wichtig für unsere Kinder und unsere Jugendlichen, dass wir sagen, wir haben eine schlüssige Hilfekette um hier Abbrüche zu verhindern".

- Eine ‚Peripherieaufgabe', im folgenden Beispiel das Einfechten von Rechtsansprüchen, kann zum Gegenstand ‚innerer Aufgabe' umdefiniert, das heißt, mit Werten wie Partizipation und Aktivierung ‚aufgeladen' werden:

Fr. Ulmann (Fachkraft/BJW): „Wir sind im Moment unheimlich viel beschäftigt mit den Veränderungen in den Gesetzen. Das heißt auch am Rahmen und an den ganzen neuen Strukturen, die sich durch den veränderten Kontext dann entwickeln, da sind wir gefragt, politisch mit einzuwirken, dass wir dem Diakonischen Werk Meldungen zurückgeben: Da entwickeln sich katastrophale Dinge, weil wir unserem Personenkreis gute Rahmenbedingungen eigentlich schaffen, halten müssen. [...] Es geht auch darum, gemeinsam mit den Betroffenen Rechte einzufechten. Das hat auch pädagogische Gründe: Junge Leute lernen, dass es möglich ist Erfolge zu erzielen, wenn man sich für eigene Belange einsetzt".

Bislang bezogen sich ‚Peripherieaufgaben' vornehmlich auf die Kommunikation mit Kostenträgern, Verwaltung und Gesetzgeber. Ein abschließendes Beispiel bezieht sich demgegenüber auf die Kommunikation zwischen Einrichtungen – was im Kontext der Herausforderungen selten angesprochen wird. Frau Pauli thematisiert eine Überlagerung ihres Alltagsjobs durch die Aufgabe, Multiplikatorinnen in einem eigens entwickelten Ansatz zu schulen (Qualifizierungsbereich: Interkulturelle Kompetenz). Zunehmende Anfragen versetzen die Fachkraft in das Dilemma, darin einerseits eine Möglichkeit zu haben, den Arbeitsansatz nach außen zu tragen und dadurch strategisch zu stärken und andererseits ihren „Alltagsjob" zu vernachlässigen.

Fr. Pauli (Fachkraft/EH) [auf die Frage nach Herausforderungen]: „Wir werden oft angefragt von Lehrerinnen, von Jugendämter, von ich weiß nicht was für Beratungsstellen und das bundesweit, an die sich Mädchen und junge Frauen wenden. Und diese Multiplikatorinnen wissen nicht, wie sie diese Mädchen oder junge Frauen weiter stützen können. Ich denke, es gibt einen großen Bedarf, Multiplikatorinnen zu qualifizieren oder auch zu beraten, aber das ist nicht der Alltagsjob unserer Einrichtung. Unser Alltagsjob ist, die jungen Frauen und Mädchen im Alltag zu begleiten, und da hat man echt mehr als genug zu tun".

An diesem Beispiel wird – neben positiven Aspekten – wiederum der Effekt der Verschiebung des Verhältnisses von ‚Peripherieaufgaben' und ‚inneren' Aufgaben deutlich: Die erhöhte Aufmerksamkeit für ‚Peripherieaufgaben' setzt sich im Arbeitsalltag der Fachkräfte durch, ohne dafür die strukturellen Voraussetzungen zu haben.

3.3.3 Diskrepanz bzw. Entkoppelung von Bedarfsbestimmung und Angebotsentwicklung

These 3: Können Beobachtungen nicht angemessen in Handlungsoptionen umgesetzt werden, entsteht eine Diskrepanz von Bedarfsbestimmung und Angebotsentwicklung mit der Tendenz einer Entkoppelung.

Fachliche Interventionen lassen sich in drei Phasen unterscheiden: Situationsbeobachtung und -beschreibung, Konzeptentwicklung, Durchführung (einschließlich der jeweiligen Evaluation). Die Beobachtung von adressatenbezogenen Problemstellungen in der Absicht eine Bedarfsbestimmung vorzunehmen, geht der Konzeptbildung und der Umsetzung fachlicher Handlungsschritte voraus. Insofern hängen ‚Beobachtungsaufgaben' mit ‚inneren Aufgaben' zusammen. Alle drei Phasen einer fachlichen Intervention – Situationsbeschreibung, Konzeptentwicklung, Durchführung – sind aufeinander bezogen. Durch ihre Abfolge wird Handlungssicherheit bei den Fachkräften erzeugt, da die Bedarfsbestimmung Handeln einfordert bzw. die Entwicklung von Handlungskonzepten veranlasst.

Die obige These fokussiert den von den Fachkräften angesprochenen Sachverhalt, dass es, bildhaft gesprochen, zu folgender Entkoppelung kommt: adressatenspezifische Situationsbeschreibungen werden zwar vorgenommen und Handlungsnotwendigkeiten werden erkannt; wenn allerdings der eigene Bereich auf diese Notwendigkeiten hin befragt wird, fehlen Möglichkeiten angemessenen Handelns bzw. zur Generierung neuartiger Handlungsschritte. Dies hat – wie die Aussagen der Befragten zeigen – im Wesentlichen zwei Ursachen: fehlende Rahmenbedingungen und fehlende konzeptionelle Ideen. In der Konsequenz bedeutet diese These, dass Handlungsunsicherheiten bei den Fachkräften dahingehend entstehen, ob überhaupt ein fachlich angemessenes Angebot für eine Zielgruppe zur Verfügung gestellt werden kann.

Fehlende konzeptionelle Ideen

> Hr. Opitz (Leitung/JMD): „Nichts ist schlimmer, wie wenn man jungen Leuten in ih-
> ren besten Jahren keine Perspektive bietet, also das wird die Herausforderung sein".

Das Hauptthema, das unter dieser Perspektive beschrieben wird, ist Jugendarbeitslosigkeit. Unisono beschreibt ein Teil der Befragten einen
Konflikt, der mit folgendem Zitat zusammengefasst werden kann:

> Hr. Qvortrup (Leitung/JSA): „Und Sozialarbeit *verliert natürlich auch Argumente*, wenn
> den Jugendlichen nicht vermittelt werden kann, die Gesellschaft will sie. Und das
> kriegen sie halt gerade nicht vermittelt, dass die Gesellschaft sie will, weil sie schrei-
> ben halt achtzig Bewerbungen und es passiert nichts".

Die vorliegende Bedarfsindikation liegt nur sekundär in der Jugendarbeitslosigkeit begründet, primär ergibt sich der Bedarf aus der damit einhergehenden Perspektivlosigkeit der betroffenen Jugendlichen und deren
gesellschaftlich inszenierter Desintegration. Jugendhilfe begegnet hier
nun dem Paradox, Ausbildungsreife zu fördern und die Jugendlichen zu
stabilisieren, ohne dass sich dadurch deren reale Chancen auf einen dau-
erhaften Einstieg in Erwerbsarbeit erhöhen ließen.

> Fr. Seiler (Fachkraft/EH): „Ich würde denen das nie so sagen, aber ich denke, die ha-
> ben *keine Chance*, aber ‚nutzt sie', so quasi. Also trotzdem probieren und trotzdem.
> Aber da denke ich dann auch, wenn die dann – ich habe das jetzt noch nicht erlebt,
> weil ich ja noch nicht so lange da bin – nach drei Jahren wieder zu mir kommen, dann
> weiß ich auch nicht, wie ich dann noch reagieren kann".

Welche Werte sollen also vermittelt werden? Worin bestehen angemessene Handlungskonzepte? Die Aussagen der Befragten lassen sich unterscheiden:
- zwischen einer Konzentration beruflichen Handelns auf das ‚Instrumentelle', z.B. in der Entwicklung differenzierter Angebote entlang
  der Arbeitsmarktpolitik Hartz IV und
- einer Konzentration beruflichen Handelns auf eine noch unspezi-
  fische Ressourcenerweiterung, die ebenso auf europäischer Ebene
  wie auch im Gemeinwesenbezug liegen könnte.

Eine Herausforderung, die sich unmittelbar an Aufgaben im Kontext von Jugendarbeitslosigkeit anschließt, ist die fachliche Reaktion auf Lebenslagen von Heranwachsenden und ihren Familien, die durch Armut dominiert ist. Ein Befragter gibt überraschend klar zu verstehen, hierauf nicht ansatzweise eine konzeptionelle Idee vorhalten zu können:

> Hr. Iglauer (Leitung/JSA): „Für mich selber sehe ich hier eher die Aufforderung, wenn *Armut* weiter zunimmt, ist das ein sozialpolitisches Thema, dieses auch in der Öffentlichkeit zu skandalisieren. Und das wird auch kommen, davon bin ich voll überzeugt. Wir werden hier schon hart konfrontiert werden mit diesem Verteilungskampf – sag ich jetzt Mal – wo die Mittel letztendlich auch hinfließen. Weil da brauchen Sie ja nur in die Stadtteile gehen und sehen, wie die Familien aufgestellt sind, was sich dort abspielt, das hat ja lauter Folgekonsequenzen. Welche Konzepte wir da auch entwickeln, *da habe ich noch keine Ahnung*, das muss ich Ihnen echt sagen. Im Moment sind wir eher noch dabei Hartz IV zu verdauen".

Fehlende Rahmenbedingungen

> Fr. Thallinger (Fachkraft/EH): „Wenn man so was unabhängig von den Finanzen sehen kann, dann könnte man innovativ vieles tun und ausprobieren. Man muss eigentlich darum kämpfen, dass man den Bestand erhält und sobald man irgendwas aufgeben würde, weil man vielleicht eine neue Idee entwickeln möchte und vielleicht Vorleistungen bringen würde dafür, muss man heutzutage einfach auch fürchten, dass das andere auch weggestrichen wird. [...] Im Prinzip sind wir alle *quasi wie gelähmt*, weil niemand sich traut, innovativ tätig zu sein in die Zukunft, weil das einfach sehr angstbesetzt ist, man muss darum kämpfen, dass man überhaupt das erhalten kann, was man hat".

Als Grund für fehlende Innovationen verweist die Mitarbeiterin in dieser Aussage auf paradoxe bzw. fehlende Rahmenbedingungen: nicht nur fehlende Zeit vielmehr die Sorge, dass „Vorleistungen" als Überschuss an zeitlichen Spielräumen interpretiert und zu weiteren Kürzungen führen könnten. Auch in diesem Punkt weist das Material in eine Richtung: Komplexere Diagnosen wie auch sogenannte „Multiproblemfamilien" implizieren eine intensivere Begleitung, die sich finanziell jedoch nicht bewerkstelligen lässt. Ein Beispiel aus der Familienhilfe:

Hr. Sommerfeld (Fachkraft/SpFH): „Also zu bewältigen geben, wird es eine weitere Zunahme von Problemen, die die Familie hat. Wir werden weiterhin Familien mit vielfältigen Problemen haben, vielleicht sogar noch mehr wie jetzt, und – das wird die Herausforderung sein – die *Arbeitsbedingungen, was Zeit angeht oder was Geld angeht*, also die Entlohnung oder die Arbeitsplatzsicherheit, der Zeitfaktor – wie viel Zeit habe ich, um einzelne Themen mit einer Familie zu bearbeiten – der wird sich weiter verschärfen. Und die andere Frage schließt sich ja da an, was ich dafür brauche, um diese Veränderung bewältigen zu können. [...] Um diesen Beruf lange Zeit ausüben zu können, wird man wahrscheinlich ein gutes eigenes Stressmanagement brauchen, wie gehe ich mit diesen Belastungen um. Es gibt ja beispielsweise Ziele, die die Familie setzt, das Jugendamt sagt, wir möchten gerne, dass die Familie das anders macht und man selber hat natürlich auch ein Ziel. Und die drei Ziele müssen übereinander kommen. [...] Also dass man dann zum Beispiel ganz klar sagt, also wenn das Jugendamt, wenn sie dies und dies erreichen wollen, dann müssten sie mir aber 15 Stunden pro Woche bezahlen, weil sie das aber nicht tun, kann ich nur die Ziele eins bis drei erreichen. [...] Und man selbst müsste natürlich vielleicht auch sagen: okay, du hast nicht die Zeit dieses und jenes Fachbuch zu lesen, du kannst nur mit dem Arbeiten, was du jetzt weißt oder noch an Erfahrungen sammelst. Das wäre, denke ich, eine der wichtigsten Voraussetzungen, um sein eigenes Stresspotenzial in Griff zu kriegen".

Hr. Sommerfeld thematisiert neben der Diskrepanz von Bedarf und möglicher Intervention auch den „Stress", sich selbst als ‚ungenügend' zu empfinden und die Möglichkeiten, die er erkennt, um diese empfundene Ungenügsamkeit zu bewältigen. Defizite, die in der schwierigen Struktur des familialen Problemzusammenhanges liegen, werden dem Kompetenzbereich der Fachkraft, also dem eigenen beruflichen Selbst, zugerechnet. Das Interview setzt sich folgendermaßen fort:

I: „Wenn wir mal kurz sagen würden, diese ganzen Zwänge, so wie sie bestehen, gibt es nicht, was würden Sie verändern?

Interessanterweise verdichtet sich im Material eine Idee, die als vermeintliche Lösung auf eigenen Ungenügsamkeiten angesehen wird: Die Auflösung spezifisch definierter Hilfeangebote hin zu sozialräumlichen Zentren mit niedrigschwelligen Kontaktangeboten für ein breites Spektrum an Unterstützungsbedarfen, verbunden mit der Möglichkeit für Adressaten, „auch später offene Türen finden" zu können. Thematisiert werden auch gemischte Angebotsformen unter dem Dach der Ganztagsschule. Als „Clearing-Stelle" würde dieses Zentrum jedoch nicht nur eine

Zuweisungsfunktion zu bestehenden Hilfen erfüllen, sondern bestehende Ressourcen so kumulieren, dass eine individuelle Hilfe erfolgen kann. Herr Sommerfeld beschreibt diese Struktur folgendermaßen:

> Hr. Sommerfeld (Fachkraft/SpFH): „Also wenn ich die Möglichkeit hätte, die *Strukturen* auch zu verändern, also die Angebotsstruktur zu verändern, dann würde ich versuchen mehr auf Prävention hinzuarbeiten. Also ich würde beispielsweise Familienzentren aufbauen, wo verschiedene Einrichtungen zusammen sind, wo ein Kinderarzt ist, wo ein Mitarbeiter vom Sozialamt ist, wo ein Mitarbeiter vom Jobcenter ist, wo der Jugendamtsmitarbeiter ist und einer von der Beratungsstelle und die würde ich in einzelne Regionen setzen und würde die als offene Anlaufstellen konstruieren, mit Cafébetrieb, vielleicht angegliedert an einen Kindergarten".

Fehlende Rahmenbedingungen (Sicherheit, Finanzen), segmentierte Zuständigkeiten und isolierte ‚Fachdienstlichkeit' werden zum Kritikpunkt. Sie veranlassen vage Formulierungen über geteilte Verantwortung für komplexe Problemstellungen. Die Tatsache, dass interinstitutionelle Arbeitsweisen gerade vor dem Hintergrund eigener Ressourcenknappheit an Attraktivität gewinnen, stellt allerdings nur bedingt eine positive Voraussetzung für eine produktive Zusammenarbeit dar (zu fragen wäre, inwiefern sozialräumliche Kooperationen nicht zwangsläufig auf das Vorhandensein eines „Gemeinwesen-Budgets" angewiesen sind, also auf Mittel, die solche Prozesse befördern können).

3.3.4 Bündelung der Ergebnisse

Die Auswertung zeigt, dass es einige wenige, dafür aber zentral wirkende Herausforderungen sind, die die Befragten beschäftigen. Es zeigt
sich in der Summe der Aussagen ein differenziertes Bild von mehr oder
weniger umfassenden Veränderungsprozessen. Veränderungen beobachten und zu erkennen stellt sich dabei selbst als Herausforderung dar.
Herausforderungen kreisen – so lässt sich nun zusammenfassend feststellen – um zwei Aufmerksamkeitspole: um eine angemessene Orientierung an den Adressaten von Hilfen sowie um eine Orientierung an der
Organisation bzw. Einrichtung.

Orientierung an den Adressaten

-   Eine Reihe der dargestellten Herausforderungen lässt sich als
    Schwierigkeit in der Beobachtung der Zielgruppe fassen. Die Fach-
    kräfte beschreiben die Gefahr, einem veralteten Bild ihrer Zielgruppe
    nachzuhängen. In diesem Sinne werden Diskrepanzen beschrieben
    zwischen einem sich aktualisierenden Wissen über eine Zielgruppe
    und einer noch unvollendeten aktualisierten Bedarfsbestimmung.
    Diese Diskrepanzen sind daher als Ungleichzeitigkeiten zu verste-
    hen, die für temporäre Ungewissheiten sorgen. In Bezug auf Beo-
    bachtungsaufgaben kommt es den Befragten darauf an, eine Balance
    zwischen Gewissheiten und Ungewissheiten zu erhalten. Das heißt,
    dem Bezugsfeld der Arbeit insbesondere den Adressaten, deren fa-
    miliärer, institutioneller und sonstiger Umwelt wird immer wieder
    aufs Neue erhöhte Aufmerksamkeit geschenkt. Beobachtungen be-
    wirken Irritationen und verunsichern in Maßen, so dass eine beste-
    hende Wissensbasis ergänzt und punktuell modifiziert werden kann.
    Diese Irritationen sind also durchaus als innovationsfördernd zu
    bewerten und setzen Formen selbstorganisierter Reflexivität voraus.
-   Weitaus drastischer beschreiben die Fachkräfte jedoch solche Lü-
    cken, die durch das völlige Ausbleiben alternativer Konzepte an-

gesichts neu gewonnener adressatenbezogener Situations- und Bedarfsbestimmungen entstehen – Handeln bleibt aus, die Angebotsentwicklung stagniert. Es handelt sich hierbei also um eine Diskrepanz von Bedarfsbestimmung und Angebotsentwicklung.

- Eine Orientierung an den Adressaten wirkt jedoch auch vermittelt über fachpolitische Leitlinien auf die Organisation der Arbeit ein. So z.b. im Rahmen der einzelfallbezogenen Hilfen die Umsetzung von differenzierten Hilfeplanverfahren: Die Ausarbeitung und Überprüfung von individuell angemessenen Hilfeplanzielen scheint in den Aussagen der Befragten wie ein Vexierbild auf, einmal in Gestalt einer fachlichen Aufwertung der Leistungserbringung, indem die Fachkräfte sich in ihrer Beurteilungskompetenz gestärkt sehen, zum anderen in Gestalt einer Sparmaßnahme, die Betreuungsintensitäten reglementiert.

- Eine weitere Diskrepanzerfahrung ist durch das Zusammentreffen eines Finanzierungssystems, das die Finanzierung eines Trägers über ,Fallaufkommen' sichert (Belegungssicherheit), und einem fachlichen Gebot zu sogenannten ,maßgeschneiderten Hilfen', die sich auf der Grundlage institutioneller Flexibilität (Entstandardisierung) individuell und biografieorientiert auf die Adressaten einstellen, bedingt. Das Erreichen von Planungssicherheit der Einrichtungen wird angesichts dieser Diskrepanz zur zentralen Herausforderung.

Orientierung an der Einrichtung

- Eine Herausforderung, die sich insbesondere großen Jugendhilfeträgern stellt, ist die Entwicklung eines Gemeinsinns, einer Corporate Identity unter den Mitarbeiterinnen und Mitarbeitern, die sich aufgrund von stark abteilungsbezogenem Denken nicht von selbst einstellt. Verbesserungsbedürftig erscheinen den Befragten vor allem die bereichsübergreifenden Kommunikationsstrukturen.

- Die Stärkung der Einrichtung setzt an den Mitarbeiterinnen und Mitarbeitern an, dies wird vor allem an Ansatzpunkten eines ,Diversity

Managements' deutlich, das heißt, subjektbezogene und strukturelle Überlegungen werden hier in produktiver Weise aufeinander bezogen.

-   Stellen Ansätze eines ‚Diversity Managements' eine Strategie dar, um die Einrichtung ‚nach innen' zu stärken, so lassen sich die Herausforderungen im Kontext von ‚Peripherieaufgaben' als strategische Stärkung der Einrichtung ‚nach außen' lesen. Im Mittelpunkt stehen hier die Legitimation von Handlungsansätzen und das Ausweisen von Leistungen.

-   Die Zunahme von ‚Peripherieaufgaben' kann auch als verstärkte Notwendigkeit aufgefasst werden, auf einen Konsens mit vor allem den Geldgebern einer Einrichtung bzw. eines Projekts hinzuwirken.

-   Eine erhöhte Legitimationsbereitschaft steht wiederum in der Gefahr, einen Loyalitätskonflikt zwischen Auftraggeber und Adressaten zu bewirken, wie vorne am Beispiel der Aussage von Herrn Schiller gezeigt.

-   Indem zunehmend Erfahrungen in externen Kooperationen gemacht werden, die wiederum Herausforderungen mit sich bringen, entsteht schließlich die Diskrepanz von Bestanderhaltung im Sinne der Behauptung von Problem-Zuständigkeiten und einem Denken in neuen Bündnissen und interinstitutionellen Lösungspotenzialen.

Die Antworten auf die Frage, was als Herausforderung verstanden wird, lassen sich in den dargestellten Diskrepanzen zusammenfassen (vgl. Kap. 3.3.3). Kompetenzen bewähren sich in der Bewältigung dieser Diskrepanzen. In dieser Perspektive wird schließlich deutlich, dass bei weitem nicht alle der angeführten Herausforderungen durch punktuelle Reformierungen der Arbeitsorganisation oder durch das Denken in Handlungsalternativen in einfacher Weise bewältigt werden können. An welchen Stellen Herausforderungen zu Formulierungen neuer bzw. Bekräftigungen bestehender Kompetenzanforderungen führen, soll im Folgenden deutlich werden.

4 Professionelle Handlungskompetenzen

Seit den 1980er Jahren existieren zahlreiche Bemühungen, sozialpädagogische Handlungskompetenz allgemein zu bestimmen (bspw. die weiteren Differenzierungen der Dimensionen von Können, Wissen und Haltungen bei Hiltrud von Spiegel 2004). In verschiedenen Diskursen wird darüber hinaus die grundlegende Unterscheidung von Kompetenz (im Subjekt verankerte Fähigkeiten) und Performanz (praktische Realisierung dieser Fähigkeiten) betont (vgl. Müller u.a. 1982, 1984; Galuske 2007, Moch 2006). Mit dieser Unterscheidung wird darauf hingewiesen, dass Bestimmungen notwendiger Fähigkeiten keine Auskunft darüber geben, wie sich diese in konkreten Situationen realisieren.

Daher werden in den durchgeführten Interviews die Fachkräfte zunächst danach gefragt, welche Fähigkeiten Mitarbeiterinnen und Mitarbeiter im jeweils konkreten Arbeitsbereich „mitbringen" sollten und welches Wissen wichtig sei (Ebene der Bestimmung von Kompetenz). Leitende Fachkräfte wurden zudem um ihre Einschätzung gebeten, was eine gute Führungskraft ausmache.[23] Ergänzend zur expliziten Frage bezüglich notwendiger Fähigkeiten und notwendigem Wissen geben Antworten auf die Fragen nach guter Praxis bzw. Praxis-Erfolgen Aufschluss darüber, wie sich kompetentes Handeln im günstigsten Falle realisiert. Ebenso werden in den Antworten auf die Frage nach Fehlern, die man in der Arbeit machen kann, Prozesse konkreten Handelns beschrieben (Ebene der Performanz). Diese Aspekte fließen in die folgenden Rekon-

---

[23] Da die umgekehrte Perspektive – die Einschätzung der sozialpädagogischen Fachkräfte zu Kompetenzanforderungen ihrer Vorgesetzten – nicht durchgängig erfragt wurden, werden diese Einschätzungen auch nur punktuell einfließen.

struktionen der Aussagen der interviewten Fachkräfte, also ihrer jeweiligen Deutungen professioneller Handlungskompetenz mit ein. [24]

Die folgenden Rekonstruktionen sind entsprechend unserer Vorgehensweisen im Forschungsprozess gegliedert: Ersten Differenzierungen bzw. Kodierungen (vgl. Kap. 4.1) folgen Quervergleiche, die das empirische Material weiter ‚aufschließen' und die von den zentralen Unterscheidungen der Fachkräfte ausgehen (Kap. 4.2, 4.3, 4.4 und 4.5). Thesen, die für den Zusammenhang von Herausforderungen und Kompetenzen von Bedeutung sind, bilden den Abschluss der Auswertung (Kap. 4.6).

4.1 Kompetenzen zwischen Persönlichkeit und Professionalität

Die folgende tabellarische Zusammenstellung von Interviewauszügen soll zunächst einen ersten Eindruck ermöglichen, wie Fachkräfte in leitender und nicht-leitender Funktion für den Bereich der Hilfen zur Erziehung (linke Spalte) bzw. der Jugendberufshilfe/Jugendsozialarbeit (rechte Spalte) auf die Frage nach notwendigen Fähigkeiten geantwortet haben. Ausgehend vom Forschungsauftrag diente die Differenzierung in Arbeitsbereiche und Funktionsbestimmungen (Leitung/Nicht-Leitung) als erste Heuristik. Allerdings wurde in der Auswertung deutlich – dies zeigen exemplarisch die folgenden Zitate – dass sich trotz dieser strukturellen Unterschiede zahlreiche Parallelen in den benannten Fähigkeiten und ihrer Systematisierung finden lassen.

---

[24] Trotz dieser Performanz-bezogenen Interviewfragen können nicht das konkrete Handeln, sondern nur die jeweiligen Beschreibungen, Deutungen und Bewertungen konkreter Prozesse rekonstruiert werden. Allerdings wird in der qualitativen Forschung davon ausgegangen, dass in Narrationen und spontanen Stegreiferzählungen (im Unterschied zu Argumentationen und Beschreibungen als grundlegende Erzählstrukturen der Interviewpartner) von einer weitestgehenden Übereinstimmung von Handeln und Deutung ausgegangen werden kann (vgl. Schütze 1994).

Tabelle 3: Exemplarische Antworten auf die Frage nach notwendigen
Fähigkeiten

Hilfen zur Erziehung: *Mitarbeiter in leitender Funktion*	*Jugendberufshilfe/Jugendsozialarbeit:* *Mitarbeiter in leitender Funktion*
Hr. Schiller (Leitung/EH): „Kann man so allgemein nicht sagen, kommt immer auf den *Bereich* an, in dem [die Fachkraft] eingesetzt werden soll, [...] in welchem *Team* es ist, weil man muss immer schauen, welche Kompetenzen hat man schon in einem Team, was fehlt eventuell, mit was soll jemand ein Team bereichern auch, das ist so der eine Punkt. Und der andere Punkt ist, dass wir eigentlich auch die Erfahrung machen, es gibt jetzt nicht so eine Entwicklung, wo man sagen kann, wir brauchen heute ganz andere Leute wie vor 10 Jahren. Also ich sag mal so die *Grundvoraussetzung* für eine Arbeit in der Jugendhilfe hat sich wenig verändert. Wir brauchen *gut ausgebildete Leute* von der beruflichen Situation her. Und das haben wir in der Jugendhilfe. [...] Und darüber hinaus ist wichtig: Man muss *Lust* haben mit Kindern und Jugendlichen zu arbeiten, man muss ein offenes Ohr dafür haben, man muss bestimmte Interessen auch haben, die sich vielleicht decken, mit dem was Kinder und Jugendliche interessiert, so dass man eine gemeinsame Ebene herstellen kann. Das ist so, was *im Bezug auf die Kinder- und Jugendlichen* wichtig ist. Dann muss man sehr stark *kommunikative Fähigkeiten* haben, weil sehr viel auf der Gesprächsebene mit *Eltern*, mit anderen Institutionen auszuhandeln ist und ich denke, man muss mittlerweile, das ist vielleicht so eine neuere Entwicklung auch, viel stärker *darstellen können*, was wir leisten wir eigentlich in der Jugendhilfe und zwar nicht nur jetzt auf so einer organisierten politischen Ebene vielleicht, sondern wirklich auch im Kleinen, in einem Gespräch, in einem Hilfeplangespräch mit Eltern und Jugendamt:	Hr. Iglauer (Leitung/JSA): „Also das müssen wir jetzt ein bisschen trennen. Vom Mitarbeiter der jetzt von der Hochschule kommt, neu kommt, da erwarte ich eigentlich nur, dass er *Interesse* hat an dem, für das er sich beworben hat. Also dass er sagt: Jawohl, das will ich machen, ich habe *Spaß* daran. Das ist das einzige, was ich erwarte. Ich weiß, dass wenn man von der Hochschule kommt im Grunde noch sehr verunsichert ist und noch nicht so einen großen Plan hat. [...] Also das erwarte ich nicht – weil das ist eine völlige Fehlerwartung. Ich erwarte aber gleichzeitig, dass wir als Organisation – und so haben wir das bisher auch gemacht – dass wir im ersten Jahr ein *Mitarbeiterbegleitprogramm* zur Seite stellen, wo die Mitarbeiter, Mitarbeiterinnen sich jeden Monat treffen – die Neuen wohlgemerkt – und dort ihre fachspezifischen oder ihre arbeitsplatzspezifischen Themen einbringen und die dort bearbeiten. [...] Deshalb sage ich, das erwarte ich nicht, [...] sondern ich erwarte nur, dass er Lust hat. Und der Rest gibt sich. Und man lernt so viel durch die Arbeit. [...] I: Würden Sie sagen, gibt es irgendwie so allgemeine Kompetenzen in diesem Feld, die einfach grundsätzlich wichtig sind? Hr. Iglauer: Klar gibt es die. Also ich sage zum Beispiel, die *Wahrnehmung* muss da sein. Eine *Sensibilität* muss da sein und ich muss den anderen fühlen können. Das sind jetzt zum Beispiel Kompetenzen, die ich sehr hoch achte. Also ich achte das nicht so hoch, wenn jemand einen Einser in Jura oder in Familienrecht hat – das finde ich nicht so dramatisch wichtig, weil das ist nicht entscheidend sondern es ist viel wich-

Was haben wir denn gemacht im letzten halben Jahr und zwar, was waren die wichtigen Dinge, die wir eingebracht haben, unabhängig davon, welches Ergebnis jetzt daraus entstanden ist, aber was sind unsere Leistungen gewesen, die wir da eingebracht haben und das gewinnt eine viel stärkere Bedeutung aus meiner Sicht, auch in Zukunft und das verbal aber auch schriftlich.
I: Was macht eine gute Führungskraft aus?
Hr. Schiller: Ein Teil das, was ich vorher gesagt habe, immer wieder *Ausbalancieren unterschiedlicher Interessenslagen*, reflektierte aber klare *Entscheidungen mit Entscheidungsbegründungen*, die auch nachvollziehbar sind, das sind ganz essenzielle Sachen".

tiger auch einem jungen Menschen zu sagen: Du, das weiß ich nicht, aber ich mache mich schlau. Das ist viel wichtiger, dass der andere merkt, ich habe nicht so einen Allmächtigen hier gegenüber, der alles weiß, sondern wichtiger ist, dass er spürt, wenn der andere zur Tür reinkommt: Oh, der hat was. Nicht immer sagt man es sofort gell. Also dieses Allmachtswissen, das finde ich nicht so entscheidend. Das kann man auch gar nicht haben heute. Das ändert sich ja ruckzuck. Also, finde ich eher kontraproduktiv, wenn jemand alles weiß".

HzE – Betreutes Jugendwohnen
Fachkraft (in nicht-leitender Funktion)

I: [...] „Was denken Sie denn, sollten Leute in diese Arbeit an Fähigkeiten mitbringen?
Fr. Meyer (Fachkraft/BJW): [...] Sie müssen *konfliktfähig* sein, [...] ich denke mal, es sollte schon auch so sein, dass man selber da dran interessiert ist, so sich in seinem eigenen strukturierten Arbeiten *weiter zu entwickeln*. Man sollte interessiert daran sein, Fortbildungen zu machen und sich wirklich auf dem Laufenden zu halten. Weil man bringt aus der Ausbildung einfach nicht alles Know-how mit, was man braucht. Man muss sich da, wo man merkt, dass eben spezielle Schwerpunkte da sind, muss man sich auch weiterentwickeln und weiter fortbilden. Man muss *teamfähig* sein auf jeden Fall und sehr kontaktfreudig, auch weil man mit 1000 Stellen einfach in Kontakt treten muss. Man muss auch *hinstehen können und die Dinge vertreten*. Also das sind so *persönliche Eigenschaften* glaub ich, die man braucht und die man auch weiterentwickeln muss. Also dieses *strukturierte Arbeiten*, das ist glaub ich ein ganz wesentlicher Punkt Man muss sowohl auf

Jugendberufshilfe
Fachkräfte (in nicht-leitender Funktion)

I: „Wenn Sie jetzt jemand einstellen könnten in Ihr Team, welche Kompetenzen sollte die Person mitbringen?
Hr. Carl (Fachkraft/JBH): *Empathie und Einfühlungsvermögen*, das ist das Wichtigste, alles andere macht die Übung ziemlich schnell.
Fr. Urban (Fachkraft/JBH): Und eine gewisse *Struktur*.
I: Eine Fähigkeit zu strukturieren?
Fr. Urban (Fachkraft/JBH): Ja und sich auf Strukturen auch einzulassen, sie einzuhalten.
I: An was erkennen Sie gute Empathie und Einfühlungsvermögen, wenn das so wichtig ist? Können Sie das konkretisieren?
Hr. Carl (Fachkraft/JBH): Ja, das erkenne ich am Jugendlichen selber dann, wie der *mit einem Kollegen arbeitet, redet, ob eine Beziehung einfach gelungen ist*, das merkt man ja, wenn man die zwei ein bisschen erlebt, ob das eher ein bisschen von Distanz geprägt ist oder von wirklichem *Vertrauen* und das krieg ich halt durch Empathie, indem ich den Jugendlichen wertschätze: Du bist auch wer

der Verwaltungsschiene muss man wirklich gut arbeiten können und man muss aber auch viel *Empathie* mitbringen für die Jugendlichen. Also das ist so eine *zweigeteilte Geschichte*, die wirklich wichtig ist. Für diese Meta-Ebene auch in Supervision gehen und auch mit anderen Einrichtungen zusammen an einem Problem, eben vielleicht örtlich gesehen, *gemeinsam arbeiten*. Erfordert sicher andere Fähigkeiten und auch eine andere Bereitschaft, das muss hier jetzt auch nicht jeder tun. Aber es ist schon inzwischen schon auch ein wesentlicher Punkt für uns alle geworden, wir müssen das alle machen".

ich mag Dich und solche Dinge. *Einfühlungsvermögen* ist natürlich, das würde ich daran messen, ob es dem Mitarbeiter gelingt, eine kluge Berufswahl dem Jugendlichen *vorzugeben oder Ideen zu unterbreiten*. Also ich muss aufgrund dessen, was der Jugendliche bringt an Biografie, an auch Persönlichkeit, muss ich halt den Jugendlichen ein Stück weit *dahin lenken*, dass er vielleicht einen Weg einschlägt, der Sinn macht und dazu muss ich mich natürlich in den Jugendlichen einfühlen können, aber das sehe ich den neuen Mitarbeitern nicht an".

Ausgehend von diesen Aussagen soll auf im Folgenden knapp auf einige Perspektiven aufmerksam gemacht werden, die für eine erste Differenzierung der Antworten auf die Fragen nach notwendigen Fähigkeiten bzw. Kompetenzanforderungen leitend waren. Ob sich hinsichtlich der Bestimmung von Kompetenzanforderungen Differenzierungen begründen lassen, die die interviewten Fachkräfte selbst in ihren Aussagen nahe legen, lautete in dieser Auswertungsphase zunächst die Ausgangsfrage. Dabei interessierte uns, ob die interviewten Fachkräfte Unterscheidungen zwischen Kompetenzanforderungen in verschiedenen Arbeitsbereichen (Erzieherische Hilfen – Jugendsozialarbeit), verschiedenen Funktionen (Leitung – Fachkraft) oder verschiedenen Zeithorizonten (früher – heute) nahe legen. Interessanterweise erwiesen sich diese Aspekte weniger bedeutsam als Differenzierungen von persönlichen und fachlichen Fähigkeiten sowie von Interaktionskompetenzen auf verschiedenen Ebenen.

Kompetenzanforderungen – Parallelen zwischen Funktionen und Arbeitsbereichen?

Kaum eine der interviewten Fachkräfte proklamiert ganz spezifische Kompetenzen für ihren jeweils besonderen Arbeitsbereich innerhalb der

Jugendhilfe; Herr Schiller eröffnet zwar seine Antwort mit dem Hinweis,
den jeweils konkreten Bereich in den Blick zu nehmen, bezieht dies allerdings auf die Passung eines Bewerbers (nicht auf ein bereichsspezifisches
Kompetenzprofil). Ähnlich argumentiert auch Herr Kurz, der zunächst
explizit von bereichsspezifischen Fähigkeiten ausgeht:

> Hr. Kurz (Leitung/EH): „Also es hängt immer sehr stark damit zusammen, a) welche
> Kompetenzen bereits vertreten sind im Team und natürlich hängt das auch mit den
> *Anforderungen des jeweiligen Arbeitsfeldes* zusammen. Also ich brauche in der offenen
> Jugendarbeit jemand, mit einem ganz anderen Kompetenzprofil als in einer Wohn-
> gruppenarbeit eine Erzieherin, die in einem gefestigten Team mitarbeitet. Wiederum
> auf der Ebene der Gruppenleitung einer Wohngruppe ein ganz anderes Profil, als eine
> Mitarbeiterin in einer Tagesgruppe und insofern hängt das natürlich sehr stark mit
> den Anforderungen des Arbeitsfeldes, den unterschiedlichen Arbeitsfeldern zusam-
> men. Die sucht man oder entwickelt man, schaut dann sehr stark, dass man eigene
> Leute entsprechend qualifiziert und weiterentwickelt und denen Entwicklungs-
> chancen intern einräumt".

Interessant ist nun, dass sich mit dem vorliegenden Interviewmaterial
diese Aussage nicht bestätigen bzw. konkretisieren lässt, zumindest nennen die Fachkräfte in unterschiedlichen Bereichen jeweils dieselben
grundlegenden Kompetenzanforderungen, auch wenn in bestimmten
Arbeitsfelder spezielle Kompetenzen notwendig seien:

> Hr. Kurz [an anderer Stelle] (Leitung/EH): „Es sind auf der einen Seite *Allrounder* und
> gleichzeitig je nachdem in bestimmten Bereichen auch *Spezialisten*".

> Hr. Sommerfeld (Fachkraft/SpFH): „Man muss ein *Spezialist im Allgemeinen* bleiben".

Wenn sich also die Aussagen der Interviewten weitgehend decken, so
liegt die Hypothese nahe, dass mit der Frage nach notwendigen Fähigkeiten überwiegend allgemeine, bereichsübergreifend notwendige Fähigkeiten assoziiert werden. Auf eine arbeitsbereich-spezifische Differenzierung haben wir daher in der weiteren Auswertung verzichtet. Die
Aussagen der Fachkräfte in leitender und nicht-leitender Funktion unterscheiden sich ebenfalls nicht grundsätzlich. Auch eine solche durchgängige Unterscheidung scheint daher nicht sinnvoll.

Kompetenzanforderungen – Parallelen zwischen ‚gestern' und ‚heute'?

Die genannten grundlegenden Fähigkeiten werden eher als notwendige ‚Konstante' beschrieben. Dass es angesichts aktueller Herausforderungen ganz andere, neue Kompetenzen bräuchte, machen die interviewten Fachkräfte nur bedingt deutlich: Die „Grundvoraussetzung für eine Arbeit in der Jugendhilfe hat sich wenig verändert" so Herr Schiller in seiner Antwort. Die jeweils genannten Fähigkeiten werden auch in den weiteren Interviews überwiegend als Grundvoraussetzung dargestellt. Da es also trotz der jeweils beschriebenen Herausforderungen keine gänzlich neuen Fähigkeiten braucht, ist eine Differenzierung ‚alter' und ‚neuer' Kompetenzen nicht weiterführend.

Kompetenzanforderungen – Differenzierungen zwischen Person und Profession

In den Antworten der Fachkräfte auf die Frage nach notwendigen Fähigkeiten tauchen allerdings unabhängig von Arbeitsbereich und Funktion Aspekte auf, die zum einen die Persönlichkeit der Fachkräfte betreffen, zum anderen die Art und Weise beschreiben, wie Interaktionen mit verschiedenen Akteuren gestaltet werden und schließlich auf die Notwendigkeit selbstgesteuerter Lernprozesse verweisen. Ausgehend von diesen Aspekten werden im Folgenden die Aussagen zu den persönlichen Haltungen (1.), sowie den Interaktions- und Reflexions-bezogenen Kompetenzen (Kap. 2, 3, 4, 5) näher ausgeführt – darin liegen ausgehend von den Antworten der interviewten Fachkräfte die wesentlichen Differenzierungen.

Kompetenzanforderungen – Differenzierungen nach Interaktionsebenen

Dabei ist interessant, dass die interaktionsbezogenen Kompetenzen den größten Umfang in den Beschreibungen der Fachkräfte einnehmen: kommunikative Fähigkeiten, etwas darstellen können, Sensibilität für Jugendliche, Empathie, Einfühlungsvermögen, Konfliktfähigkeit sowie Prozesse strukturieren können. Bei der Darstellung dieser Fähigkeiten differenzieren die Fachkräfte zwischen drei Ebenen bzw. drei Gruppen von Interaktionspartnerinnen und -partnern (vgl. Tabelle 3):

- Interaktionen mit den *Adressaten* (Empathie für Jugendliche),
- Interaktionen innerhalb der *Institution* (Teamfähigkeit etc.),
- Interaktionen mit *Verhandlungs- und Kooperationspartnern* bzw. Auftraggebern („hinstehen", „Dinge vertreten können").

Die Bedeutung dieser Ebenen soll in den folgenden Zitaten (und der Konkretisierung notwendiger Kooperationsfähigkeit, Verhandlungsfähigkeit bzw. der Beschreibung von Erfolgen) nachvollziehbar werden:

> Fr. Ittner (Leitung/EH): „Also wann merke ich, dass eine Maßnahme zum Beispiel gelungen ist? Kooperationen zwischen den unterschiedlichen Parteien finde ich etwas Zentrales, also Kooperation mit *Familien* ist ganz zentral, wenn das gelingt, mit denen zusammen eine Basis zu schaffen und ein gemeinsames Ziel für ihr Kind, ihre Jugendliche zu entwickeln, das ist eigentlich die zentrale Basis, um überhaupt miteinander was erreichen zu können. [...] Also Alltagsarbeit hier als Kooperation mit den Familien, dazu ist natürlich eine gute Kooperation mit den *ASD-Kolleginnen* von zentraler Bedeutung, kurze Wege, das schätzt man hier auch sehr. [...] Und natürlich Kooperation mit den *Schulen, unseren Therapeuten, Therapeutinnen*, wenn welche drin sind. Also einfach die am Prozess Beteiligten, dass die in eine Richtung gehen. So von der Grundidee her, schon verschiedene Rollen und natürlich auch hoffentlich manchmal [unterschiedliche Einschätzungen] über das, was da Sache ist, aber gelingende Kooperationsbezüge sind wichtiger Bestandteil für gelingende Arbeit. Und dann kann man das natürlich übertragen: Wenn ich eine gelingende Kooperation mit *Kollegen und Kolleginnen* habe, ist das zentral, damit das dann auch wieder anders herum gelebt werden kann. Oder wenn das auf der planerischen Ebene klappt miteinander. Und da geht es auch darum, natürlich auch Aushandlungsprozesse zu gestalten, das gehört für mich zu einer gelingenden Kooperation auch dazu, also durchaus kontrovers und konträr zu diskutieren".

> Fr. Tross (Leitung/EH) [auf die Frage nach QE-Bedarfen]: „Dann so Kompetenzen in der Verhandlungsführung mit *Kindern, mit Eltern, mit Jugendämtern*, also einfach so diese ganze Schiene Kooperation, gute Gesprächsführung".

> Hr. Kurz (Leitung/EH) [auf die Frage nach Erfolgen]: „Wenn man schwarze Zahlen schreibt und die Arbeit fachlich gut positioniert ist und vom *Kunden* angenommen wird und die *Mitarbeiter* zufrieden sind, wenn man die auch als Kunde sieht. Wenn sie

zufrieden sind, sich wertgeschätzt fühlen und stolz sind, hier zu arbeiten. Also die wirtschaftliche Rahmung ist wichtig, motivationale Rahmung ist wichtig, die fachliche Leistungsrahmung und die Kundenzufriedenheit. Jetzt mal nur an die Kunden gedacht, sowohl *Kinder, Jugendliche als auch Kostenträger"*.

Fr. Tannert (Leitung/ISE): „[...] was sind Erfolge? Also die göttliche Frage in der Pädagogik [Lachen] [...] Es gibt ein Erfolg auf der wirtschaftlichen Ebene: Belegung, da würde ich auch zuzählen, eine Zufriedenheit auf beiden Seiten, [...] auf den beiden Ebenen *Kostenträger* und *Leistungserbringer*, also wir und das Jugendamt, dass beide Seiten sagen, das was wir da investiert haben, erstmal ist die entsprechende Leistung auch erbracht worden und wir sind der Meinung, das war die richtige Entscheidung, eine gewisse Zufriedenheit [...] Und die nächste Etappe des Erfolgs, das ist eigentlich der schwierigste Teil, weil jeder den anders definiert. Das wäre, inwieweit sind wir unserem Auftrag zum *Wohl des Kindes-*, wie haben wir den erfüllt und was ist tatsächlich für den Hilfeadressaten dabei heraus gekommen, da gibt es unterschiedliche Ansprüche und der Erfolg hängt vom Anspruch ab. [...] Und das bedeutet einen ständigen Balanceakt und das heißt für mich auch, eine Praxis lässt sich nicht nur an diesem Erfolg messen oder an der Zielerreichung, sondern eine gute Praxis ist auch eine *gelingende Zusammenarbeit zwischen diesen am Hilfeprozess Beteiligten, wir haben ja mindestens das Dreieck, Hilfe, die Mutter der Hilfe, Kostenträger und wir*. Aber innerhalb dieses Dreiecks gibt es ja noch mehr, [...] da sind die Eltern, aber auch der Jugendliche oder das Kind, das direkt von uns betreut wird und bei uns im Mittelpunkt steht und mit allen diesen so zusammenarbeiten, dass jeder möglichst seine legitimen *Ziel- und Erfolgswünsche einbringen* kann, das ist eigentlich die *Kunst der guten Praxis"*.

Erfolg lässt sich also nicht eindimensional zuordnen, sondern setzt sich auch aus unterschiedlichen Zustimmungen der relevanten Bezugsfelder zusammen. Welche Kompetenzen im Einzelnen den verschiedenen Ebenen zugeordnet werden, wird im Anschluss an die Differenzierungen persönlicher und professioneller Anforderungen illustriert (Kap. 4.3).

4.2 Anforderungen an Persönlichkeit und Haltung der Professionellen

Die Benennung von notwendigem persönlichem „Interesse", „Spaß" „Lust" als Grundvoraussetzung bzw. wichtigem Faktor in der Arbeit mit Kindern und Jugendlichen zieht sich durch nahezu alle Interviews – einige weitere Beispiele:

Fr. Michalski (Leitung/JMD): „Ja, es ist ganz arg wichtig – erstens – eine Grundeinstellung gegenüber den Zielgruppen, dass man offen ist und diese Arbeit *Spaß* macht".

Hr. Xiller (Leitung/EH): „[...] das macht dann auch eine gute Praxis aus, dass der Mitarbeiter die *Lust* hat, das zu machen, sich getragen und auch gesichert fühlt von Leitung und sich dann auch ohne Sorgen um seine Sicherheit einbringen kann und das ist für mich was gute Praxis ausmacht".

Fr. Ulmann (Fachkraft/BJW): „Also auch *bereit sein*, in ein offenes Arbeitsfeld zu gehen und daran Interesse zu haben, weil wir können heute nicht sagen, was nächstes Jahr an Themen kommt".

Im Eingangszitat von Herrn Iglauer (vgl. Tabelle 3) wird darüber hinaus deutlich, dass die Haltung zur Arbeit das Handeln gleichsam tragen soll. Zudem macht er deutlich, dass fachliches Können ebenso wie ein Blick für fachgerechte Lösungen vor allem in der sich an die Ausbildung anschließenden Berufssozialisation entstehen, in den Worten der Führungskraft: „Ich erwarte nur, dass er Lust hat und der Rest gibt sich. Und man lernt so viel durch die Arbeit" (Hr. Iglauer). Diese Position ist keine Einzelmeinung, sondern wird immer wieder durch leitende Fachkräfte vertreten. Sie sprechen damit eine persönliche Haltung der Fachkräfte an (Interesse an der Arbeit; Interesse an der eigenen Weiterentwicklung), die wie eine Art Antriebskraft wirkt und in deren Konsequenz Innovation bzw. Kompetenzerwerb in ‚kleinen Prozessen' stattfindet. Die persönliche Haltung, neue Möglichkeiten erproben zu wollen, ist jedoch nicht als Selbstzweck gemeint, sondern orientiert sich am Wohl der Adressaten (und muss – so betont zumindest Herr Iglauer – durch die Institution gefördert werden). Hier decken sich die Aussagen von leitenden und sozialpädagogischen Fachkräften (vgl. Tabelle 3).

Darüber hinaus machen die interviewten Fachkräfte deutlich, dass die Haltung der Fachkräfte gegenüber ihren Adressaten durch *Offenheit*, *Wertschätzung* und *Achtung* geprägt sein sollte. Sich als „Gast" zu verstehen und sich entsprechend dieser Rolle zu verhalten, sei – so bspw. Herr Qvortrup – Leitmotiv in der Beziehungsarbeit mit Familien und in der Straßensozialarbeit. Herr Opitz spitzt dies in folgender Metapher zu:

Hr. Opitz (Leitung/JMD): „Also wichtig ist praktisch so ein *soziales Herz*, also eine gewisse *Menschenliebe* ist schon eigentlich Voraussetzung und zwar unabhängig vom
Herkunftsland oder von der Religion. Das ist ganz wichtig, dass man einfach gegenüber anderen Menschen offen ist und bereit ist, sich darauf einzulassen, auf eine Beziehung, das ist denke ich ganz, ganz wichtig".

Der besondere Stellenwert der Persönlichkeit, den die Fachkräfte für
kompetentes Handeln annehmen, zeigt sich auch darin, dass sie den Aspekt einer „gefestigten Persönlichkeit" betonen. Einige Beispiele dazu:

Hr. Qvortrup (Leitung/JSA): „Und ich glaube man braucht einigermaßen *gefestigte
Persönlichkeiten*. Helfende, aus der persönlichen Betroffenheit heraus oder dergleichen,
werden Schwierigkeiten haben, eine professionelle Distanz zu den jungen Menschen
aufzubauen".

Fr. Pauli (Fachkraft/EH): „Sei es jetzt, dass ich eigentlich mit mir im Reinen sein muss,
dass ich für mich auch geklärt haben muss, was mich vielleicht auch geprägt hat, ich
finde das ganz arg wichtig, dass ich mit mir selber *im Frieden* vielleicht bin, in Anführungszeichen".

Fr. Grossmann (Leitung/EH): „Ich denke überhaupt, dass die Bewerber [für Erzie-
hungsstellen], dass man den Eindruck gewinnt, die haben eine *sichere Basis* sowohl in
sich, als auch in ihrem Umfeld, mit ihrer Familie, mit ihren Freunden, dass sie da einen guten Rückhalt haben".

Diese persönlichen Eigenschaften sind in der Analyse nicht immer trenn-
scharf von professionellem Können zu unterscheiden. So sind Eigenschaften wie „Offenheit", „wertschätzende Haltung", „Authentizität"
oder „Fingerspitzengefühl" sowohl als Qualitäten der persönlichen Le-
bensführung wie auch im beruflichen Kontext als Aspekte fachlichen
Könnens zu fassen. Sowohl Fachkräfte in leitender und nicht-leitender
Funktion betonen produktive Übertragungen von universalen Persön-
lichkeitsmerkmalen auf berufliche Prozesse, genauer auf Kompetenzen in
der Interaktion mit Adressaten. Die persönliche Haltung wird als Sinn-
zusammenhang zwischen Subjekt und kompetenter Hilfeleistung thematisiert[25]. Darüber hinaus sind für die Institutionen nicht nur persönliche

---

[25] Der Zusammenhang von Arbeit und Persönlichkeit wird darüber hinaus auch in umgekehrter Weise formuliert: „Diese Weiterentwicklung der Persönlichkeit, der eigenen Persön-

Impulse („Freude" und „Spaß" der Fachkräfte an ihrer Arbeit) wichtig, sie können sich immer wieder auch persönliche Fähigkeiten und Interessen (insbesondere im Hinblick auf künstlerische oder sportliche Aktivitäten) für spezifische Angebote zu Nutzen machen. Zur Illustration folgendes Beispiel:

> Fr. Nellinger (Leitung/JBH): „Mit dem Kollegen kann man so Theater machen, weil der da eigene Ideen dazu produziert, weil der handwerklich geschickt ist, sich das zutraut, mit einem uralten Feuerwehrauto, bei dem ich nicht weiß, ob das bis nach x-Stadt kommt, eine Deutschland-Theatertournee über drei Wochen zu machen, bis nach Hamburg und Kiel zu fahren mit dem Ding und wieder zurück, nebenher den Motor ausbaut und sieben durchgeknallte junge Erwachsen dabei hat, wenn der sich das zutraut-, mir fällt spontan keiner ein, der das machen würde. Deswegen *hängt da einfach ganz viel auch dran, an ihm oder an der Kollegin*, unsere ganzen künstlerischen Projekte könnten wir ohne sie gar nicht machen".

Zugleich problematisiert Frau Nellinger (als Führungskraft) die Möglichkeit mit Fachkräften, die auf diese Weise ihre Arbeit ‚leben', weisungsbefugt umzugehen:

> Fr. Nellinger (Leitung/JBH): „Also die Leute, die ich hier habe, da sagen meine anderen Fachbereichsleiter: Meine Güte, die will ich alle nicht, weil die dann eben auch nur in einem bestimmten Maß zu lenken sind. Die bringen ihre eigene Lebensweise, ihre ganz speziellen Kompetenzen, die sie hier so unendlich wichtig machen, bringen sie mit ein, aber in einem ganz besonderen Maße, so dass man manchmal nicht so genau weiß, wo fängt das *Privatleben* an und wo hört das *Berufsleben* auf, also diese Grenzen verwischen sich".

Die persönlichen Neigungen können zu Ressourcen oder Barrieren innerhalb eines Teams werden. Die Frage für die Einrichtung ist also, wie sie diese Ressourcen produktiv nutzen kann. Die starke Betonung der Bedeutung der Persönlichkeit bringt allerdings noch eine weitere Ambivalenz mit sich, die in folgender Bemerkung von Herrn Xiller illustriert wird:

---

lichkeit, des Verhaltens, die kriegt man fast in keinem anderen Beruf" verallgemeinert Herr Kurz mit Blick auf seinen eigenen Werdegang als heute leitende Führungskraft.

Hr. Xiller (Leitung/EH): „Da ist schon die Frage, was sind Fachkräfte überhaupt in der Jugendhilfe. Da denke ich sind wir zu eng gestrickt, indem wir immer nur auf Erzieher und Pädagogen setzen, ist für mich schon immer die Frage, kann nicht der Landwirt *mit der entsprechenden persönlichen Einstellung* und seiner *Qualifikation* und seinem Umgang-, ist das nicht manchmal der bessere Pädagoge in der alltäglichen Arbeit mit Kindern. Indem wir immer mehr auf diese Scheine-Pädagogik gegangen sind-, so möchte ich es mal umschreiben, ob das unbedingt der richtige Weg ist, das weiß ich manchmal nicht. I: Also dieses Straighte? Hr. Xiller: Nur Sozialpädagoge, nur Erzieher, das ist der *Fachkanon*, den gibt's bei uns [...]. In den Anfängen meiner pädagogischen Arbeit, da habe ich noch erlebt, dass es sogenannte *Erziehungshelfer* gab. Das waren Leute aus ganz anderen Berufen, die auch einen ganz anderen Scheinwerfer reingebracht haben. Und da frage ich mich, ob wir uns damit, indem wir das so abgeschnitten haben, nicht behindern. Ich möchte jetzt nicht dem Tür und Tor reden, jeder ‚Simpel' kann bei uns arbeiten, aber diese Bandbreite, die wir damals in der Mitarbeiterbildung hatten, die haben wir relativ eingeengt, wobei ich auch nicht haben will, dass man sagt, jeder Landwirt kann in der Jugendhilfe arbeiten, das kann es auch nicht sein, sondern da einen Korridor aufzumachen und zu sagen, ab wann gibt es die Möglichkeit, solche Persönlichkeiten, und ich würde es wirklich über die Persönlichkeitsbildung oder das, was Leute dann *als Person ausmacht*, dass es da durchaus den ein oder anderen gibt, den würde ich sofort einstellen und ich bin auch überzeugt, wie ich den erlebt habe, ist der für mein Unternehmen, für die Kinder, besser wie ein halbwachsweicher Sozialpädagoge".

Die starke Betonung persönlicher Haltungen stellt immer wieder die Bedeutung einer fachlichen Ausbildung in Frage, auch wenn die interviewten Fachkräfte dies nicht als ein Entweder-Oder sondern sinngemäß als ein Sowohl-als-Auch verstanden wissen wollen. Dass eine Überbewertung persönlicher Haltungen einer Deprofessionalisierung Vorschub leisten könnte, ist vor dem Hintergrund massiver Sparpläne eine realistische Befürchtung. Von daher verwundert nicht, dass die meisten der interviewten Fachkräfte als Grundvoraussetzung auf eine solide Ausbildung der Fachkräfte verweisen (vgl. dazu auch Kap. 5.1).

4.3 Anforderungen in verschiedenen Interaktionskontexten

Welche Fähigkeiten die befragten Fachkräfte für die benannten Interaktionsebenen (mit Adressaten, Kolleginnen und Kollegen sowie externen
Kooperationspartnerinnen und -partnern) für unabdingbar erachten,
wird im Folgenden konkretisiert.

4.3.1 Fähigkeiten im Hinblick auf Interaktionen mit den Adressaten

Wenn sozialpädagogische Fachkräfte mit Kindern und Jugendlichen arbeiten, können diese Situationen als Inbegriff sozialpädagogisch gestal-
teter Situationen angesehen werden. Folgende der genannten Stich-
punkte tauchen in nahezu allen Interviews auf und sollen im Folgenden
anhand einiger Zitate illustriert werden:
- Wahrnehmungsfähigkeit, Empathie, Einfühlungsvermögen,
- die Fähigkeit zur Anerkennung der Individualität der anderen,
- kommunikative Fähigkeiten,
- die Fähigkeit, Beziehungen herstellen zu können sowie
- Aushandlungsfähigkeiten (auch als Kompetenz, andere Lösungen zu
  akzeptieren).

Wahrnehmungsfähigkeit, Empathie, Einfühlungsvermögen

Als Fachkraft in der Jugendhilfe über die Fähigkeit einer differenzierten
Wahrnehmung zu verfügen, wird quer durch die Interviews als ent-
scheidende Voraussetzung benannt. Dabei sollten vor allem Hilfebedarfe,
Probleme aber auch Stärken der Adressaten „wahrgenommen" werden.[26]
Empathie und Einfühlungsvermögen wird als notwendige Fähigkeit in

---

[26] Bei der zentralen Bedeutung dieser Kategorie erstaunt die überwiegende Verwendung
des doch relativ unspezifischen Begriffes der „Wahrnehmung". Ob dieser Begriff gleichbe-
deutend mit diagnostischer Kompetenz verwendet werden kann, muss offen bleiben. Offen
bleibt damit auch, ob es eine einheitliche Sprache (im Sinne eines Diagnoseinstrumentes)
zur Kommunikation über die jeweiligen Bedarfe, Schwierigkeiten und Ressourcen gibt.

diesem Sinne mitthematisiert. Interessant ist bei diesem Aspekt die starke Parallele zwischen Fachkräften in leitender und nicht-leitender Funktion. Erstere beziehen allerdings die notwendige Wahrnehmungskompetenz auf die Stärken und Schwächen ihrer Mitarbeiterinnen und Mitarbeiter, letztere auf die Adressaten (Jugendliche bzw. Eltern). Einige Illustrationen dazu:

> Fr. Tross (Leitung/EH) [auf die Frage nach Fähigkeiten der Fachkräfte]: „[...] Auch ähnlich [wie für Leitungen]. *Einfühlungsvermögen.* Einen guten Blick für die Herkunft der Kinder, zu sehen, was schleppen sie denn schon so mit und wie sind auch die Verhaltensweisen, die Kinder bringen, auch verstehbar, vor dem Hintergrund ihrer gemachten Erfahrung und [...] eine Vielzahl von Handlungsmöglichkeiten im Umgang mit schwierigen Verhaltensweisen".

> Hr. Xiller (Leitung/EH): [auf die Frage nach guter Praxis von Mitarbeiter/innen, in Ergänzung zu seiner Praxis als Führungskraft]: „Das würde ich nicht anders sehen, wie das, was ich an mich selber stellen würde. I: Tatsächlich? Hr. Xiller: Da denke ich, gute Praxis macht aus, dass der Mitarbeiter genauso *wahrnehmungsfähig* ist und immer [...] abspürt, was ist der Bedarf von dem, den ich betreue und berate, was hat der für Stärken, was hat er aber auch für Schwächen und wie sensibel bin ich da in der *Wahrnehmungsfähigkeit* und gleichzeitig auch, wie echt, wie klar bin ich dann in der Umsetzung, in der Interaktion mit demjenigen".

> Fr. Seiler (Fachkraft/EH): „Also das, was ich jetzt auch gerade gesagt habe, sich zunächst mal auf die Jugendlichen voll und ganz einlassen und dann auch, denke ich, dafür sensibel sein, was gerade bei dem Jugendlichen ist".

Im Eingangszitat von Herrn Iglauer (vgl. Tabelle 3) wird darüber hinaus deutlich, dass die sich in konkreten Situationen realisierende Wahrnehmung eine Situationsoffenheit verlangt, die nicht am Sinn geregelter Abläufe orientiert ist, sondern sich gänzlich auf das Gegenüber einstellt – „wichtiger [als Allmachtswissen] ist, dass er spürt, wenn der andere zur Tür reinkommt, oh, der hat was" (Herr Iglauer). Aber nicht nur im Sinne von Empathie und in Bezug auf negative Gefühlslagen realisiert sich diese Situationsoffenheit. Frau Ittner macht in folgendem Beispiel deutlich, dass es auch eine genaue Wahrnehmung positiver Effekte bei den Heranwachsenden braucht:

Fr. Ittner (Leitung/EH): „Vorletzte Woche [...] hat ein Kind plötzlich keine 120 Fehler mehr im Diktat gemacht, sondern nur noch 35. Das war unterm Strich natürlich beides mal eine sechs, aber ein Riesenerfolg".

Die Umdeutung von in der Situation angelegten Sinnkontexten (‚Reframing') setzt ebenso eine Wahrnehmung der Situation voraus und zeichnet zugleich den Spielraum ab, der in positiver unterstützender Weise genutzt werden kann, um sich nicht von „Alltagsgeschichten" „erdrücken" zu lassen. Empathie ist notwendig und wird ergänzt durch andere ‚Prozessparameter' (z.B. die Notwendigkeit einer „klugen Berufswahl", so Herr Carl). In professionellen Interaktionen muss sich die Wahrnehmung, insbesondere subjektiver Stärken darin fortsetzen, diese auch anzuerkennen.

Fähigkeiten zur Anerkennung von Individualität

Auch am Beispiel der notwendigen Förderung von Individualität bzw. der Anerkennung individueller Stärken, wird eine Parallele zwischen Kompetenzen von Fach- und Führungskräften erkennbar: die Kinder sollen lernen, ihre Individualität zu leben und werden von den Mitarbeiterinnen und Mitarbeitern darin gefordert, die gleichzeitig aber erfahren müssen, dass auch sie in ihrer Individualität gesehen und unterstützt werden – dies macht vor allem Frau Tross deutlich, die einerseits „sehr viel Wert auf die Individualität der Mitarbeiter" legt, „dass sie die Dinge umsetzen können, die ihnen auch selbst wichtig sind" und andererseits als Ergebnis guter pädagogischer Arbeit Folgendes formuliert:

Fr. Tross (Leitung/EH): „Also gute pädagogische Arbeit wäre, da käme raus, dass Kinder ein gutes Selbstbewusstsein haben, [...] dass sie ihre *Individualität* leben können und die Individualität gut in Einklang bringen können mit den Anforderungen von anderen Menschen, also dass sie da auch gut andere Individualität achten können und respektieren können. Ganz konkret würde das heißen, dass sie selbstbewusst durch ihre Schule marschieren können, selbstbewusst Kontakte zu Freunden, zu Gleichaltrigen haben können, gesunde Einstellung zu sich und zu ihrem Körper haben können, sich auch so okay finden, wie sie sind und da nicht zaudern oder hadern. Das käme bei mir bei einer guten Erziehung raus. Und dazu gehört natürlich auch, dass sie so etwas wie Zuverlässigkeit, Pünktlichkeit, also diese ganzen Werte, die ja bei uns sowieso glaub ich unhinterfragt sind, also dass sie solche Dinge auch gelernt haben, damit sie sich gut zurechtfinden können mit den Anforderungen im Beruf. I: Gäbe es da Minimalbedingungen ans pädagogische Handeln, die sie formulieren könnten, um das zu erreichen?

Fr. Tross (Leitung/EH): Ja, die *Achtung und Wertschätzung* der Kinder, also so wie sie sind, die auch so anzunehmen und auch deren eigenen Welt so zu akzeptieren und denen eine Begleitung zu sein und nicht zu sagen, ich will sie dahinerziehen, sondern denen eine Begleitung zu geben auf dem Weg, dass sie eine eigene individuelle Persönlichkeit werden können. Also gar nicht so: da muss das und das rauskommen, sondern was kann ich dem Kind geben, damit es seinen eigenen Weg findet, das wäre so für mich das Zentralste. Und die Kinder mit allen *Stärken und Schwächen* so zu akzeptieren, wie sie sind. Und dann auch zu trennen: wenn es *Probleme* gibt, sind das Probleme. Und das hat nicht unbedingt etwas mit der *Wertschätzung der Person* zu tun, also dass dieses Kind ein Wert hat, so wie es ist und dass man über die Probleme reden kann und mit dem Problem arbeiten kann, aber nicht das Kind umbiegen muss und nicht darf".

Wahrnehmung und Definitionsmacht sind im Kontext interkultureller Arbeit besonders zu berücksichtigen. Ambiguitätstoleranz als Fähigkeit das Bestehen von Mehrdeutigkeiten positiv aufzufassen wird dort als wesentlich herausgestellt.

Kommunikative Fähigkeiten

In Interaktionen mit Kindern- und Jugendlichen – so lässt sich allgemein feststellen – kommt es darauf an, Beziehungen zu gestalten und dabei Interessen zu fördern und Partizipation zu ermöglichen. Zur Realisierung dieser Anforderung sind kommunikative Fähigkeiten (die häufig nicht weiter in den Interviews konkretisiert werden) bzw. ein bestimmter Kommunikations-Typus notwendig, der „geduldig" und anerkennend ist, der den Jugendlichen aber auch kritisch Gegenrede bieten kann. Dabei kann eine Annäherung an ihren Sprachgebrauch von Vorteil sein:

Hr. Opitz (Leitung/JMD): „Und was natürlich auch für die Person notwendig ist, die jetzt die Fremdsprache von Migranten [nicht spricht], dann zumindest in der Lage zu sein, Sachen mit einfachen Worten auszudrücken, so das eine *einfache Kommunikation möglich* wird, wenn der andere oder die andere Person einfach noch nicht so gut deutsch kann. Das ist auch eine Fähigkeit, vom eigenen Sprachniveau herunterzufahren auf eine ganz einfache Ebene, das eben versuchen mit einfachen Worten klar zu machen. Also mir passiert das jetzt in Französisch nicht, aber es gibt ja auch andere Sprachen, Russisch kann ich ja nicht und dann muss man eben auch versuchen, in einfachem Deutsch den Kontakt, die Kommunikation herzustellen".

Obwohl Jugendliche Beratung immer selbstverständlicher in Anspruch nehmen würden, spiele immer auch der Kontext, in dem sie erfolgt, eine wichtige Rolle.

> Fr. Nellinger (Leitung/JBH): „Beratung findet immer *gekoppelt* mit irgendwelchen Projekten statt, mit einem konkreten Tun, weil Jugendliche wollen ja nicht nur reden, das finden die ja ganz schlimm, weil gehört haben sie das ja schon ganz oft, dass dies und jenes nicht funktioniert".

Kommunikation stützt sich partiell auch immer auf eine gemeinsame Erfahrungsdimension und geteilte Erlebnisse von Fachkraft und Heranwachsenden. Gelingende Kommunikation ist damit ein Teil und eine Grundlage für die Gestaltung pädagogischer Beziehungen.

Beziehungen herstellen können

Kindern und Jugendlichen in ihrer Entwicklung „eine Begleitung zu sein", die auch in krisenhaften Lebenssituationen eine Unterstützung darstellt, erfordert zunächst, tragfähige Beziehungen herstellen zu können. Dies unterstreichen exemplarisch die folgenden Zitate einiger Fachkräfte, in denen auch deutlich wird, dass die Rolle der Fachkräfte mit ganz unterschiedlichen Rollen verknüpft werden kann („Gast", „Partner", „Vater", „Mutter"):

> Hr. Sommerfeld (Fachkraft/SpFH): „Also eine grundlegende Fähigkeit muss sein, sich anzuschließen an-, oder wenn ich jetzt Gastgeber wäre, würde ich *Gastfreundlichkeit* sagen, aber ich weiß jetzt nicht, wie das für den Gast heißt. Also sich jederzeit als Gast zu verstehen. Also man muss in der Lage sein, Beziehungen herstellen zu können und Beziehungen herstellen können mit Menschen, mit denen man in seinem privaten Alltag eigentlich nie zu tun hätte, weil die in völlig anderen Lebenswelten leben. Also sich darauf einzulassen, Menschen kennen zu lernen oder wertschätzen zu wollen, die

völlig, also nicht völlig, also die aber schon andere Prioritäten in ihrem Leben setzen wie wir oder wie ich. Also wo ich jedes Mal neu mich [...] woanders hinbegebe, *ich bin da Gast* und ich muss mich auch wie ein Gast verhalten. Also ich glaube, dass ist eine Voraussetzung, die man mitbringen muss, weil damit fängt jede Familienhilfe an: mit Beziehung aufbauen".

Fr. Meyer (Fachkraft/BJW): „Also für mich ist schon ganz früh deutlich geworden, dass die Arbeit, die wir machen, ganz wesentlich mit *Beziehung* zusammenhängt und dass wir einfach eine Beziehung herstellen müssen, dass das die Grundlage unserer Arbeit ist, in Beziehungen zu treten. Es ist ganz wichtig, auch für die Jugendlichen ein Partner zu sein, mit dem sie sich auseinandersetzen können, wo sie das Gefühl haben auch ernst genommen zu werden als Gegenüber mit ihren Schwierigkeiten, die sie mitbringen, ganz klar. Und ich glaube, die Jugendlichen so zu sehen und mit ihnen so umzugehen, ist mir im Grunde so das Wesentliche muss ich sagen. Und dann zu schauen, wo kann ich ihre Eigenverantwortung möglichst weitgehend unterstützen, um die eigenen Ziele wahrzunehmen, die eigenen Ziele einfach formulieren zu können und so viel wie möglich dazu selber beitragen zu können, das ist so der Schwerpunkt. Und nur da wirklich zu unterstützen, nur da Hilfestellung zu geben, wo ich das Gefühl habe, da ist einfach die Schwierigkeit noch zu groß, da können sie noch nicht alleine-, da auch selber aktiv zu werden oder auch einzugreifen, aber im wesentlichen die Verantwortung beim Jugendlichen zu lassen".

Fr. Ulmann (Fachkraft/BJW): „Wir müssen mit unserem Personenkreis [Jugendliche, die beruflich nicht untergekommen sind] ganz eng und manchmal jeden Monat neu gucken, wie können wir etwas Tagesstrukturierendes einrichten. Also das können andere Stellen nicht leisten. Ich finde, da ist die Jugendhilfe nach wie vor verpflichtet, diesen jungen Menschen mit eine Existenzgrundlage zur Verfügung zu stellen und das ist, a) in der Begleitung hier und ich sag jetzt für unseren Personenkreis auch nicht nur vereinzelt jemanden an die Seite stellen, sondern mit ein bisschen mehr auch noch, da steht unser Konzept nach wie vor gut da." [An späterer Stelle:] [...] „Dieses Element, so dieses *Mutter- und Vaterangebot* hier durch uns, doch auch stark abgefragt wird, das haben wir lange Jahre unterschätzt. Wo sie dann auch sagen, sie haben für sich erfahren, was sie bei den Eltern nicht bewirken können oder nicht bekommen und nie bekommen werden, dass sie festgestellt haben, es ist möglich durch andere erwachsene Menschen das zu bekommen, wie wir, so ein bisschen Vater und Mutter sein, also dieses Nach-be-Eltern. Das kann natürlich die junge Kollegin nicht ganz so leisten. Das nehmen sie aber ganz wichtig mit, das bräuchte es auch, deshalb sagen wir schon auch, wir möchten Kollegen so orientierungsmäßig ab dreißig einstellen".

Zur Herstellung einer tragfähigen Beziehung benennen die Interviewten Aspekte einer wertschätzenden Haltung, aber auch Fähigkeiten zur differenzierten Wahrnehmung darüber, was können Jugendliche und wo brauchen sie Unterstützung, sowie methodische Ideen, wie eine für die Jugendlichen sinnvolle Tagesstruktur aussehen kann. Gestaltung von Aushandlungsprozessen ist dabei ein zentrales Stichwort.

Aushandlungsfähigkeiten: Akzeptanz anderer Lösungen, Fähigkeit zur Partizipation

Eine wichtige Fähigkeit, die immer wieder bei der Konkretisierung von Achtung und Wertschätzung, aber auch im Kontext einer differenzierten Wahrnehmung angedeutet wird, ist die Fähigkeit, in der Erarbeitung von Veränderungsprozessen oder in der Begleitung von Entwicklungsprozessen mit den jeweiligen Kindern, Jugendlichen bzw. deren Eltern vor allem die gemeinsamen Arbeitsziele „auszuhandeln". Dabei beschreibt Herr Sommerfeld, der in der sozialpädagogischen Familienhilfe arbeitet, dass er sich auch mit Lösungen von Eltern abfinden muss, die er nicht immer „als seine Lösungen" definieren kann und muss:

> Hr. Sommerfeld (Fachkraft/SpFH): „Und was ich dadurch auch gemerkt habe, die Eltern als Experten wahrzunehmen, weil die Eltern sind faktisch *Experten* schon für ihre eigene Erziehungswelt und ihre Erziehungsvorstellung. Das kann ich manchmal gar nicht nachvollziehen oder nachempfinden und ich muss gucken, dass ich Lösungen finde, die für die Eltern passen, die nicht meine Lösungen sein müssen. Da habe ich auch Video als eine Methode erlebt, wo Eltern an den Bildern arbeiten können und können für sich *selbst Lösungen finden*, die nicht meine Lösungen sein müssen, aber die funktionieren, weil es ihre Lösungen sind, die die Eltern auch umsetzen. Und da hatte ich auch oft Schlüsselerlebnisse, Kinder mit einzubeziehen in Lösungen".

Frau Tannert erläutert (wiederum als Parallele), dass sie als Führungskraft ihren Mitarbeiterinnen und Mitarbeiter ebenfalls Freiräume geben muss. Dabei schlagen diese Wege ein und suchen Lösungen, die ihr als Führungsperson durchaus fremd sein können, dennoch muss sie diese Lösungen akzeptieren:

> Fr. Tannert (Leitung/ISE): „Ja, mir geht es darum, ja, wenn ich mir einen Weg vorstelle, der voller Aufgaben oder Hürden ist, keine geebnete Straße, sondern da liegen Steine, da sind Löcher, dann wünsche ich mir oder dann ist mein Ziel, bei den Mitar-

beitern, mit denen ich arbeite – deshalb heißt das Ding auch Mitarbeiter – dass die
Mitarbeiter, mit denen ich arbeite, nicht sagen: da liegt ein Stein, Leitung, komm doch
mal und mach doch mal was, sondern dass sie entweder mit mir überlegen, erst einmal selber überlegen, was machen wir denn mit diesem Stein, kommen wir da drum
herum, drüber, können wir den zur Seite schubsen und im nächsten Schritt sagen, was
könnten wir mit unserer Bereichsleitung zusammen tun, wenn wir diesen Stein nicht
wegkriegen. Oder wenn ich einen Stein sehe, den die Mitarbeiter nicht sehen, dass ich
diesen Stein beschreiben kann oder den Weg, wo es hingehen soll und sagen: bitte
guckt euch das doch mal an und macht auch einen *Lösungsvorschlag*. Und das beinhaltet einmal eine, aus meiner Sicht, höhere Eigenmotivation, es beinhaltet kreativere
Lösungen, weil ich auch selber das akzeptiere, was andere vorschlagen. Und es beinhaltet, ja, dass jeder seine eigenen Stärken unglaublich gut ausspielen kann und sagen
kann: Mensch, das kann ich und das mach ich so. Ich muss da im Gegenzug aber auch
akzeptieren, dass es Lösungsvorschläge gibt, wo ich denke, da kann ich mir jetzt ü-
berhaupt nichts drunter vorstellen, aber wenn die begründet sind, dann kann ich mitgehen, manchmal muss ich auch mitgehen, ohne dass es mir besonders gut gefällt, a-
ber ich kann sie nachvollziehen".

Allerdings ist eine hundertprozentige Offenheit für die Ziele, Ideen oder
Lösungen der Adressaten nicht immer möglich. Für die Jugendberufshilfe formuliert bspw. Herr Carl, dass in diesen Aushandlungsprozessen
zwar die Persönlichkeit der Jugendlichen eine entscheidende Rolle spiele,
dennoch beeinflusse er als Fachkraft in „lenkender" Weise (s.o. Tabelle
3). Im folgenden Zitat verweist Frau Ittner allerdings auf einen „möglichen Fehler", wenn in diesen Prozessen zu stark gelenkt werde (was sie
auch wiederum für das Verhalten von Führungskräften gegenüber Mitarbeiterinnen und Mitarbeitern proklamiert):

Fr. Ittner (Leitung/EH): „Also ich finde einen *Fehler*, wenn man praktisch die Ziele der
Kinder, Jugendlichen und Familien nicht einbezieht, wenn man praktisch den Bereich
der *Partizipation vernachlässigt*: außerdem weiß ich, was für dich gut ist. Das ist eins
vom Schwierigsten auch, die Aushandlungsprozesse, was die Zielgeschichte betrifft.
Und das, was ich jetzt praktisch immer im *Bezug auf die Betreuung* sage, gilt aber auch
in gleicher Weise immer im *Bezug auf die Mitarbeiter*. Also wenn ich denen aus meiner
Rolle raus für die Kollegen und Kolleginnen sage: Das ist dein Ziel und die Einbeziehung und die Aushandlungsgeschichte [...] vernachlässige, wenn man keine gemeinsame Zielrichtung mehr entwickelt und sich dann wundert, wieso es eigentlich nicht
vorwärts geht".

Sicherlich könnte die Liste der Fähigkeiten um weitere ergänzt werden,
die sich jedoch u.E. den bereits genannten zuordnen ließen (z.B. Konfliktfähigkeit, Prozesse strukturieren können, Spontaneität[27]). Demgegenüber
werden zusammenfassend zwei zentrale Kompetenzbereiche deutlich:

- Es geht darum, Situationen zu interpretieren (wahrnehmen,
  diagnostizieren) und auf dieser Basis
- Kommunikations- bzw. Interaktionsprozesse zu gestalten, zu strukturieren, wobei die Fähigkeit zur Anerkennung der Individualität,
  Fähigkeiten zur Aushandlung wesentliche Bestandteile jeder pädagogischen Kommunikation darstellen.

Auch im Hinblick auf Fähigkeiten bei der Gestaltung organisationsinter-
ner Interaktionen haben daher diese Aspekte eine nicht unwesentliche
Bedeutung.

4.3.2 Fähigkeiten im Hinblick auf organisations-interne Interaktionen

Im vorausgehenden Abschnitt wurde deutlich, dass Fachkräfte in leitender Funktion, Parallelen zwischen notwendigen Fähigkeiten ihrer Mitarbeiterinnen und Mitarbeiter und den Kompetenzanforderungen in ihrer
leitenden Funktion thematisieren. Insbesondere die Wahrnehmung von
„Stärken" und „Schwächen" der Fachkräfte, sowie die Unterstützung ihrer jeweils individuellen Ressourcen, die auch der pädagogischen Arbeit
zu Gute kommen können, wird als notwendige Kompetenz an verschiedenen Stellen von Führungskräften betont:

Fr. Tross (Leitung/EH): „Einfühlungsvermögen, sich reindenken können in die andere
Person, sich vorstellen können, wie ist die *Lebenswelt*, also jetzt konkret bei den *Mitarbeitern, wie ist ihr Arbeitsfeld*. Auch immer mal zu sehen, was sind möglicherweise pri-
vate Themen, die die Kollegen grad haben und dass nicht so ganz abzutrennen, son-

---

[27] Unter dem Stichwort „Spontaneität" thematisieren Fachkräfte die Fähigkeit Prozesse ad
hoc zu beurteilen und zu steuern, so z.B. Prozesse in einer Gruppe. In der Tagesgruppen-
Arbeit verlagert sich die Aufmerksamkeit stetig zwischen den Bedürfnissen Einzelner und
der Gruppendynamik insgesamt.

dern auch mit berücksichtigen in welcher Lebensphase, in welcher Altersphase ist grad jemand, gibt's vielleicht mal kurze Schonräume, die jemand bräuchte, so. Das wäre die Fähigkeit des Einfühlungsvermögens, sich rein denken. Die Fähigkeiten Kollegen auch zu fordern und auch Aufgaben zu delegieren und zu sagen, mach doch, also ist meine Erfahrung so über die ganzen Jahre, je mehr ich Kollegen zugetraut und zugemutet habe, desto eher sind sie auch daran gewachsen und haben sich da auch weiterentwickelt".

Fr. Tross (Leitung/EH) [auf die Frage nach einem eigenen Schwerpunkt]: „[ich habe] sehr viel Wert auf die Individualität der Mitarbeiter auch gelegt, und dass sie die Dinge umsetzen können, die ihnen auch selbst wichtig sind, also dass sie selbst einen großen Freiraum haben ihre eigene Arbeit zu gestalten und das ist auch so ein bisschen Stil in unserer Einrichtung, dass wir nicht so viele Vorgaben machen, sondern sehr auf die Kreativität und Qualität der Mitarbeiter setzen, dass die dann auch die Dinge, die sie selbst für gut und richtig halten, dass sie die auch am besten dann umsetzen können".

Teamfähigkeit – Konfliktfähigkeit

Gelingende Interaktionen innerhalb der Institution bzw. des jeweiligen Arbeitsbereichs werden überwiegend unter dem Stichwort „Teamfähigkeit bzw. Konfliktfähigkeit" thematisiert, allerdings nur in wenigen Fällen konkretisiert. Das Team stellt eine zentrale Organisationsform in den Institutionen dar. Sowohl Konfliktfähigkeit als auch Teamfähigkeit werden von den Fachkräften in leitender und nicht-leitender Funktion als notwendige Kompetenz benannt. So muss bspw. für Herrn Laible das Team „100prozentig" stimmen und die Kooperation unter den Mitarbeitenden stellt für ihn den zentralen Aspekt für erfolgreiches Handeln dar (sich gegenseitig ergänzen, beobachten und in den jeweiligen Situationen helfen):

Hr. Laible (Fachkraft/EH): „[...] diese Absprachen müssen halt ziemlich genau laufen, [...] wenn man dann vor Ort ist mit den Eltern im Projekt drin, das muss stimmen, hundertprozentig. Ich muss mich darauf *verlassen* können und es ist auch dieser Rollenwechsel: einer ist in der Familie drin, im Gespräch drin, und der andere steht neben dran und beobachtet. Und wenn er merkt, es läuft in eine falsche Richtung oder er hat einen Ansatzpunkt, muss er reinkommen können und ich muss mich wieder zurücknehmen".

Die Interaktion mit Teamkolleginnen und -kollegen (im Beispiel von
Herrn Laible beim gemeinsamen Elterngespräch) soll unkompliziert Absprachen ermöglichen, Zusammenarbeit koordinieren, bei geteilten Verantwortlichkeiten einen einheitlichen Informationsstand garantieren. Einen allerdings kritischen Hinweis bietet das Material ebenfalls:

> Fr. Nellinger (Leitung/JBH): „Das ist besonders für Pädagogen ein ganz heikles The-
> ma, weil diese Beziehungsebene ist ja dann auf eine Zielgruppe bezogen so wahnsin-
> nig wichtig und eigentlich unser Gegenstand, mit dem wir arbeiten. Wir überbewer-
> ten das manchmal auch in unseren *Teamstrukturen* und überhaupt in unseren kollegia-
> len Strukturen, die wir haben. Da ist auch dieser Anspruch immer: diese Teams müs-
> sen supertoll zusammenpassen und sich verstehen usw. Die sollen zusammen arbei-
> ten, die sollen sich auch verstehen, aber da gibt es auch eine Grenze, wo ich sage: hey,
> du hast hier einen Auftrag und du hast eine fachliche Ebene, auf der du mit dem
> kommunizierst".

Wichtig im Hinblick auf Teamfähigkeit ist, dass einerseits die Zusammenarbeit funktioniert, aber andererseits die Erfüllung pädagogischer
Aufträge nicht leidet, wenn Spannungen in einem Team vorhanden sind.
Beispiele für notwendige Konfliktfähigkeit werden im Material dann
deutlich, wenn es darum geht, fachliche Kritik anzunehmen. „Kontroverse" Diskussionen und nicht zu viel Anpassung der Kolleginnen bzw.
Kollegen wünscht sich Fr. Ittner:

> Fr. Ittner (Leitung/EH): „Und da geht es auch darum, natürlich auch *Aushandlungspro-
> zesse* zu gestalten, das gehört für mich zu einer gelingenden Kooperation auch dazu,
> also durchaus kontrovers und konträr zu diskutieren auch. Es geht mir heute fast ein
> bisschen verloren, also das *Anpassungsvermögen* ist manchmal unheimlich hoch [lacht],
> ohne dass das der Sache dienlich ist. Also zu sagen, okay, da gibt es unterschiedliche
> Positionen, die braucht man genau, weil der Prozess die braucht, weil erst dann ein
> gutes Ergebnis rauskommen kann. Und da müssen einzelne Menschen einfach mutig
> sein zu sagen: okay, und das vertrete ich. Und das ist nicht so, dass ich dann, was
> weiß ich, Berufsanfänger, die haben das manchmal, zu sagen: Mir kommt das zwar
> komisch vor, aber ich bin ja erst-, ja und zu sagen: nein, das ist wichtig, jede einzelne
> Stimme und dann gibt es einen Aushandlungsprozess, weil dann tragbare Lösungen
> entwickelt werden dadurch".

Der hohe Stellenwert von Konfliktfähigkeit wird auch darin deutlich,
dass einige Führungskräfte darauf hinweisen, wie wichtig eine „Fehler-

kultur" (ein offener Umgang mit „Fehlern") innerhalb der Institutionen ist, die dann wiederum Lernen ermöglicht.[28]

Flexibilität

Eine Kompetenz, die insbesondere im Zusammenhang mit der Zunahme von Aufgaben thematisiert wird, verbirgt sich hinter dem Stichwort „Flexibilität". Auch hier sind es die Führungskräfte, die sich von Mitarbeiterinnen und Mitarbeitern Fähigkeiten erhoffen, zumindest aber die Bereitschaft erwarten, unterschiedliche Aufgaben sich zu eigen zu machen, damit also „flexibel" in verschiedenen Arbeitsbereichen einsetzbar sind. Die folgenden Zitate illustrieren dies und geben Einblick in die diesbezüglichen Begründungen der Interviewten:

> Hr. Iglauer (Leitung/JSA) [Auf die Frage nach Aufgaben von Mitarbeitern]: „[...] und das ist die Herausforderung der Zukunft, dass kein Mitarbeiter sich hier *mehr verlassen* kann, dass, wenn er heute kommt, dass er diesen Job auch morgen noch so macht. Morgen ist übertrieben, aber Sie verstehen, was ich meine. Das ist in einem *Wandel* begriffen, und das heißt, hier muss der Generalist auch in der Lage sein, *flexibel und spontan* zu arbeiten. Und ich muss von jemandem erwarten, und ich sage es jetzt auch ganz deutlich, wenn ich heute eine Ausschreibung kriege, was ist heute? Freitag, die muss ich bis Dienstag abgeben, dann müssen wir halt am Montag und am Sonntag schaffen, dass wir das Ding hinkriegen und das wäre vor 10 Jahren bei 98% nicht [der Fall] gewesen, die hätten dann gesagt: mach ich nicht oder sehe ich nicht ein".

> Fr. Thallinger (Fachkraft/EH): „[...] die Mitarbeiter sollen *flexibel* sein, vielleicht auch mal eine Familienhilfe oder Erziehungsbeistandschaft übernehmen können oder mal eine ISE, aber das ist eigentlich bei uns, also bei uns im Team, überhaupt nicht das Problem, das haben wir von Anfang an schon gemacht".

> Fr. Ittner (Leitung/EH): „Also wenn ich zwei Herausforderungen benennen würde [...], würde ich sagen *Flexibilität*, als Begriff und meine damit das, was ich gesagt habe, wenn die Betreuungen kurzfristiger werden, wenn man stärker gucken muss, was braucht das einzelne Kind, der einzelne Jugendliche? Wie wird man dem gerecht?

---

[28] Fr. Michalski: „Die Kommunikation in Form von Dialog zwischen Vorgesetzten und Mitarbeitern, Fehlerkultur, dass die Menschen sich weiterentwickeln und von ihren Fehlern lernen können".

Dann ja, da braucht man immer eine Flexibilität zu sagen, ich biete nicht Standard-programm an, das machen alle, sondern die Bereitschaft, auch Lust daran zu haben, da neugierig drauf zu sein. Gleichzeitig aber auch Flexibilität im Sinne von dem, [...] also diese stärkere Geh-Struktur erfordert auch Flexibilität. Ich muss mich auf neue Si-tuationen einstellen, ich muss Interesse haben, aber auch Kompetenz haben, mich da zurecht zu finden und einen Plan zu entwickeln und ein Ziel zu verfolgen, ja, man muss kompetenter sein. Also zu wissen, wenn man kompetent so definiert, zu sagen, kompetente Mitarbeitende sind wichtig, die wissen, was sie können und dieses Wis-sen auch zur Verfügung stellen [...] mit Engagement einsetzen, das einfach so [lacht]".

Herr Xiller macht deutlich, dass Flexibilität im Arbeitsalltag auch durch die Bereitstellung entsprechender Strukturen gefördert werden müsse:

Hr. Xiller (Leitung/EH): „[...] und das ist für mich was gute Praxis ausmacht, dass der Fachdienst auch die Sicherheit hat und das Wissen hat, er kann hier *frei* beraten, der geht nicht mit irgendwelchen Vorgaben von Leitung rein, nach dem Motto, die Bera-tung muss das und das Ergebnis haben. Natürlich das Grundziel ist, dass der Fach-dienst die Teams so beraten muss, dass die ihre Arbeit optimal machen, aber da ist dann der Korridor offen. Was braucht er dafür, welche Schritte geht er dafür, die sind nicht vorgegeben, sondern da muss der Fachdienst die Sensibilität haben zu sehen, bei den Mitarbeitern ist das angesagt und bei anderen ist wieder das angesagt, bei dem nächsten Team ist es die Begleitung im Hilfeplangespräch bis hin zu Elternkontakt, um das neu zu strukturieren. Und das zu erkennen und relativ schnell umzusetzen das ist, was gute Praxis ausmacht. Und das ist das, wo ich gesagt habe, ich muss mei-nen Mitarbeitern ermöglichen, diese Flexibilität in den Strukturen zu haben und dann können Mitarbeiter auch diese Wahrnehmungsfähigkeit bei sich selber wach halten, weil sie merken: okay ich kann es auch umsetzen. Also das ist so ein Zusammenspiel, so stell ich mir das immer vor".

„Management des Überlebens": Projektmanagement, Sozialmanagement

Nicht nur für Fachkräfte in leitender Position nehmen (Projekt-) Mana-gementaufgaben zu und erfordern neue Kompetenzen. Während Frau Michalski in ihrer leitenden Funktion eines Migrationsdienstes von ei-nem notwendigen „Management des Überlebens" (im Sinne der Exis-tenzsicherung der Angebote) spricht, beschreibt sie auch für ihre Mitar-beiterinnen und Mitarbeiter eine Veränderung notwendiger Kompeten-zen in „Richtung Sozialmanagement" (s.o. Kap. 3.3.1):

Fr. Michalski (Leitung/JMD) [auf die Frage nach Einschränkungen in der Arbeit]: „[...]
Wir haben jetzt wirklich kurzfristig diesen ganzen Wechsel erlebt, da gibt es auch
dann kaum Möglichkeiten mittelfristig zu planen, geschweige denn langfristig. Und
daher entsteht auch diese doppelte Vorgehensweise, wo man sagt, ich sichere meine
Basisarbeit, egal was passiert und was auf uns kommt, das ist wichtig und dann rea-
giere ich schnell und spontan, [auf das] was kommt. Und das ist eher so: Management
des Überlebens".

Im Hinblick auf diese Position bzw. im Hinblick auf die Frage, was
„normale" Mitarbeiterinnen und Mitarbeiter können und wissen sollten,
werden allerdings durchaus unterschiedliche Positionen im Material
sichtbar: Während für Herrn Iglauer Transparenz gegenüber den Fachkräften auch in Finanzangelegenheiten wichtig ist und er davon ausgeht,
dass durch die Kenntnis über Finanzlagen eigenverantwortliches Arbeiten gefördert wird[29], hält Frau Nellinger hingegen bewusst Informationen
bezüglich der finanziellen Situation der Einrichtung vor ihren Mitarbeiterinnen und Mitarbeitern zurück, weil sie keine Unsicherheit erzeugen
will:

Hr. Iglauer (Leitung/JSA): „Das halte ich für elementar wichtig, dass die Mitarbeiter in
die *Finanzen Einblick* haben. Und zwar, dass da die höchst mögliche Transparenz hergestellt ist, weil [...] dann können sie auch mitdenken, wo die Geschäftsergebnisse-,
wie sie aussehen. Was ich auch erwarte in dem ganzen Bereich des Marketings, da
haben meine natürlich eine irre Freiheit. Die nützen die auch. Wir haben da sehr viele
Rückkopplungen, also sehr gute Verbindungen, also was hervorragend läuft. Das
heißt, da sind wir ja auch angewiesen, sehr viel Geld einzuwerben, um die Angebote
abzusichern".

Fr. Nellinger (Leitung/JBH): „Und dann sehe ich im Moment noch eine ganz große
Spannung zwischen: es ist von außen *unsicher*, mir dann aber auch überlege, wie viel
Sicherheit kann ich nach innen leben, weil das ist für meine Mitarbeiter total wichtig.
Unsere Stellen hier sind schon von Anfang an immer unsicher. Im Dezember weiß ich
nicht, wer hier im Januar noch arbeiten wird, einschließlich mir selber. Aber das er-
zähle ich doch meinen Leuten nicht. Da fällt mir dann schon was ein. Das ist mein Job

---

[29] Die Mitarbeiterin in einer Tagesgruppe, Frau Thallinger, möchte ebenfalls Einblicke in die
finanzielle Lage haben und hält es für notwendig den Überblick über die Finanzen zu be-
halten: „Fehler könnte man machen, dass man einfach das Finanzielle und Personelle nicht
wirklich richtig gut im Blick hat, also man muss das schon immer gut im Überblick haben,
wieviel Überstunden dürfen anfallen, um das ganze Jahr abzudecken".

zu gucken, dass die im Januar noch Arbeit haben und noch finanziert werden, das kann ich vorbereiten, da muss ich aber nicht dauernd irgendwie Unsicherheit produzieren, weil wenn ich mir überlege, wenn ich diese produziere, was immer mit Angst verbunden ist, wie arbeiten denn dann die Menschen?"

Während also die bisherigen Aspekte Fachkräfte in leitender und nichtleitender Position als Anforderung betreffen können, werden von den Interviewten auch exklusive Kompetenzanforderungen für Leitungskräfte beschrieben. Im Folgenden geht es darum.

Aspekte spezifischer Leitungskompetenzen

Trotz einiger Parallelen gibt es spezifische Aspekte, die von kompetenten Führungskräften erwartet werden oder jene von sich selber erwarten – Entscheidungsfähigkeit, Beratungskompetenzen, Kontrolle von Vereinbarungen, Grenzen verdeutlichen und Freiräume setzen, ermöglichen, dass Kompetenzen der anderen zum Tragen kommen können:

Hr. Schiller (Leitung/EH) [auf die Frage, was eine gute Führungskraft ausmacht]: „Eine gute Führungskraft? Ein Teil das, was ich vorher gesagt habe, immer wieder *ausbalancieren unterschiedlicher Interessenslagen*, reflektierte aber klare *Entscheidungen mit Entscheidungsbegründungen*, die auch nachvollziehbar sind".

Fr. Ittner (Leitung/EH): „Also was ganz häufig ist, ist tatsächlich so eine *beraterische Funktion*. [...] ein offenes Ohr haben, selber eine gute fachliche Basis haben, Routine haben, ja. Finden Gremien zuverlässig statt, kann ich mich darauf verlassen, dass da regelmäßiger Austausch ist. Das ist die eine Seite. Die andere Seite ist im Bereich der *Kontrolle*, das ist der, den ich immer nicht so arg liebe, wo ich weiß, den braucht es dazu auch, zu sagen, wir treffen Vereinbarungen, weil die klar sind, machen aus – im Rahmen von der Qualitätsentwicklung – dass zweimal im Jahr externe Fallberatung pro Fall stattfindet und dass die Erziehungsplanung, die ja Fortschreibung von der Hilfeplanung ist, überprüft wird".

Fr. Neumann (Leitung/Jugendwohnen): „Und pädagogische Kenntnisse jetzt eben mehr in *Führung von Mitarbeitern*, ich muss die Mitarbeiter motivieren können, ich muss sie anleiten können, ich muss ihnen eine lange Leine lassen, aber trotzdem gucken, dass sie sich in ihrem Rahmen bewegen. [...] Also auch erwachsene Menschen brauchen immer noch mal ihre Grenzen aufgezeigt und-, aber auch ihre Freiräume natürlich, wo jeder sich nach seinen Möglichkeiten entfalten kann".

Fr. Tannert (Leitung/ISE): „[...] meine Aufgabe als Führungsperson ist, erstmal zu gucken, dass diese *Fachkompetenzen*, die die Leute mitbringen, dass die optimal zum Einsatz gebracht werden, direkt in der Arbeit mit den Jugendlichen. Und das heißt für
mich, dass ich auf der Führungsebene, also Anleitung von Mitarbeitern, erkenne, wo
sind Stärken und Schwächen, wo muss ich intervenieren, [...] welche individuellen
Dinge muss ich tun, um den einen stärker zu unterstützen, den anderen ein bisschen
zurückzuholen [...], mit welcher Methode oder auf welchem Weg kann ich jemanden
dahin bringen, dass er seine Ressourcen wirklich optimal einsetzen kann. Und die soziale Kompetenz spielt auf das an, zum Beispiel was ich vorhin auch mit Fingerspitzengefühl in der Kooperation gemeint habe und das gehört genauso für mich in die
Leitungsebene rein. Per Dienstanweisung kann ich jemanden verpflichten, aber derje-
nige wird das dann tun, weil er es tun muss, nicht weil er selber die Zusammenhänge
versteht. Für mich gehört zur sozialen Kompetenz auch, Mitarbeiter dahin zu leiten,
dass sie selber einen Problemkomplex erkennen und selber an der Lösung mitstricken
und nicht nur Dinge tun, weil eine Vorgesetzte das gesagt hat, das heißt auch, ich
möchte es auch nicht als einen bestimmten Führungsstil benennen, es ist sicher kein
autoritärer und es ist kein laissez-faire. Es hat Elemente eher aus einem partizipativen
Führungsstil, aber der zielgerichtet und lösungsorientiert ist".

Darüber hinaus sollten Führungskräfte den Gesamtblick der Institution
nicht verlieren und immer neue Perspektiven entwickeln, so fordert auch
Frau Thallinger (Mitarbeiterin), dass Führungskräfte immer einen Schritt
voraus und somit innovativ sein sollten:

Fr. Thallinger (Fachkraft/EH) [auf die Frage, was eine gute Führungskraft ausmacht]:
„Naja, dass sie auch wirklich *abgeben* kann, denke ich, also dass sie *Vertrauen* haben
kann in ihr Team, [...] dass sie sich klar ist, was sie abgeben will und nicht abgeben
will. [...] Klarheit ist so wichtig. *Informationsfluss* ist immer im Argen, seit ich in der
Einrichtung bin, finde ich das einfach nicht gut, wie das läuft, aber ich wüsste auch
nicht, wie es besser laufen könnte. Weil ich hab gar nicht die Zeit, irgendwas zu lesen,
wenn was ankommen würde. Ich hab gar nicht die Zeit, noch irgendein Team zu machen und die Informationen zu kriegen, aber ich weiß, oft fehlen mir die Informationen und das ärgert mich dann. Ich hab keine Idee, ich denk ja, da müsste sich vielleicht auch die Bereichsleitung noch bewusster darüber sein, wer hat die Verantwortung, welche Informationen weiterzugeben. Ich kann nicht alles erfragen und mich
immer auf dem Laufenden halten, ich muss mich auch als Mitarbeiter drauf verlassen,
mein Bereichsleiter hält mich auf dem Laufenden, was wichtig ist für mich. Ein guter
Bereichsleiter oder gute Leiter, Führungskräfte auch Leiter, das ist ja bei uns nicht so
getrennt, muss wirklich auch sehr *innovativ mitdenken*, kann das nicht nur uns Mitarbeitern überlassen, dass wir vorne dran sind und wissen was gebraucht wird und
darum auch konzeptionell kämpfen und uns auseinandersetzen, sondern die müssen
da eigentlich mitarbeiten und eigentlich noch eher, noch einen Schritt weiter vorne

sein und uns, das ist vielleicht auch was, was ich manchmal vermisse, dass da *zu viel Angst* gerade da ist. Ich verstehe es, aber es ist trotzdem schade. Also das müssen Führungskräfte wissen, die müssen mir auch manchmal *sozialpolitische oder politische Themen weitergeben* oder Infos weitergeben, die ich mir nicht auch noch holen kann, [...] auf was ich da achten muss. Dann denk ich müssen die Führungskräfte auch die Arbeitsplätze mit den Mitarbeitern so definieren, [...] dass nicht die Leitung etwas ganz anderes will, wie eigentlich nachher die Mitarbeiter vor Ort und überhaupt auch das Leistungsprofil der Maßnahme, das muss einfach übereinstimmen, denk ich, für beide Seiten".

Die Leitungskräfte sehen sich in einer hohen Verantwortung zu entscheiden, welcher Grad an Selbstständigkeit Fachkräften ermöglicht wird und wie viel Unerstützung sie dabei erfahren. Sie gehen insbesondere mit dem Aspekt der Transparenz unterschiedlich um. Dass betriebswirtschaftliche Kenntnisse zunehmend wichtiger werden, gilt je nach Arbeitsbereich nicht nur für Führungskräfte. Auf der folgenden Ebene notwendiger Kompetenzen überwiegen wiederum die Gemeinsamkeiten zwischen Fachkräften in leitender und nicht-leitender Funktion.

4.3.3 Fähigkeiten im Hinblick auf Interaktionen mit externen Kooperationspartnern

Interaktionsprozesse mit externen Partnern und Partnerinnen beziehen sich wiederum auf die Wahrnehmung und Einschätzung von neuen Problemlagen und erfordern vor allem einen Blick fürs Gemeinwesen („gemeinwesenbezogen denken können", so Herr Kurz). Der Blick auf strukturelle Aspekte kann aber auch neue Handlungsmöglichkeiten sichtbar machen. Im Vordergrund der Beschreibung notwendiger Kompetenzen steht kommunikative Kompetenz, die sich einerseits auf die Darstellung der Arbeit bezieht (repräsentative Funktion) und andererseits auf Aushandlungsprozesse mit den jeweiligen Kooperationspartnern zur Herstellung einer gemeinsamen Arbeitsgrundlage. Interessant ist hierbei, dass diese Fähigkeiten für Fachkräfte in leitender und nicht-leitender Funktion gleichermaßen von Bedeutung sind.

Kommunikation und Repräsentation

In Interaktionen mit Verhandlungs- und Kooperationspartnern kommt es darauf an, Aushandlungen zu gestalten und Leistungen der Jugendhilfe auf das Wesentliche konzentriert vermitteln zu können. Dies macht exemplarisch Herr Schillers deutlich, dessen Antwort auf die Frage nach notwendigen Fähigkeiten bereits einen Anspruch beinhaltet, der mit den unterschiedenen Interaktionspartnern in Verbindung steht (vgl. Tabelle 3). Gemeint ist hiermit auch die Anforderung, sich gegenüber verschiedenen Personengruppen verständlich machen zu können im Sinne einer gelingenden Kommunikation, ein Changieren also zwischen unterschiedlichen Kommunikationskontexten. Dies führt Herr Kurz in folgender Passage auf die Frage nach Kompetenzanforderungen aus:

Hr. Kurz (Leitung/EH): „Für so einen Mitarbeiter? I: Für jemanden mit zwei Standbeinen" [Einzelfallhilfe & offene JA waren gemeint]: „Erstens braucht der ein von der *fachlichen Ausbildung* abgesehen, die natürlich gut sein muss, in der Regel eine *Zusatzausbildung in systemischem Arbeiten* und dann kommt es darauf an: Heute sind wirklich *medienpädagogische* oder *EDV-Kenntnisse* notwendig, weil die müssen *präsentieren im Gemeinderat, das heißt kommunikative Kompetenz,* die müssen mit den Kindern und Jugendlichen genauso reden können, wie mit Lehren, mit dem Bürgermeister oder Auftreten vor dem Gemeinderat. Die müssen pädagogisch-praktische Projekte durchführen, die müssen aber auch gemeinwesenbezogen denken können, also wirklich systemisch, oder in der Schule: Im System Schule arbeitet es sich anders als im System Familie etc. Es sind auf der einen Seite Allrounder und gleichzeitig je nachdem in bestimmten Bereichen auch Spezialisten, also so würde ich das mal umschreiben. Aber das zentrale Moment ist tatsächlich, die hohe kommunikative Kompetenz, die hat Repräsentationsfunktion, weil die Menschen, die vor Ort sind, die sind eigentlich unsere Öffentlichkeitsarbeiter".

Diese Position wird auch von Herrn Qvortrup (Streetworker) unterstrichen. Er macht in seinen Ausführungen deutlich, dass eine gute Außendarstellung auch erfordert, dass die internen Absprachen „klappen" und alle Beteiligten über das Notwendige informiert werden.

Hr. Qvortrup (Leitung/JSA): „Ja, ja. Also grundsätzlich muss Mobile Jugendarbeit, Jugendsozialarbeit sich in ihrer Kommune zum eigenen Chef machen. Die müssen auch die Freiheit dazu bekommen und die Freiheit haben, sehr eigenverantwortlich zu arbeiten und selber zu *Fachleuten auch für ihre Arbeit und ihre Kommune* werden. Das kann nicht jemand von außen oder aus einer Hierarchieebene heraus machen. Mein Beispiel dafür ist immer: Den Oberbürgermeister an der Supermarktkasse, den treffen die Streetworker vor Ort und nicht der Bereichsleiter, nicht der Koordinator oder wie auch immer. Und dann müssen die mit dem kommunizieren können und müssen die Frage beantworten können: Wie ist es denn gerade? Was geht denn gerade? Oder waren Sie schon da? Das kann nicht Leitung machen. Und diese Kompetenz und auch diese Freiheit zu sagen, wir lassen das jetzt mal zum Beispiel für ein halbes Jahr, aus den und den Gründen, einfach Mal ein bisschen reduzieren in dem Bereich, weil uns ist gerade zum Beispiel wichtig, in dem und dem Stadtteil müssen wir jetzt mehr tun, ja. Und das muss *transparent sein, das muss nach oben kommuniziert werden*, natürlich auch begründet werden, also nicht dass das so beliebig wird, aber ansonsten sind die Mitarbeiter vor Ort die Fachleute und die entscheiden das und die haben das zu entscheiden. Und diese Entscheidungsfreiheit, die muss Leitung auch zugestehen und eigentlich den Leuten auch Mut machen, so auch zu agieren.

Was ist dann Leitungspart? Leitungspart ist in erster Linie *fit zu machen, das sich zuzutrauen, fit zu machen vor allen Dingen in Bereich Öffentlichkeitsarbeit*, weil das ist das Wesentliche, im Gemeinderat [...] wollen die ihre Streetworker, die sie bezahlen, die wollen sie da sehen und berichten hören und nicht von der Leitungsebene, das interessiert die nicht. Die wollen wissen, was ihre Leute mit ihren Jugendlichen in ihrer Stadt machen. Also müssen die da selber auch befähigt werden, das entsprechend zu berichten, das entsprechend zu verfassen. Und da kann man unterstützen, beraten, Tipps geben. Auch Pressearbeit ist ihre eigene Baustelle. Also halte ich für was Wesentliches, dass es keine Pressegenehmigungsgeschichten gibt, also dass erst Mal so freigezeichnet werden muss, da müssen die selber das Gefühl bekommen und haben, das ist gut. [...] Aber, Leitung muss sich drauf verlassen können, dass sehr, sehr gut informiert wird. Weil auch Leitung trifft dann Mal den Oberbürgermeister oder den Leiter der Außenstelle vom Jugendamt auf irgendeiner Tagung oder bei irgendwelchen Gelegenheiten. [...] Das heißt, man ist auch angewiesen und das muss man als Leitung auch einfordern diese Informationspflicht, also die Mitarbeiter haben Informationspflicht, ja ganz wichtig".

Da Jugendliche in unserer Gesellschaft immer mehr aus dem Blick geraten – so die Einschätzung von Frau Nellinger – müssen Fachkräfte über die Darstellung der eigenen Arbeit hinaus, gezielt Öffentlichkeitsarbeit leisten und auf die schwierigen Lebenslagen von Jugendlichen aufmerksam machen.

Fr. Nellinger (Leitung/JBH): „Man braucht erst mal die Fähigkeit, das erkennen zu wollen, genau hingucken zu wollen. Ich behaupte, dass viele Pädagogen sehr wohl wissen, warum sie nicht genau hingucken oder auch Politiker, weil, man muss es auch aushalten. Also die Geschichten, die dann auf einen einströmen mit wirklich ganz schrecklichen Erlebnissen, die viele junge Menschen haben, die wir auch gar nicht nachvollziehen können mit unserer Mittelschichtsbrille, die wir ja trotz allem aufhaben. Das muss man erst mal aushalten. Und dann finde ich, braucht man soviel Mut, das auch *in Arbeitskreise zu tragen*, auch wenn man weiß, man schwimmt jetzt völlig gegen den Strom".

Aushandlungs- und Kompromissfähigkeit

Nach Außen muss die Einrichtung sich darstellen und präsentieren können (*Öffentlichkeitsarbeit*), sie muss in diesen Interaktionen aber auch klare Positionen beziehen. Dies ist ein weiterer Aspekt, der von den Beteiligten in ihrer Außendarstellung Klarheit und Standfestigkeit in ihren Positionen erfordert:

> Fr. Thallinger (Fachkraft/EH): „Ja, ich denk ja, man muss sich trauen in der Öffentlichkeit auftreten zu können, also man muss sich da in irgendeiner Form verorten können und auch was zu sagen haben".

> Fr. Thallinger (Fachkraft/EH): „Man kann vielleicht zu voreilig reagieren, also zu viel versprechen. Da merk ich auch, die Schulen, die sind wie Schwämme oder noch mehr wie Schwämme, die könnten alles brauchen und nichts dafür bezahlen müssen, ist ja klar. Und da muss man sich auch immer, da muss man immer sehr vorsichtig sein, wie weit man sich aus dem Fenster lehnt und was man verspricht".

Die Fähigkeit, einen klaren Standpunkt zu beziehen, wird sowohl von Führungskräften als auch von Mitarbeiterinnen und Mitarbeitern als wichtig im Bereich der Interaktion nach Außen hervorgehoben. Den eigenen Standpunkt zu kennen, ist Voraussetzung für gelingende Kooperationen, die sowohl von Mitarbeiterinnen und Mitarbeitern wie von Führungskräften als notwendig erachtet werden. In Kooperationen müssen Kompromisse eingegangen werden, aber nur dort, wo sie nötig und möglich erscheinen, nicht dort, wo man seinen eigenen Standpunkt gleichsam „hintergehen" würde. Herr Iglauer illustriert dies in folgender Passage an jeweils einem Beispiel und unterstreicht damit die notwendige Fähigkeit zu Kompromissbildungen:

Hr. Iglauer (Leitung/JSA): „Sie müssen heute in unterschiedlichen Systemen zu Hause sein. Es bringt mir ja nichts, wenn ich einen habe, der sagt ich habe keinen Bock mit Lehrern zu reden, weil die mir selber immer so grün oder so komisch sind. Der hat dann niemals die Kompetenzen in der Schule zu arbeiten zum Beispiel. Also wir haben mal einen Fall gehabt, da war eine Schulleiterin, da hat [der entsprechende Kollege] keinen Fuß in die Tür gekriegt. Warum? Weil der eine Latzhose getragen hat und lange Haare hatte. Und das war für die ein rotes Tuch, das war für die besetzt mit was weiß ich was. Aber die konnte seine Qualitäten nicht mehr sehen. Dann habe ich irgendwann zu ihm gesagt: Du, Du musst halt-... Warum soll ich das machen, sagt der dann. Brauchst das auch nicht machen, aber dann bist Du in der Schule nicht mehr einsetzbar. [...] Jetzt kann man natürlich die Diskussion führen, ja muss ich jetzt nachgeben oder die? Das ist dann die Frage. Und diese Diskussion die führe ich oft. Die führt man mit Jugendlichen täglich, wenn man eigene Kinder hat führt man sie auch oft, die führe ich selber mit mir, die führe ich mit allen Menschen. Und diese Frage, die wird auch im beruflichen Alltag oft relevant. I: Also die Frage der Kompromissbildung oder wie würden Sie das zuspitzen? Hr. Iglauer: *Wie kommen wir zu Kompromissen, wie faul sind die Kompromisse* oder sagen wir es anders herum, wie tragfähig sind sie dann. Dann die Frage, wo muss ich nachgeben, wo muss ich aber in meiner Haltung bleiben, wo muss ich meine Haltung auch so zeigen, dass sie nicht mehr verhandelbar ist. Und das ist für mich ganz arg wichtig.
Ich habe jetzt zum Beispiel einen Fall gehabt, in einem Stadtteil gab es eine Auseinandersetzung, da gab es dann letztendlich die Konfrontation mit der Polizei und auch nachher mit der Staatsanwaltschaft, wo es darum ging, ob Mitarbeiter von mir als Zeugen aussagen müssen, ja oder nein. Wo ich dann sage, das darf nicht sein. [...] ich habe [zu den „Ober-Chefs" gesagt]: Leute, ihr zwingt mich dazu, wirklich bis zum Äußersten zu gehen, eure Positionen werde ich niemals akzeptieren, wenn ich die akzeptiere, dann brauche ich hier nicht mehr meine Leute hinschicken. Denen war es ganz unangenehm, aber dieses Ding ist nachher so ausgegangen, dass man einen Kompromiss gefunden hat, der diese Gesichtswahrungsgeschichte beinhaltet hat, ermöglicht hat. Aber das war nur möglich durch eine harte *konsequente Haltung*. Also anders wäre das nicht gegangen. Also dieses Ausloten und wo kann ich auch einen Konflikt zum Beispiel *entemotionalisieren* und den auf eine andere Ebene bringen. Also das ist zum Beispiel was, was ich von Jungen, Neuen gar nicht erwarte, wenn jemand engagiert ist."

Zusammenfassend: Nach Außen soll die Einrichtung präsentiert werden. Mit kommunikativer und strategischer Kompetenz soll der Umgang mit Konkurrenz, die Kooperationen im Sozialraum gestaltet werden. Der eigene Standpunkt darf nicht aus dem Blick verloren gehen, auch im Hinblick auf mögliche finanzielle Förderungen.

4.4 Notwendiges Wissen von Jugendhilfefachkräften

Wissen in Bezug auf die Ausübung sozialpädagogischer Berufe theoretisch zu bestimmen, wäre ein Unternehmen für sich und ist an dieser Stelle nicht sinnvoll. Deshalb soll als Ausgangspunkt ein pragmatischer Begriff von Wissen verwendet werden, der Wissen als ‚geordnete Information' begreift, die handlungsleitend wirkt und die die Fachkräfte als solche benennen können. Die Variationsbreite darin enthaltener Wissensformen ist bereits ein Teilergebnis im Zusammenhang von ‚Kompetenz und Wissen' – welches Wissen ist aus Sicht der Befragten notwendig, um kompetent zu handeln?

Insgesamt betrachtet wird Wissen von beiden befragten Gruppen (Fachkräften in leitender und nicht-leitender Funktion) als bedeutende Komponente für kompetentes Handeln begriffen. Die berufliche Ausbildung wird als Basis für die Aneignung von fachlichem Wissen angegeben, wenn auch nicht als alleiniger Ort. In der Ausbildung erworbenes Wissen wird gemeinhin als „Grundwissen" über das bzw. als „Grundverständnis" vom Handlungsfeld gedacht. Für eine erfolgreiche Bewältigung beruflicher Aufgaben ist dieses zu ergänzen, so der Tenor beider befragter Gruppen. Die Ausbildung von Fachlichkeit durch den Umgang mit (fachlichem) Wissen ist also mehr eine Sache, die sich im beruflichen Handeln parallel realisiert, als dass sie durch eine Ausbildung vorpräpariert werden könnte. Eine formale Differenzierung der insgesamt angeführten Wissensinhalte belegt dies (s.u.).

Generell zeigt sich, dass Wissensinhalte in Relation zum jeweiligen Handlungsfeld stehen. So werden von Fachkräften, die in der Jugendberufshilfe tätig sind, andere Kenntnisse als relevant herausgestellt als von Fachkräften in der stationären Erziehungshilfe. Die genannten Wissensinhalte beziehen sich auf

- Kenntnisse über z.B. kommunale Strukturen, Verwaltungsvorgänge, Verläufe psychischer Krankheiten (Überblick- bzw. Strukturwissen),
- die Übertragung von allgemeingültigen Sachverhalten auf die jeweils konkreten Situationen bzw. Adressaten (Adressatenwissen: z.B. Diagnostik, Rechtsberatung),

- Methoden und Verfahren im Sinne der Anwendbarkeit (Handlungswissen: z.B. Personalführung, betriebswirtschaftliche Berechnungen, Wissensaneignung), sowie
- die Auswertung von (Lebens-) Erfahrungen.

Die unterschiedenen Bereiche können sich in den Antworten der Fachkräfte überschneiden. Der vierte Bereich wird weniger ausführlich und nur von einzelnen Fachkräfte betrachtet. Im Folgenden werden sie jeweils an einem Beispiel verdeutlicht.

Kenntnisse und Überblickswissen

> Hr. Qvortrup (Leitung/JSA): „Mobile Jugendarbeit, Jugendsozialarbeit hat immer extrem vernetzt zu sein, sprich, die müssen eigentlich Kolleginnen, das *soziale Netzwerk* absolut kennen, die müssen da absolut fit sein. Die müssen die Zeit haben und das auch tun, an den entsprechenden Gremien teilzunehmen, die der Vernetzung oder der Gemeinwesenorientierung dienen, sehr wichtig. Sie müssen erweitert darüber hinaus, außer den Klassikern, wie Stadtteilrunden oder so was, ein Wissen mitbringen, das dann über diesen direkten sozialen Bereich hinausgeht, wie zum Beispiel: Wer macht in meiner Kommune Sozialpolitik? Wie heißen die Richter am Amtsgericht, die die meisten Jugendsachen verhandeln? [...] Also ein ganz, ganz breites Spektrum an Wissen, an Adressdatenbank sozusagen, so dass für alle Notwendigkeiten und alle Fragen eigentlich entsprechend, die nicht selber beantwortet werden können und die nicht selber gelöst werden können, an die kompetenten richtigen Menschen weitervermittelt werden kann".

Überblickswissen ist dynamisches Wissen.[30] Es ermöglicht einer Fachkraft, sich selbst als Teil einer Gesamtstruktur begreifen zu können (Kontext- und Strukturwissen), sei es, wie in obigem Beispiel, mit Bezug auf die Kommune, mit Bezug auf die Organisation oder auch mit Bezug auf

---

[30] Ein weiters Beispiel dafür liefert Herr Carl (Fachkraft/JBH): „[...] man muss sich einen sehr detaillierten Überblick verschaffen über die Jugendberufshilfelandschaft [...] und da ändert sich ständig was, und ich bin überzeugt, wenn man da ein Jahr Pause machen würde, nach einem Jahr wäre nichts mehr so, wie es war. Was jetzt gut ist, sind auch die Gesetze, das hat ja auch Einfluss auf die Einrichtungen, die sich da anpassen müssen, aber das ist so das, was man dringend lernen muss und was ganz wichtig ist. Fr Urban: Und den Arbeitsmarkt".

aktuelle fachliche Diskurse (vgl. Zwölfter Kinder- und Jugendbericht). Die jeweilige Gesamtstruktur ist sozial und kulturell geprägt und daher potenziell von Veränderungen betroffen. Neben Personenkenntnissen spielen soziale Regeln eine Rolle, deren Kenntnis ('Insider-Wissen') erweiternde Bezugnahmen ermöglichen. Im Beispiel wird deutlich, dass die angesprochenen Kenntnisse strategisch wichtig sind, um sich kompetent 'ins Spiel bringen' zu können. Speziell leitende Fachkräfte betonen zusätzlich ein notwendiges Wissen der sozialpädagogischen Fachkräfte über organisationsinternen Strukturen, Absprachen und Grundprinzipien, die als Orientierung für die Arbeit dienen.[31]

Übertragbares Wissen und Erklärungswissen

> Hr. Sommerfeld (Fachkraft/SpFH): „Man muss ein *Spezialist im Allgemeinen* bleiben: Also ich kann mich nicht ausbilden zu einem Drogenberater [...] ich muss Dinge wissen über Sucht und ich muss genauso Dinge wissen über die Entwicklungsphasen von Kindern aus der Entwicklungspsychologie, ich muss soziologische Zusammenhänge wissen, wenn es Eltern schlecht geht, weil sie arbeitslos sind, dass das auch einfach ein strukturelles Problem ist und nicht die Schuld des Einzelnen und trotzdem muss ich wissen aus der Individualpsychologie, der Vater hat Möglichkeiten einen Job zu finden, weil er selbstverantwortlich ist und weil er selbst Fähigkeiten mitbringt, oder weil er Dinge hat, die ihn hindern einen Job zu finden, an denen man arbeiten muss. Diesen *Spagat zwischen gesellschaftlichen Bedingungen und individuellen Themen.* Dann das System Familie zu verstehen, wenn ich eine Suchtfamilie jetzt noch einmal nehme von eben: Warum funktionieren manche Kinder so und andere Kinder anders, also wie sind die da auch eingebunden in Ko-Abhängigkeiten. Ich muss Dinge wissen über das Thema ADS, über verschiedene psychische Erkrankungen, wenn Eltern psychisch krank sind, welche Auswirkungen hat es auf die Kinder".

Mit diesem Bereich von Wissen ist die Theorie-Praxis-Frage angesprochen. Das Beispiel ist typisch, weil es den „Überschuss" an allgemeinem Wissen – hier im Bereich der Soziologie und Psychologie – als wichtig

---

[31] Wenn Frau Pauli einwirft, sie müsse in der Arbeit mit migrationserfahrenen Mädchen darüber Bescheid wissen, „wo ein Bürgerkrieg gerade ist oder wer gerade wen bekämpft" und davon die Notwendigkeit abgrenzt, zu „lernen, wie jetzt die indische, italienische Kultur" beschaffen ist, dann trifft sie damit zugleich eine Entscheidung, welche Art von Überblick sie sich verschaffen will.

herausstellt.[32] „Spezialist im Allgemeinen" bedeutet allgemeingültige Zusammenhänge auf den Einzelfall zu überprüfen und übertragen und diesen somit erklären zu können. In diesem Sinne ist es ‚Adressatenwissen'.
Es klärt die Praxis auf, indem es „Spielräume" im Handeln erkennbar
macht. „Theorien zur Verfügung (zu) haben" (Fr. Ittner) stellt auch eine
Referenz dafür dar, Interventionen zu planen und zu evaluieren.

Methoden-Know-How

> Fr. Tannert (Leitung/ISE): „Wissen im Sinne von Wissen-Wollen, sich schlau machen,
> je nach Bedarf mir ein Netzwerk von Leuten zusammenzuholen, um gemeinsam eine
> Lösung zu stricken, in diesem Sinne ist es sehr, sehr wichtig. Aber nur, dass jemand
> besonders viel Wissen angehäuft hat, das nützt für die pädagogische Arbeit nicht nur.
> [...] Wissen kann ich mir zusammenholen und ich muss es auch. Also gerade in mei-
> nem Bereich sind oft die Dinge so individuell und *wir versuchen auch eine individuelle
> Lösung* zu finden, welcher Betreuer mit welchem Umfang, welche Teilleistungen, da-
> mit es für diesen Jugendlichen passt. Und da kommen wir auch ohne das Wissen von
> einem Psychologen, von einem Kinder- und Jugendpsychiater, vom Fachdienst, vom
> Supervisor gar nicht aus. Und erst wenn die zusammen ihr Wissen in einen Topf wer-
> fen, dann kommen auch so die Ideen: Ja genau, wenn wir es so machen, dann haben
> wir eine Hypothese, so kann es gehen mit dem Jugendlichen, so könnten wir weiter-
> kommen".

Wissen, wie ein Prozess gestaltet werden kann, betont das Interesse an
bzw. die Notwendigkeit von systematischen Vorgehensweisen. Methoden zieladäquat anwenden zu können bedeutet jedoch nicht, ‚verregelt'
vorzugehen. Als ‚Handlungswissen' ist es allgemeiner zu verstehen. Das
Beispiel ist aus zwei Gründen typisch: Erstens macht es deutlich, dass
auch offene und aus der Praxis heraus entstandene Verfahren – im obi-
gen Zitat sind dies interdisziplinäre Fallbesprechungen – eine Rolle spielen und zweitens beinhaltet es einen Anwendungsbereich, der häufig
Thema ist: Aneignung von Wissen als kontinuierlicher Prozess. Nicht in

---

[32] Allerdings, so macht Frau Meyer deutlich, braucht es diesbezüglich weiteres: „Also dieser
Punkt Recht und Verwaltung ist jetzt aus meinem eigenen Empfinden heraus, ist bei mir in
der Ausbildung zu kurz gekommen. Ich habe so mehr diese Schwerpunkte, vielleicht Jugendarbeit, Pädagogik, Psychologie".

gleicher Weise selbstverständlich, wie die stete Erweiterung v.a. methodischen Wissens ist die Weitergabe eigenen Wissens. Die Aussage von Frau Ittner nimmt insofern eine Sonderstellung ein.

> Fr. Ittner (Leitung/EH): „[...] zu wissen – wenn man kompetent so definiert –, zu sagen, kompetente Mitarbeitende sind wichtig, die wissen, *was sie können* und dieses Wissen auch zur Verfügung stellen, mit Engagement einsetzen".

Ähnlich wie bei den Mitarbeiterinnen und Mitarbeitern wird auch bei Führungskräften die interne Absprache und die Grundprinzipien der Einrichtung als zentrale Wissensbestände der Arbeit thematisiert. Wissen über Finanzen und betriebswirtschaftliches Know-How werden von einigen Führungskräften als sehr bedeutend herausgestellt. Pädagogisches Fachwissen haben die Mitarbeiterinnen und Mitarbeiter und müsse von den Führungskräften nicht unbedingt gedoppelt werden, dennoch seien pädagogische Grundkenntnisse hilfreich. Die Mitarbeiterinnen und Mitarbeiter müssen angeleitet und motiviert werden, dazu ist Wissen über Mitarbeiterführung erforderlich.

Auswertung von (Lebens-) Erfahrungen

> Fr. Tross (Leitung/EH) [auf die Frage nach notwendigem Wissen]: „Ja gut, *fachliches Wissen*, also einfach, was ist so Stand der Pädagogik, also man sollte dann schon immer mal ein bisschen lesen, was so gängige Jugendhilfepraxis ist, wie geht man mit bestimmten Schwierigkeiten um, [...]. *Lebenserfahrung*, halte ich für sehr wichtig, auch für die Mitarbeiter, eine klare Grundhaltung so über die eigene Lebensweise. Also diese Mitarbeiter jetzt als Vorbild, dass sie eine sehr klare Vorstellung von ihrer eigenen Lebensweise haben und dass sie dazu auch stehen können und den Kindern auch klar sagen können, das halte ich für wichtig, weil und ich bin zutiefst davon überzeugt weil-, und das nicht nur sagen, sondern auch wirklich so leben".

Die Auswertung von Erfahrungen bzw. Erfahrungswissen wird von den befragten Fachkräften heterogen eingeschätzt. Im Beispiel wird es als Vorbild-Funktion in der Beziehung zwischen Heranwachsenden und Erwachsenen thematisiert. Eine gefestigte Persönlichkeit als Gegenüber, die authentisch und nicht nur in einem professionellen Rollenmuster a-

giert, kann für Mädchen und Jungen bereichernd sein. „Immer gleich zu
sein" – im Sinne von aufgebauten Handlungsroutinen – wird jedoch auch
als durch (berufliches) Erfahrungswissen bedingte Gefahr angesehen.
Negativ kann es sich beispielsweise auf eine notwendige Unvoreinge-
nommenheit gegenüber Jugendlichen auswirken, weil Erfahrungen auch
zu Typisierungen im Erstkontakt verleiten. Als „Handlungswissen" ist es
deshalb zu reflektieren. Der Familienhelfer Ulrich Sommerfeld problematisiert in diesem Zusammenhang, dass seine Erfahrungen sich tendenziell einseitig zusammensetzen würden, da „eindeutige Rückmeldun-
gen" durch die Adressaten ausbleiben. Insofern versucht er, Wissen über
sich und seinen Arbeitsstil über den Umweg von Videoaufnahmen zu
gewinnen, die subjektiv weniger verzerrt sind, wenn er sie mit Kollegen
bespricht.[33]

Die befragten Fachkräfte schildern also insgesamt betrachtet Facetten
einer dynamischen Wissensbasis, die permanent überholt und ergänzt
wird bzw. werden sollte. Sie können sich auf ursprünglich erworbenen
Wissensbeständen nicht ‚ausruhen', da Wissen viele intendierte und neue
Prozesse betrifft, die nicht ausschließlich aus bestehendem Wissen sinnvoll gestaltet werden können. Leitende Fachkräfte antworten auf die Fragen nach dem Wissen der sozialpädagogischen Fachkräfte deswegen mitunter in einer interessanten Alternative. So z.B. Frau Michalski, die nach
einer Kann-Aufzählung von Wissensbereichen die Reihe folgendermaßen
abschließt: „Aber wichtig ist, dass die Menschen offen sind, sich
weiterzubilden". Damit ist zugleich eine persönliche Haltung angesprochen, die den Erwerb von Wissen betrifft, jedoch darüber hinaus-
geht.

---

[33] Interessant ist in diesem Kontext die Aussage von Frau Ulmann (Leitung/BJW), die „Lebenserfahrung" sowohl als Basis für die Reflexion unmittelbarer Eindrücke als auch eines
für Adressaten ‚brauchbaren' standfesten Gegenübers thematisiert: „Dann, ja vom Alter her
melden uns unsere jungen Leute zurück, [...] sie haben so das Gefühl, das hält die Person
nicht aus, oder sie hat auch selber noch nicht so die Lebenserfahrung und ihr kann ich das
jetzt nicht zumuten, ob sie das mittragen kann. Und ganz oft auch so dieses, wenn so ein
bisschen mehr Distanz ist vom Lebensalter her, tun sie sich einfacher damit, sich einzulassen unter dem Erfahrungsaspekt".

4.5 Selbstgestaltete Arbeits-, Reflexions- und Weiterbildungsprozesse

Antworten auf die Frage nach Fähigkeiten und guter Praxis verweisen darüber hinaus auf Anforderungen der Selbstorganisation bzw. der eigenständigen Strukturierung notwendiger Arbeitsvollzüge (1.), der notwendigen Verantwortungsübernahme für eigene fachliche Weiterbildungsprozesse (2.) sowie auf einen verantwortungsvollen Umgang mit möglichen Fehlerquellen in der täglichen Arbeit (3.). Darin liegen Kernelemente einer notwendigen *selbstorganisierten Reflexivität*, die im Folgenden illustriert werden.

4.5.1 Selbstorganisation und Strukturierung

Die Bewältigung der täglichen Aufgaben selbst zu strukturieren stellt in vielen Bereichen eine ebenso wichtige Fähigkeit dar, wie die Anforderung, sich in bestehende Strukturen einzufinden. Die Fachkräfte betonen den Kompetenzaspekt, selbstständig zu arbeiten bzw. die notwendige Selbstorganisation (Hr. Sommerfeld). Dazu müssen Strukturen geschaffen werden („Geländerarbeit"), die den Mitarbeiterinnen und Mitarbeitern Freiräume ermöglichen, die sie gestalten und nutzen können. Dies erfordert die Wahrnehmung der eigenen Ressourcen, Möglichkeiten und Grenzen. Dazu einige Illustrationen:

Hr. Sommerfeld (Fachkraft/SpFH): „Man muss also auch zu einer Mutter sagen: Es tut mir leid, ich kann Ihnen bis fünf Uhr einen Termin anbieten und nach fünf biete ich Ihnen an diesem Tag nichts mehr an. Wenn Sie da keine Zeit haben, dann müssen Sie vielleicht Ihre eigenen Termine verschieben. Und diese Auseinandersetzung, um die muss man wissen und die muss man führen. Und auch gucken, dass man sie so führt, dass – also eine win-win-Strategie – jeder irgendwie zufrieden ist. Und wenn nicht, dann muss vielleicht der Andere den Kürzeren ziehen und nicht man selbst. Also das ist glaube ich schon eine wichtige Kompetenz auch".

Fr. Ittner (Leitung/EH): „[...] diese *Eigenverantwortlichkeit*, das finde ich schon den zentralen Punkt. Also ob alle, so wie ich sagen würden, ich habe die Prozesse mitgestaltet, würde ich bezweifeln, aber ich persönlich halte es für den zentralsten Punkt, auch für die zentralste Kompetenz von Menschen, die mit Kinder und Jugendlichen arbeiten, zu sagen, die müssen sich selber *wirksam erleben*, damit sie diese Selbstwirksamkeit auch weitervermitteln können. Das, was man früher in dieser ganzen Schlüsselqualifikationsdiskussion verfolgt hat: Wenn ich mich selber nicht selbstwirksam erlebe, werde ich dich nicht motivieren können, das selber für dich so zu gestalten".

Ein zentrales Element notwendiger Selbstorganisation besteht aber auch darin, dass in Interaktionssituationen immer wieder spontan zwischen verschiedenen Verhaltensoptionen entschieden werden muss. Dies bestätigt sich insbesondere darin, dass die interviewten Profis „widersprüchliche" Anforderungen thematisieren – so bspw. Frau Thallinger, die in der Tagesgruppe zwischen Bedürfnissen einzelner Kinder, aber auch der gesamten Gruppe changieren muss. In folgendem Zitat erinnert sie an weitere, häufig parallel stattfindende Anforderungen, die insbesondere eine Fähigkeit zur Strukturierung, damit zusammenhängend allerdings auch zur Entscheidungsfähigkeit (was Priorität hat) sowie Wachsamkeit und Präsenz voraussetzen:

Fr. Thallinger (Fachkraft/EH): „Also in unserer Tagesgruppe muss man auf jeden Fall sehr spontan sein, also ich denke auch, je älter die Kinder werden, um so spontaner muss man sein, weil diese Null-Bock-Jugendlichen, die können beim Mittagessen sagen: Ich möchte nachher was kochen. Und wenn man dann nachher kochen will, dann haben sie keinen Bock und dann kann man sich auf die Hinterfüße stellen, man kann sagen: aber dienstags kochen wir und das ist denen einfach egal und das heißt, man muss so spontan sein, dass wenn die dann nachher kochen wollen, dass man das irgendwie auf die Reihe kriegt, dass man das dann auch hinkriegt, also dass man das wirklich auch nützt, das zu organisieren, weil wenn ich dann sage: Heute geht's nicht, sondern wir machen es morgen, dann ist morgen dasselbe Problem. Das gehört auch dazu, dass die das lernen, dass sie das planen, dass man Freizeit plant, das ist keine Frage, wir können nicht immer alles verwirklichen, was die jetzt in der nächsten Sekunde wollen. Aber man muss schon unglaublich spontan und flexibel sein und auch kreativ mit dem Material, was man da vorfindet, [...] mit den Bedingungen, dass man alleine da ist und sich eigentlich mit zwei allein beschäftigen sollte, aber trotzdem noch den Überblick für die anderen vier hat oder so. Also das ist einfach auch noch mal so eine Kompetenz und dann klingelt das Telefon und dann muss man da noch mal geschwind was ganz anderes beantworten und dann muss man wieder zurück und dann hat man aber die auch noch im Blickfeld, was machen die, bauen die irgendein Scheiß, also [...]. Ja, man muss wirklich auf vielen verschiedenen Ebenen springen können [...] oder es kommen Eltern und man muss halt manchmal auch eine halbe Stunde länger bleiben, das kommt einfach sehr oft vor, also, nicht für alle Mitarbeiter gleich, aber es kommt sehr oft vor, dass man die Arbeitszeit flexibel halten muss. [...] Ja, ich denke, da müsste man [...] sich trauen in der Öffentlichkeit auftreten zu können, also man muss sich da in irgendeiner Form verorten können und auch was zu sagen haben, man muss konzeptionell mitdenken können in unserer Arbeit, konzeptionell auch in vielen Bereichen, was jetzt wirklich so Tagesgruppe anbelangt, Mädchen- Jungen-, Elternarbeit, Kontakt mit den Lehrern, schulische Situation, also auf vielen, vielen Ebenen muss man kompetent sein oder muss man zumindest wach sein und das aufnehmen, was man so bekommen kann, man kann sich nicht in alles wirklich vertiefen, das geht nicht. Aber man muss sehr wach sein und sehr präsent sein".

Professionelle Kompetenz bedeutet also je nach Kontext angemessene Handlungsformen, die zwischen folgenden Polen (die im Material an verschiedenen Stellen thematisiert werden) liegen können, zu wählen und zu begründen:

Tabelle 4: Entscheidungen für die jeweilige Handlungsform begründen können

Flexibel arbeiten................................	....................................Strukturiert arbeiten
„Mutter-/Vaterangebot"........................	....................................Professionelle Distanz
Sich auf einzelne einlassen....................	............Gruppe nicht aus dem Blick verlieren
Lösungen der Jugendlichen akzeptieren........	....................................Jugendliche lenken
Kompromisse eingehen..........................	.... Standpunkte behalten
Freiräume geben................................	....................................Mut zur Führung

4.5.2 Selbstbildung und selbstorganisierte Weiterbildung

Im Kontext der Frage nach notwendigen Fähigkeiten wird von verschiedenen Fachkräften auf die zwingende Notwendigkeit verwiesen, Interesse und Bereitschaft zur eigener Weiterentwicklung, als eine Kompetenz zum selbstgesteuerten Kompetenzerwerb zu entwickeln und zwar ausgehend von einer Wahrnehmung eigener Grenzen und Qualifizierungsbedarfe sowie ausgehend von den Anforderungen des Arbeitsfeldes. Einige Beispiele dazu:

I: „Jetzt springen wir nochmal eher zu Ihnen als Person, was waren in ihrer ganz persönlichen beruflichen Entwicklung wichtige Faktoren zur Entwicklung von ihrer Kompetenz?
Hr. Schiller (Leitung/EH): Also ich bin eigentlich so in meiner Entwicklung immer auf dem Stand gewesen, ich bin nicht fertig mit *dazu-lernen*, sondern das macht mir Spaß und Freude, mich mit neuen Dingen zu beschäftigen oder auch mit bestimmten Themen intensiver zu beschäftigen, egal wo ich jetzt gearbeitet habe".

I: „Und nach einem Jahr, wenn Sie sagen, jetzt haben wir den fit gemacht, den Mitarbeiter, wie kann ich mir den dann vorstellen?
Hr. Iglauer (Leitung/JSA): Sie können sich den dann so vorstellen – und so wünsche ich es mir eigentlich – dass er immer, wenn er was nicht weiß oder wo er ein Problem hat, dass er dann anruft oder mal *fragt* oder sich Wege sucht, wie er sich das erarbeitet. Wenn er immer meint, er muss das selber machen, dann wäre es ein Fehler".

Hr. Xiller (Leitung/EH): „Das heißt, ich brauche Mitarbeiter, *die gierig sind, sich beruflich weiterzuentwickeln*, die sich auch Herausforderungen stellen, [...] *Lebenslanges Lernen*, die sich dem stellen und zwar ganz genau wissen, ich mach zwar mit 20, 25 meinen Berufsabschluss und habe da eine gewisse Grundfertigkeit bekommen [...] Und da muss klar sein von Anfang an, wo brauche ich Aufrüstung, wo brauche ich Weiterbildung, wo brauche ich Fortbildung. Ist es in dem Bereich, habe ich eine berufliche Neigung, dass ich sage, okay, ich gehe in das berufliche Profilingsystem rein, ich setze mich auseinander mit dem, was heißt arbeiten bis dahin, dass ich vielleicht als Jugend- und Heimerzieher anfange und zum Schluss in einer Jugendwerkstatt arbeite und auch diesen Weg dann mitgehen kann, bis dahin, dass beschriebener Theaterpädagoge, der vielleicht dann in so einer Ganztagesschulform später da seinen Arbeitsplatz findet. Ein Sozialpädagoge, der als Fachdienst bei uns anfängt, endet vielleicht als Elterngruppentrainer, mit spezifischen Trainingsangeboten für Eltern, um Elternkompetenz zu stärken. Also da auch wirklich diese Kreativität im Kopf immer mitzudenken und sich auch immer dann flexibel dem anzupassen, so die Starrheit, die doch – und das erschreckt mich eigentlich – die immer noch da ist, dass Leute eine Ausbildung machen und sagen: und die habe ich jetzt und damit trete ich in ein Unternehmen ein und dann gehe ich in die Wohngruppe Pfauen und da bin ich 25 und in vierzig Jahren gehe ich im Pfauen in Rente. Ja, das ist jetzt sicherlich krass gezeichnet, aber ich gehe gern in die Extreme, damit das ganz deutlich wird, das können wir nicht mehr brauchen, sondern ich brauche Mitarbeiter, die wirklich sagen: okay, was bringe ich einerseits beruflich mit, was bringe ich an persönlichen Neigungen und Stärken und Fähigkeiten mit und daran gemeinsam auszuloten: Was brauchen wir von deinen beruflichen, von deinen persönlichen Fähigkeiten und Neigungen, wo bringst du uns als Unternehmen weiter und wo fördern wir dich, dass du als Mensch da auch weiterkommst. Und dann wirklich so seine Entwicklung im System oder im Unternehmen mitzugehen und mitzumachen, das ist so meine Vorstellung. Wo sich dann auch so Unternehmen hin entwickeln werden, ich habe es ja vorhin schon gesagt, in vernetzten, kleingliedrigen Systemen, da brauche ich den Mitarbeiter, der da sehr sensibel ist für die Entwicklung, der auch Möglichkeiten und Chancen sieht und sich da auch mutig reinschmeißt".

Sich „schlau machen", wenn Kenntnisse fehlen, sich „mutig reinschmeißen" in Entwicklungsmöglichkeiten, die die Organisation (bottom up) auftut, „selbstständig aktiv sein" sind Fähigkeiten, die leitende Fachkräfte besonders wertschätzen, die aber auch durch die jeweilige Institution bzw. Führungskraft gefördert werden kann:

Fr. Tross (Leitung/EH): „Die Fähigkeiten, Kollegen auch zu fordern und auch Aufgaben zu delegieren und zu sagen, mach doch, also ist meine Erfahrung so über die ganzen Jahre, je mehr ich Kollegen zugetraut und zugemutet hab, desto eher sind sie auch dran gewachsen und haben sich da auch weiterentwickelt".

Bereitschaft zur Weiterbildung muss auch bei Führungskräften und langjährigen Mitarbeiterinnen und Mitarbeitern vorhanden bleiben. Welche grundlegenden Wissensbereiche trotz notwendiger Weiterbildungsmaßnahmen in der Jugendhilfe (aus Sicht der interviewten Fachkräfte) eine zentrale Rolle spielen, zeigt das folgende Kapitel.

4.5.3 Reflexion möglicher Fehler

Bei der Erstellung des Interviewleitfadens wurde die Frage nach möglichen Fehlern von Fachkräften in leitender und nicht-leitender Funktion als interessante Perspektive zur weiteren Klärung der Frage nach kompetenter Praxis angesehen. Darin wird die Grenze kompetenter Praxis illustriert. Zugleich zeigen sich implizit Anforderungen an kompetente Praxis bzw. notwendige Kompetenzanforderungen.

Kommunikatives und strategisches Handeln

In der Auswertung der jeweiligen Antworten auf die Frage nach möglichen Fehlern in der pädagogischen Arbeit mit Kindern und Jugendlichen

bzw. in der Arbeit als Führungskraft haben sich zwei Kategorien als aufschlussreich erwiesen (vgl. Rauschenbach/Treptow 1984):

- Die Kategorie *„kommunikatives Handeln"*: Dieses basiert auf einer
  kommunikativen Ethik der Verständigungsorientierung, der Einbeziehung des anderen, der Anerkennung seiner Sichtweisen, der Bereitschaft zur Korrektur eigener Positionen und bedeutet vor allem,
  dass die jeweiligen Handlungsziele und die Mittelwahl nicht von
  vorne herein festgelegt sind, vielmehr Offenheit den Ausgangspunkt
  des Handelns darstellt.
- Die Kategorie *„strategisches Handeln"*: Hier stehen die Durchsetzung
  vorab festgelegter Ziele und Interessen, die aus eigenen oder verbandlichen Zwecken abgeleitet sind, sowie die Orientierung an Effizienz und Effektivität als Maßstäbe des Handelns im Vordergrund.
  Ein vorab festgelegtes Ergebnis soll erreicht werden, auch indem andere zu bestimmten Entscheidungen und Handlungen bewegt werden.

Die Bedeutung kommunikativen und strategischen Handelns zieht sich
durch das gesamte Material und wird in folgender Antwort von Herrn
Kurz auf die Frage nach Erfolgen in wesentlichen Punkten skizziert –
deutlich werden Bereiche, in denen die Ziele ganz klar festgelegt sind
sowie Bereiche, die zwingend eine kommunikative Ethik erfordern:

> Hr. Kurz (Leitung/EH): „Wenn man *schwarze Zahlen* schreibt und die Arbeit fachlich
> gut positioniert ist und vom Kunden angenommen wird. [...] Jetzt mal nur an die
> Kunden gedacht, sowohl Kinder, Jugendliche als auch Kostenträger. I: Und in der di-
> rekten pädagogischen Arbeit? Was ist da Erfolg oder sagen wir gelingende Praxis?
> Hr. Kurz: Das ist ein weites Feld. Ich sage mal als Stichwort, ob das jetzt Tagesstruktur
> oder Wochenstruktur ist oder Themenprojekte, die durchgeführt und umgesetzt wer-
> den, ist wiederum die *Haltung der Pädagoginnen*, wie sie mit den Kindern umgehen,
> die Rahmung. Dieser Umgang muss wertschätzend sein, der muss das Gegenüber
> ernstnehmend sein und es muss ein freundlicher Ton herrschen. Konsequenz heißt
> aber vor allem auch im eigenen Verhalten Konsequenz zeigen, klar sein. Das ist
> Grundvoraussetzung für pädagogischen Erfolg".

Differenziert man also diese grundlegenden Kategorien von kommunikativem und strategischem Handeln (insbesondere in den Antworten der

interviewten Fachkräfte nach möglichen Fehlern), werden folgende Akzentuierungen notwendiger Handlungskompetenzen in der Jugendhilfe deutlich: Der Umgang mit Verletzungen „kommunikativer Ethik" wird ebenso zum Thema wie die Vernachlässigung strategischen Handelns. Dabei kann kommunikatives und strategisches Handeln in unterschiedlichen Arbeitsbereichen Unterschiedliches bedeuten.

Verletzung kommunikativer Ethik

Es zeigt sich, dass in der Interaktion mit den Adressaten die offene, verständigungsorientierte Interaktion bzw. kommunikative Ethik von entscheidender Wichtigkeit, aber immer wieder fehleranfällig ist (so bezeichnete Frau Ittner die Vernachlässigung der Partizipation von Jugendlichen als Fehler, vgl. Kap. 4.1.2). Aus Sicht der Mitarbeiterinnen und Mitarbeiter betrifft dies insbesondere die Arbeit mit Kindern und Jugendlichen, aus Sicht der Führungskräfte aber auch die Zusammenarbeit mit Ersteren. In den Interaktionen mit externen Partnern scheinen strategische Kompetenzen angesichts zunehmenden Legitimationsdrucks und anhaltender Sparzwänge wichtiger zu werden. Nahezu ebenso häufig werden Verhaltensweisen als fehlerhaft bezeichnet, in denen es nicht gelingt, die entscheidenden Positionen und Ziele der Jugendhilfeeinrichtungen nach außen (gegenüber potenziellen Geldgebern, gegenüber dem Jugendamt, etc.) darzustellen und durchzusetzen. Hier werden folgende thematische Korrespondenzen deutlich: zwischen den notwendigen Fähigkeiten der Außendarstellung, der Verhandlungs- und Kompromissfähigkeit, den notwendig interaktiven Kompetenzen zur Aushandlung, der wertschätzenden Haltung gegenüber den Adressaten und den entsprechenden Fehlernennungen. Die folgenden Zitate sollen diese Korrespondenzen im Material nachvollziehbar machen:

> I: „Die Kehrseite: Kann man auch Fehler machen? Hr. Kurz: Klar. [...] Meinen Sie jetzt die pädagogische Praxis? I: Erst mal die pädagogische Praxis.
> Hr. Kurz: Ja, klar, also das wäre das Gegenteil, wenn ich *formal disziplinierend* eingreifen würde als Pädagoge oder abwertende zynische Bemerkungen [mache] oder über

Macht arbeite, all das sind katastrophale Fehler und sind destruktiv. Mit Spaltungen arbeiten, all das. I: Und auf Sie bezogen, auf Ihre Arbeit? Hr. Kurz: Gilt genau das Gleiche. Das sehe ich wirklich in dem alten Wort ganzheit- lich, letztendlich steckt da dahinter sicherlich auch die Vision: *so wie wir miteinander umgehen, so gehen wir auch mit Kindern um.* Oder wie ich mit meinen Leitenden umge- he, so gehen die mit ihren Mitarbeiterinnen um und die dann mit den Kindern. Aber das ist Thema in der Anleitung, in jeder Teambesprechung, in Allem. Wenn man so ein Seminar vorbereitet mit Kindern, dann ist das Thema, wie laden wir die ein, wie machen wir da einen Rahmen, wie achten wir auf die Kleidung, wie machen wir den Empfang, wie verabschieden wir die Neuntklässler nach dem Hauptschulabschluss, was machen wir da für einen Rahmen. Das muss Thema sein, ist Thema, darin kommt diese positive Haltung der Wertschätzung, der Freundlichkeit, der Zuwendung ei- gentlich zum Ausdruck. So gehen wir auch mit unseren Mitarbeitern um".

Fr. Tross (Leitung/EH): „Also Fehler kann ich machen, *indem ich Signale von Mitarbeiter nicht richtig gewichten würde*, beispielsweise wenn Problemanzeigen kommen, dass ich dann unterscheiden lerne, ist das gerade ein Gejammer – was ja manchmal gesund ist, ist das nur: ach das gibt sich schon wieder und das ist gerade eine Belastung, die ist übermorgen wieder weg – unterscheiden von den wirklichen Anzeigen, stille Anzei- gen, die wichtig sind, dann richtige Signale zu setzen. Also sei es eine besondere In- tervention für Jugendliche noch mal mitzudenken oder frühzeitig schon einen Not- fallplan zu machen, was passiert dann wenn. Und da, wo es dann auch mal ganz hef- tig ausging, wo es dann wirklich zu schwierigeren Reaktionen von Kindern kam, da konnte ich im Nachhinein sagen: ja, das habe ich vielleicht dann nicht richtig wahrge- nommen oder nicht mit der richtigen Priorität besetzt".

Hr. Sommerfeld (Fachkraft/SpFH): „Aufträge annehmen, die nicht umsetzbar sind oder Aufträge vom Jugendamt annehmen, die zum Beispiel nicht offen sind".

Fehler im strategischen Handeln

Was ausgehend von den Fehlernennungen der interviewten Fachkräfte als Fehler im Bereich „strategischen Handelns" angesehen werden kann, illustrieren die folgenden Aussagen, die die Bedeutung eines zielorien- tierten Vorgehens illustrieren (im Hinblick auf Kooperationspartner, An- gebotserweiterungen und Strategien der Führungskräfte). Gleichzeitig werden aber auch Fehler angeführt, die im Bereich kommunikativen Handelns liegen:

Hr. Carl (Fachkraft/JBH): „Man kann natürlich – es ist klar, Jugendliche sind Individuen, man muss sich auf jeden einstellen – und man kann natürlich mal den Fehler machen, dass man *nicht individuell völlig auf den Jugendlichen eingeht* und vielleicht irgendwas voraussetzt [...]. Das ist mir schon mal passiert. Ansonsten Fehler, ich denke, wenn ein Projekt neu startet und man sich in manche Spezifika erst mal reinfinden muss, wird man am Anfang mehr Fehler machen, mir ging es z.B. so am Anfang, als ich angefangen habe, zu akquirieren, Betriebe anzurufen, es ist schon ganz entscheidend, wie man das macht, *welche Argumente man bringt*, in welcher Reihenfolge man die Argumente bringt. Da kann man ganz viele Fehler machen am Telefon, so dass dem Betrieb die Möglichkeit gegeben wird, eine Brücke zu bauen, wie er sich dem Gespräch wieder entziehen kann. Ich glaube, da sitzen Fehlerquellen".

Fr. Grossmann (Leitung/EH): „Da muss man als Leitung schon auch versuchen, auszugleichen oder das frühzeitig zu erkennen und zu steuern. Auf der Gesamtebene geht es um den Riecher, *wo muss es hingehen, womit können wir den Bereich erhalten* und gerade diese Geschichte, sollen wir auch Pflegefamilien nach 32 (2) anbieten. Solche Fragen zu diskutieren oder wollen wir noch zusätzlich ein Angebot, Hilfeangebot aufnehmen, also da auch wachsam zu sein. Ja, ich habe es jetzt positiv formuliert: Fehler wäre eben, da nur in die eigene Röhre zu schauen".

Fr. Nellinger (Leitung/JBH): „Indem man aus dem Stress heraus *genervt reagiert*, Jugendlichen gegenüber, das empfinden die sofort als persönlich. Da ist die Gefahr, dass ein Beziehungsabbruch da ist, unglaublich groß, weil in dem emotionalen Bereich sind unsere Jugendlichen unglaublich empfindlich. Ein Fehler ist natürlich auch, wenn man bei *Kooperationspartnern*, von denen man etwas möchte, zu forsch auftritt. Es gibt bestimmte Strategien, sich der Arbeitsagentur gegenüber zu verhalten. Da ist schon ganz gut, wenn wir von hier quer durch die Stadt auf einem roten Teppich auf Knien rutschen, dann können wir schon was haben. Es gibt bestimmte Strategien und Verhaltensweisen, dass ist aber meistens so, dass diese Kommunikationsregeln nicht offen sind, die sind so verdeckt, die sollte man irgendwie wissen. Meistens muss man sie durch Fehler erspüren und erst wenn man dann Fehler gemacht hat, weiß man, so und so darf man es nicht machen".

Hr. Iglauer (Leitung/JSA) [auf die Frage nach Fehlern von Führungskräften]: „Also die machen ja noch mehr Fehler wie die Mitarbeiter. Die zentralen Fehler, die Führung macht, ist dass sie meistens *nicht offen reden* – das ist meine Erfahrung. Dass sie meistens um den Brei rumreden, im Kreis rumreden usw. Das ist ein zentraler Fehler. Ein weiterer, dass sie *wenig Transparenz* herstellen zwischen strategischer Entscheidung und operativen Aufgaben, das ist ein Wichtiges. Und dass sie Mitarbeiter *zu wenig beteiligen* an diesen Fragen. Also wenn ich Mitarbeiter beteilige an der Akquise z.B. oder an der Notwendigkeit sich selber zu finanzieren, dann sind die anders motiviert und die werden auch einen anderen Blick haben. Also ich erwarte von Mitarbeitern, ja, dass sie einfach selbstständig ihren Arbeitsbereich hier – auch im finanziellen Be-

reich – abdecken. Ein weiterer Fehler ist, dass sie halt viel zu wenig, ja auch diese ganzen Tarifauseinandersetzungen, *viel zu wenig vermitteln, um was es eigentlich geht*. Wir
sind hier an einem entscheidenden Wandel in unserer Gesellschaft, in der Ausrich-
tung. Und dieses kommt zu wenig rüber. Also das waren jetzt vier, wahrscheinlich
habe ich noch ein paar vergessen, aber das sind schon entscheidende Führungsfehler".

Das Aufeinandertreffen von strategischem und kommunikativem Handeln muss bewältigt werden und stellt eine zentrale Anforderung im Berufsalltag dar. Es gilt anzuerkennen, dass strategisches Handelns ausba-
lanciert werden muss mit moralischen Prinzipien. Grundlage für eine Balance ist die Fähigkeit in konkreten Situationen einschätzen zu können,
inwiefern offen oder strategisch vorgegangen werden sollte, was eine Reflexion erfordert, die auf geteilten Fach- wie auch Verbandsinteressen basiert und welche Handlungen sich schlichtweg verbieten.

4.6 Ergebnisse: Vertrauen in bewährte Kompetenzen

Die bisherige Auswertung des Materials lenkt den Blick auf interessante
Parallelen (1.), Zusammenhänge (2.) und Konsequenzen (3.) in den jeweiligen Aussagen der Fachkräfte in leitender und nicht-leitender Funktion.
In den folgenden Kapiteln werden diese Aspekte in Thesen zugespitzt
und illustriert.

4.6.1 *Parallelen: Kompetenzanforderungen von Fachkräften in leitender und nicht-leitender Funktion*

These 1: Kompetenzanforderungen von Fachkräften in leitender und
nicht-leitender Funktion lassen sich in weiten Teilen parallelisieren.

Vor dem Hintergrund des Gesamtprojektes KOMMIT, das in einem Teilprojekt auch ein spezifisches Qualifizierungsangebot für Fachkräfte be-
reithält, die sich für Leitungsaufgaben qualifizieren möchten, war der
Blick auf spezifische Kompetenzanforderungen für Leitungskräfte (basie-

rend auf den Deutungen erfahrener Leitungskräfte) von besonderem Interesse. Dabei wurden Parallelen in den Anforderungen an *gelingende Interaktionen* deutlich, die zum einen die Ebene der Führungskräfte betreffen und zum anderen die Ebene der Mitarbeiterinnen und Mitarbeiter. Insbesondere der Umgang der Führungskräfte mit Mitarbeitenden unterliegt offensichtlich vergleichbaren Prinzipien wie der Umgang zwischen Fachkräften und Adressaten. Dies lässt sich in Bezug auf folgende Aspekte feststellen:

- Wahrnehmung bzw. Erkennen von Bedarfen: Führungskräfte thematisieren die Notwendigkeit, Bedarfslagen ihrer Mitarbeiterinnen und Mitarbeiter zu erkennen und darauf mit individuellen Lösungen zu reagieren; Mitarbeiterinnen und Mitarbeiter betonen die Anforderung einer Wahrnehmung der Bedarfssituation von Adressaten.

- Kommunikation und Interaktion: Auch am Beispiel „Lösungen akzeptieren" zeigt sich diese Parallele. Ebenso wie Mitarbeitende stets den (alternativen) Lösungen der Adressaten auf eine Problemstellung Vorrang geben, sind auch Führungskräfte dazu angehalten, Problemlösungsvorschläge der jeweiligen Fachkräfte zu akzeptieren, zumindest zu prüfen, auch wenn diese nicht der eigenen Lösungsidee entsprechen.

Zur Verdeutlichung seien nochmals zwei illustrierende Antworten einer Führungskraft zitiert:

> Fr. Tannert (Leitung/ISE) [auf die Frage nach Fähigkeiten in Leitungsposition]: „Was ist hier gelingende Praxis? Das ist schwer, das ganz pauschal zu beantworten, es hängt natürlich mit der Struktur und den Ressourcen der Organisation, um die es geht, zusammen. Ich würde für uns sagen, es ist nicht als aller oberstes Gebot die Fachkompetenz, also eine Fachkompetenz, eine Methodenkompetenz, eine Führungskompetenz und auch eine soziale Kompetenz müssen zusammenkommen, aber wenn ich eine Prioritätenliste machen wollte, dann würde ich *die Führungskompetenz und die Sozialkompetenz zuerst benennen*, in Kombination mit Methode-Know-how und dann erst die fachlichen Kenntnisse zum Beispiel in der Pädagogik oder in Psychologie".

> Fr. Tannert (Leitung/ISE) [auf die Frage nach Fähigkeiten von Mitarbeiterinnen]: „Kann ich eigentlich wieder *Ähnliches* sagen, wie für die Führungskräfte nur eigentlich mit einem anderen Schwerpunkt. Ich würde sagen, dass erst mal eine ganz hohe

Fachlichkeit notwendig ist, in Kombination mit den methodischen Fähigkeiten, also einfach ein großer Werkzeugkoffer zu haben, an sowohl Erklärungsmöglichkeiten, wenn ich verstehen kann, welche Funktion ein Verhalten hat oder welcher Hintergrund dazugehören könnte, habe ich mehr Möglichkeiten, Interventionen anzusetzen oder eine Idee zu kriegen, was kann ich denn tun, um dieses Verhalten zu stoppen oder zu erübrigen oder was könnte ich an diese Stelle setzen".

Interessant ist an dieser These Folgendes: Obwohl Führungskräfte andere Aufgaben zu bewältigen haben, wie die Fachkräfte im direkten Kontakt mit den Kindern und Jugendlichen, werden von beiden befragten Gruppen weitestgehend identische Kompetenzanforderungen formuliert. Das könnte in der Folge bedeuten, dass in der Qualifikation von (angehenden) Führungskräften ein wesentlicher Teil der Weiterqualifikation in der Befähigung zum Transfer bereits erworbenen Fähigkeiten (in der Regel in einer vorausgehenden praktischen Tätigkeit) in neue Aufgabenbereiche liegen sollte. Ein solches Vorgehen setzt dann vor allem eine Reflexion im Hinblick auf erfahrene „Stärken" und „Schwächen" der angehenden Leitungskräfte voraus (vgl. dazu auch Kapitel 5.2.1 und 6.2.4).

Bemerkenswert ist, dass sich dadurch die Gewichtung der Unterschiede und auch Befürchtungen bezüglich mangelnder Kompetenzen angehender Führungskräfte relativieren lassen (weil viele Kompetenzen in der praktischen Arbeit erworben aber transformiert werden müssen). Erkennbar wird dabei der Vorteil von Führungspersonen, die eine sozialpädagogische Praxis in der Jugendhilfe durchlaufen haben. Besonders deutlich wird dies u.E. am Beispiel notwendiger Repräsentationsaufgaben, bei denen es eben nicht nur um eine gute Darstellung geht, sondern vielmehr um die Begründung unhintergehbarer fachlicher Standpunkte.

4.6.2 Zusammenhänge: Herausforderungen und Kompetenzanforderungen

These 2: Trotz anspruchsvoller Herausforderungen durch veränderte Handlungskontexte gelten die für notwendig erachteten Handlungskompetenzen als stabiles Rüstzeug.

Obwohl der Frage nach notwendigen Fähigkeiten in den Interviews ausführliche Erläuterungen vergangener und zukünftiger Herausforderungen vorausgehen, werden die beschriebenen Kompetenzanforderungen nicht in Zusammenhang mit diesen Herausforderungen gestellt. Das heißt, die Frage nach notwendigen Fähigkeiten wird von den Fachkräften nicht vor dem Hintergrund prognostizierter Veränderungen begründet, sondern vielmehr vor dem Hintergrund der sozialpädagogischen Alltagsarbeit. Dies könnte zumindest eine Erklärung dafür sein, warum insbesondere die Fähigkeiten zur Gestaltung von Interaktionen stark im Vordergrund stehen. Dass beispielsweise der Zuwachs an Peripherieaufgaben zu einer zunehmenden Verdichtung der professionellen Arbeit führt (was die Fachkräfte auf die Frage nach Herausforderungen thematisieren), führt nur in wenigen Fällen zur Forderung neuer Kompetenzen (dies macht ausschließlich Fr. Michalski, in dem sie von einem neuen Kompetenzprofil „Sozialmanagement" spricht). Mit folgenden Beispielen wird illustriert, inwiefern die befragten Fachkräfte mit der Erinnerung an „bewährte" Kompetenzen auf „neue" Herausforderungen reagieren:

Fr. Ittner (Leitung/EH): „Also wenn ich zwei Herausforderungen benennen würde, welche wären das jetzt? Zum Beispiel würde ich sagen *Flexibilität*, als Begriff [...] Dann braucht man immer eine Flexibilität zu sagen, ich biete nicht ein Standardprogramm an, das machen alle, sondern die Bereitschaft, auch Lust daran zu haben, [...] da neugierig drauf zu sein. [...] Man muss *kompetenter* sein [...] kompetente Mitarbeitende sind wichtig, die wissen, was sie können und dieses Wissen auch zur Verfügung stellen [...] mit Engagement einsetzen, das einfach so [lacht]".

Die Forderung zunehmend notwendiger werdender Bereitschaft zu Flexibilität kann durchaus als neue Anforderung vor dem Hintergrund der Verschiebung von Peripherie und Kernaufgaben gesehen werden (vgl. Kap. 3.3). Allerdings ist interessant, dass sich die interviewte Fachkraft zur Realisierung von Flexibilität von ihren Mitarbeiterinnen und Mitarbeitern insbesondere die „Bereitschaft" zu und „Lust" an solcher Flexibilität erhofft. Ein weiteres Beispiel schildert Herr Qvortrup, der im Rahmen Mobiler Jugendarbeit von der vergangenen Herausforderung bzw. Unsicherheit erzählt, als die Jugendlichen mit dem Konsum neuer Drogen (insbesondere Ecstasy) anfingen (vgl. Kap. 3.2.1). Die Bewältigung dieser Herausforderung gelang „streng nach den Regeln Mobiler Jugendarbeit – akzeptierend" sowie durch die Präsenz an einem neuen Ort („Disco-Streetwork")[34]. Das „klassische" Arbeitsprinzip, sich an den Lebenswelten der Jugendlichen zu orientieren, bringt also (aufgrund sich wandelnder Lebenssituationen) immer wieder neue Herausforderungen mit sich, die aber dieses Prinzip nicht in Frage stellen. Die Fähigkeit, Vertrauen aufzubauen und dadurch einen Zugang zu deren Welt zu erlangen, bleibt beständig[35]. So verweist Herr Schiller bspw. ganz allgemein darauf, dass sich die „Grundvoraussetzung" der Arbeit nicht verändert hätte. Dennoch weist er und auch einige seiner Kolleginnen und Kollegen auf Entwicklungen hin, die bestimmten Kompetenzanforderungen in der aktuellen Situation eine größere Bedeutung beimessen – nämlich die Fähigkeiten zielorientiert zu arbeiten (Fr. Ittner), die Arbeit darstellen (Hr. Schiller, Hr. Kurz) sowie gemeinsam arbeiten zu können (Fr. Meyer). Der Kontext der unten wiedergegebenen Antworten ist die Frage nach notwendigen Kompetenzen:

> Fr. Ittner (Leitung/EH): „Interesse an Entwicklung, Mitgehen. Also ich weiß noch so, früher hat man ja gesagt, das ganz Wichtige ist, dass man in *Beziehung* arbeitet. Das ist ja ein bisschen in den Hintergrund getreten, nachdem wir stärker *zielorientiert* arbeiten und die Hilfeplangeschichte als Grundlage da haben".

> Hr. Schiller (Leitung/EH): „[...] ich denke, man muss auch mittlerweile, das ist vielleicht so eine neuere Entwicklung auch, viel *stärker darstellen* können" (vgl. Kap. 4.1).

> Hr. Kurz (Leitung/EH): „Heute sind wirklich *medienpädagogische oder EDV-Kenntnisse notwendig*, weil die müssen präsentieren im Gemeinderat, das heißt kommunikative

---

[34] Hr. Qvortrup (Leitung/JSA): „Und das war dann auch die Phase, wo dann zum ersten Mal so genannte Disco-Streetwork nötig war, weil einfach wichtig war zu wissen, wie sind sie drauf, halten sie sich an solche Regeln, was passiert da? Also wir haben den Anspruch von unserer Arbeit her, da einen eigenen Eindruck zu bekommen, um zu wissen, was mit den Jugendlichen los ist".

[35] Dies wird auch in einem Beispiel von Frau Pauli deutlich, die, um von Gewalt bedrohte Jugendliche „schützen" zu können, sich auch mit deren zunehmendem Handygebrauch und den darin liegenden Gefahren (bzw. den Möglichkeiten, nicht ausfindig gemacht werden zu können), auseinandersetzen muss. Das Prinzip, den Jugendlichen Schutz zu bieten, bleibt unverändert. Potenzielle Gefahren müssen allerdings angesichts kontinuierlicher Veränderungen in den Lebenswelten der Jugendlichen rechtzeitig antizipiert werden.

Kompetenz, die müssen mit den Kindern und Jugendlichen genauso reden können, wie mit Lehren, mit dem Bürgermeister oder Auftreten vor dem Gemeinderat" (vgl. Kap. 4.1.4).

Fr. Meyer (Fachkraft/BJW): „[...] und auch mit anderen Einrichtungen zusammen an einem Problem, eben vielleicht örtlich gesehen, *gemeinsam arbeiten*, erfordert sicher andere Fähigkeiten und auch eine andere Bereitschaft, das muss hier jetzt auch nicht jeder tun. Aber es ist schon inzwischen schon auch ein wesentlicher Punkt für uns alle geworden, wir müssen das alle machen".

Fachkräfte in leitender Funktion weisen auf die neue Anforderung hin, in Zeiten mangelnder Planungssicherheit, Wege zu finden, ihren Mitarbeiterinnen und Mitarbeitern dennoch Sicherheit zu vermitteln bzw. eine die Weiterentwicklung der Arbeit blockierende Arbeitsplatzverlustangst wenn möglich zu relativieren. Das heißt die wesentlichen Kompetenzen sind auch vor dem Hintergrund zukünftiger Herausforderungen dieselben geblieben; insbesondere die Verschiebungsthese, also die Zunahme weiterer Aufgaben erfordert nicht „neue" Kompetenzen, vielmehr die Fähigkeit, die Arbeit so zu strukturieren, dass in weniger Zeit mehr möglich wird, insbesondere die Bewältigung einer höheren Arbeitsbelastung.

4.6.3 Konsequenzen: Ausbildung und Stärkung selbstorganisierter Reflexivität

These 3: Angesichts aktueller Herausforderungen ist nicht allein die Aneignung spezifischer Kompetenzen entscheidend, vielmehr bedarf es der individuellen Bereitschaft der Fachkräfte sowie institutioneller Voraussetzungen, neue Anforderungen und entsprechende Lösungsmöglichkeiten zu erkennen. Gewährleistet werden müssen Möglichkeiten der Ausbildung und Stärkung selbstorganisierter Reflexivität.

In der folgenden schematischen Übersicht soll zunächst daran erinnert werden, in welchen Punkten (in den einzelnen dargestellten Bereichen der Kompetenzanforderungen) der Aspekt einer notwendigen selbstorganisierten Reflexivität eine Rolle spielt:

Tabelle 5:   Reflexivität als durchgängige Kompetenzanforderung

Ebenen von Kompetenz:	Bezugspunkte von Reflexion		
Persönlichkeit/ Haltungen	Reflexion eigener Grundhaltungen & „Persönlichkeitsstrukturen" Klärungen, welches Interesse an der Arbeit vorhanden ist		
Fähigkeiten	*Interaktionen mit Adressaten:* Wahrnehmungs- und Aushandlungskompetenzen, die erfordern eigene Standpunkte zu relativieren, die Individualität der Adressaten zulassen und professionellen „Rollenanteile"	*Interaktionen innerhalb der Institution:* Aushandlungskompetenzen, die sich in Team- und Konfliktfähigkeit realisieren und erfordern, die eigenen Standpunkte vertreten aber auch relativieren zu können	*Interaktionen mit externen Kooperationspartnern:* Wahrnehmung von Bedarfslagen im Sozialraum; Überprüfung der Außenwahrnehmung
	Fachliche Begründungen finden und Entscheidungen treffen; Balancen von kommunikativem und strategischem Handeln finden		
Wissensanforderungen	Reflexions- bzw. Transferleistungen von allgemeinem Wissen in besonderen Situationen; Eigenen Qualifizierungsbedarf reflektieren		

Auf den unterschiedlichen Ebenen zieht sich die Einschätzung durch, dass selbstständige Denkfähigkeit notwendig ist,

-   die sich reflexiv auf die Subjekte (ihre Erfahrungen, Stärken und Schwächen) beziehen muss,
-   die ermöglicht, konkrete Situationen (insbesondere Interaktionssituationen) immer neu einzuschätzen,
-   davon ausgehend richtige Interventionsentscheidungen zu treffen
-   sowie je nach Kontext entsprechend darzulegen.

Berichten Fachkräfte davon, viel alleine und selbstständig sowie unter zunehmendem Zeitdruck bewältigen zu müssen, liegt ihre grundlegende Kompetenz darin, die differenzierten Reflexionsleistungen selbstständig, selbstorganisiert durchzuführen. Ergänzend zu den Reflexionsleistungen in den konkreten Arbeitssituationen braucht es Reflexionen, die die Arbeit begleiten bzw. ihr vorausgehen, z.B.:

- Wahrnehmung und Prüfung eigener Haltungen und Grenzen;
- Erkennen von eigenem Entwicklungs- bzw. Lernbedarf (in der Folge braucht es die Bereitschaft, sich im Rahmen von Weiterbildung Unterstützung zu holen);
- Auswertung bisheriger Erfahrungen;
- Reflexion der Bedeutung der institutionellen Kontexte;
- Wahrnehmung sich verändernder, auch gesellschaftspolitischer Rahmenbedingungen und Lebenslagen der Adressaten.

Auf die Frage nach „Fehlern" führt Herr Iglauer drei Beispiele aus, die auf einen Mangel an selbstorganisierter Reflexivität verweisen: im ersten Fall, sich nicht als Teil einer größeren Institution „bewusst" zu sein und damit das eigene Handeln nicht mit der Institution abzustimmen; im zweiten Fall einen Mangel an Selbstreflexion eigener Möglichkeiten und Grenzen und im dritten Fall eine mangelnden Reflexion situationsspezifischer Interaktionen mit den Jugendlichen:

> Hr. Iglauer (Leitung/JSA): „Also Fehler wäre für mich zum Beispiel, das sind so *Kleinigkeiten*. Also zum *Beispiel* der neueste, der jetzt passiert ist: Da macht ein Mitarbeiter eine Pressekonferenz über seinen Stadtteil, bevor er die zentrale Pressekonferenz abwartet. Das heißt, der macht die zwei Wochen vorher, weil er so begeistert war von seinem Stadtteil und von seinem Jahresbericht. Und dann rufe ich da an und sage: Hör mal, hast Du eigentlich alle Tassen im Schrank? Du machst die Pressekonferenz zum selben Thema, zu uns kommt niemand und bei Dir war die Hütte voll. Das freut mich zwar für Dich aber für uns als Zentralorganisation ist das total daneben! Dann erschrickt der erst einmal und sagt: Oh Gott, das war mir gar nicht bewusst. Sag ich: Siehst Du, das ist genau das Thema. Wenn Du das vorhast, dann melde es wenigstens Deinem Bereichsleiter, damit der Dir sagen kann, dass das Unsinn ist. [...] Also das wäre ein Fehler. I: Mangelnde Abstimmung, zum Beispiel?
> Hr. Iglauer: Ja, weil es *nicht koordiniert* worden ist. Jetzt im pädagogischen Bereich würde ich gar nicht von Fehlern sprechen, sondern da geht es eher-, ich habe hier schon wirklich Menschen gehabt, das ist echt dramatisch, die wollen in einen Bereich rein, der für sie gar nichts ist. Und sie versuchen dort irgendein lebensbiografisches Thema zu bearbeiten. Die letzte, die hier war, die hat das sieben Jahre gemacht. Und dann habe ich gesagt: Du das geht nicht mehr. Du mutest Dir da einfach zu viel zu, seit Jahren. Bitte orientiere Dich um. Und die hat dann auch wirklich sich einen neuen Job gesucht. Aber es war nicht erfolgreich: Sie hat dann wieder einen gesucht, der genau dasselbe war. Also sie hat diese Botschaft, dass sie mit dieser Zielgruppe nicht arbeiten kann, einfach nicht verstanden. Und das sind Sachen, da tut es mir leid".

I: „Wie sieht das aus? An was sehen Sie das, dass das irgendwie fehlerhaft ist?"
Hr. Iglauer (Leitung/JSA) [Es folgen Ausführungen, dass man in der Arbeit mit Jugendlichen einiges an Beschimpfungen etc. aushalten müsse]: „[...] weiterhin bleibt nicht aus, dass die mich anlügen, dass die versuchen mich zu bestehlen, dass die versuchen die Grenzen zu überschreiten, das weiß ich einfach. Und jetzt muss ich mir überlegen, wie gehe ich damit um? Und jetzt kann ich mir sagen, wenn ich jetzt in diesem Arbeitsbereich anfange und denen Hausverbot erteile und die rausschmeiße, dann wäre das ein Fehler, sage ich jetzt zum Beispiel. Weil dann [...] brauche ich mich nicht für dieses Arbeitsgebiet entscheiden. Dann sollte ich mich entscheiden für Sozialpsychiatrie oder für, was weiß ich was? I: Altenarbeit.
Hr. Iglauer: Zum Beispiel. Aber ich sollte mich nicht für diese *Zielgruppe* entscheiden. Nummer eins. Nummer zwei, wenn ich damit Probleme habe, weil ich das vorher nicht erwartet habe, weil ich ja ein Bild im Kopf hatte: ich bin da, die sind alle arm und haben alle Probleme und die sind froh, dass ich da bin und ich helfe denen und dann wird das schon klappen. Das *Bild funktioniert nicht*. Kein Jugendlicher, der so ist, wird das akzeptieren, das muss man sich erwerben. Und dann erwarte ich, dass man seinen Geldbeutel nicht auf dem Schreibtisch liegen lässt, dann rausgeht und dann nachher den Jugendlichen auch noch vorwirft, dass er ihn geklaut hat und zur Polizei rennt und ihn anzeigt. Dann würde ich sagen, so was kann nicht sein, sondern: dann zahlst Du gefälligst Lehrgeld und dann zahlst halt Deine dreißig Euro aus Deiner eigenen Tasche. So was würde ich nicht akzeptieren zum Beispiel. Ich würde aber erwarten von demselben Kollegen – und das ist manchmal bei den Leuten schwer, dass sie das verstehen – wenn der geht und sein Büro abschließt und der Jugendliche bricht ein, dann erwarte ich, dass er Anzeige erstattet. Also diese *Systematik, diese Logik*, müssen die Leute halt begreifen. Und wenn jemand das nach fünf Jahren immer noch nicht begriffen hat und dann wird's nur noch Krampf, verkrampft, dann hat dieser Mensch keine Freude mehr in seinem Job. Und dann kann er auch nichts mehr geben. Dann entwickelt sich der Mensch auch nicht mehr".

Auch in der folgenden Auflistung von Frau Pauli zu notwendigen Fähigkeiten spielen Kompetenzen der selbstständigen Einschätzung, Bewertung, der Reflexion biografischer Prozesse, eigener Standpunkte und davon ausgehend die Fähigkeit zur Selbstkritik eine zentrale Rolle. Diese Reflexionskompetenzen und Klärungen sind für sie die Grundlage eines offenen, verständigungsorientierten, kommunikativen Handelns (sich „auf dieses Neue einlassen, auf dieses Unsichere, also nicht zu wissen, was eigentlich das Ende ist"):

Fr. Pauli (Fachkraft/EH): „Also es gibt für mich bestimmte Dinge, die kann ich mir anlesen, also was jetzt *übern Kopf* geht, also kognitiv. Also einfach so die Bereitschaft, sich zu interessieren: Mensch, was passiert vielleicht einfach auf der Welt auch. Also

wenn ich jetzt erkenne, ja ein Drittel sind jetzt Kosovoalbaner oder binational, dann sollte ich schon als Mitarbeiterin wissen, ja, warum denn eigentlich. Also ich muss schon darüber Bescheid wissen. I: Über die Hintergründe? Fr. Pauli: Über die *Hintergründe*, über Migrationsprozesse, das ist für mich ein Muss. Das ist gesellschaftspolitische Arbeit auch, das gehört für mich zur Sozialarbeit, Sozialarbeit ist für mich immer die Verbindung von Randgruppen in Anführungszeichen und die eben dann auch in die Gesellschaft wieder zu sozialisieren, zu integrieren, [...] und dann muss ich natürlich auch über die gesellschaftspolitischen Wirklichkeiten Bescheid wissen.
[...] Und was ich so als *kommunikative Fähigkeiten* vielleicht sagen würde, ist so eine *Selbstwahrnehmungsfähigkeit*, finde ich ganz wichtig, wenn ich in Kontakt mit Menschen bin, passiert auch was mit mir, ich kann nicht so tun als würde bei mir gar nichts passieren und nur bei den anderen, einfach so diese Selbstwahrnehmungsfähigkeit und zwar auf allen möglichen Ebenen. Sei es jetzt, dass ich eigentlich mit mir [...] im Reinen sein muss, dass ich für mich auch geklärt haben muss, was mich vielleicht auch geprägt hat, ich finde das ganz arg wichtig, dass ich mit mir selber im Frieden vielleicht bin, in Anführungszeichen. Selbstwahrnehmungsfähigkeit heißt für mich auch, also das ist für mich so der Überbegriff, dass ich mich auch kritisieren lassen kann und auch im Team, dass ich sage, wo meine Stärken und Schwächen liegen und das wirklich ganz offen, nobody is perfect, und [...] natürlich den Fehler eingestehen zu können. Dann finde ich ganz arg wichtig, das, was ich vorhin auch gesagt habe, immer so, eigentlich sich immer wieder und in jedem Moment *auf dieses Neue einlassen*, auf dieses Unsichere, also nicht zu wissen, was eigentlich das Ende ist, also vermeintliche Ende ist und da trotzdem präsent zu sein, also das finde ich auch das Spannende, was auch nicht immer so einfach ist, ja, so eine, also ich nenne es *Ambiguitätstoleranz*, sich auch irritieren zu lassen, ohne dass ich meinen Boden verliere und ohne dass ich mich schlecht fühlen muss, weil die Voraussetzung ist ja, dass ich mit mir im Frieden bin. Also wichtig finde ich auch, dass ich meinen Standpunkt habe und auch meine Meinung [...]".

Die Notwendigkeit gegenseitiger Förderung verweist auf strukturelle Rahmenbedingungen, die durch die Organisation geschaffen werden können bzw. müssen (z.b. durch die Ermöglichung von „Querkarrieren, dazu Herr Xiller, Kap. 3.3.1). Entscheidend ist, dass „selbstorganisierte Reflexivität" nicht nur in der Verantwortlichkeit der Fachkräfte liegt, sondern durch die Einrichtung gefördert und unterstützt werden muss (persönlicher Einsatz erfordert entsprechende Identifikation; Haltungen müssen auch durch Vorgesetzte deutlich werden; Reflexionsmöglichkeiten sollten angeboten und initiiert, Weiterbildung gefördert werden etc.).[36] Dies stellt auch einen wichtigen Hintergrund für Rahmenbedingungen kompetenten Handelns dar (vgl. Kap. 5).

4.6.4 Exkurs: Zu einem „diakonischen" Kompetenzprofil

In der begleitenden Diskussion mit der Teilprojektgruppe wurde während des laufenden Forschungsprozess gefragt, ob sich in den Interviews Hinweise auf ein spezifisch „diakonisches" Handlungsprofil finden lassen. Weisen Mitarbeiterinnen und Mitarbeiter ihrer Arbeit, der Jugendhilfe und Jugendsozialarbeit innerhalb diakonischer Trägerschaft, ein besonderes – eben diakonisches – Profil zu? Da im Interviewleitfaden keine diesbezügliche Frage vorgesehen war, lässt sich ein systematischer Quervergleich nicht durchführen. Ein solcher Vergleich würde voraussetzen, dass alle interviewten Fachkräfte ausdrücklich dazu befragt worden wären. Allerdings wurde in fünf der Interviews von der jeweiligen Interviewerin eine diesbezügliche Nachfrage gestellt (die freie Handhabung des Leitfadens ermutigt zu Nachfragen, die nicht in allen Interviews identisch sein müssen). Diese Antworten können damit nur Hinweise geben, wie Fachkräfte eine solche Frage beantworten. Die folgenden Ausführungen sind daher ausschließlich als kommentierte Zusammenstellung der – eher spärlichen – Äußerungen zu verstehen, die sich in den Interviews finden lassen, die aber dennoch interessant sind. In den vorhandenen Aussagen auf die Frage nach einem diakonischen Profil beziehen sich die interviewten Fachkräfte auf

---

[36] Interessanterweise zeigt das vorliegende Material, dass auf die explizite Kompetenzfrage, die Nennung konkreter Handlungsmethoden im Vordergrund steht (kommunikative Kompetenzen, Medienkompetenz, präsentieren können etc.). Rekonstruiert man allerdings die Äußerungen über kompetente Praxis in einem weiteren Sinne, so wird deutlich, dass das eine ohne das andere nicht zu haben ist: der adäquate Einsatz gelernter Techniken und Methoden setzt Reflexionskompetenz voraus, die die jeweilige Situation einschätzt und bewertet; andererseits wird methodisch unzulängliches Handeln nicht dadurch besser, wenn es einer anschließenden Reflexion unterzogen wird (wenn dies auch die Grundlage von Lernen darstellt).

- den christlichen Glauben als Fundament einer Grundhaltung, die jedem Menschen – als „Ebenbild Gottes" Wertschätzung entgegenbringt und zu „Nächstenliebe" auffordert;
- die Chancen einer christlich geprägten Einrichtung, in der Arbeit mit Kindern und Jugendlichen religiöse Inhalte (selbstverständlicher) thematisieren zu können;
- die Chance, die eigene christliche Überzeugung selbstverständlicher zum Ausdruck bringen zu können;
- die Möglichkeit, dennoch Offenheit für alle Adressaten zu wahren, die sich einer anderen Religion zugehörig fühlen.

Zwei Beispiele der Antworten auf die explizite Nachfrage zu einem diakonischen „Profil":

I: „Welche Bedeutung hat es für Sie, bei einem kirchlichen oder diakonischen Träger zu arbeiten? Hat es eine oder-?
Fr. Tross (Leitung/EH): Es hat eine. Das ist so eine Grundhaltung, die ich bei vielen der Mitarbeiter spüre, dass es so was gibt, gegenseitiger Respekt, Nächstenliebe. Ja auch – also ich bin ja auch privat, persönlich kirchlich engagiert – mit vielen Mitarbeitern auch zusammenzukommen, wo das kein Tabuthema ist [...]. Dass es eine Selbstverständlichkeit ist, dass man auf den Kirchentag geht oder dass man sich über bestimmte Glaubensinhalte mal austauschen kann, dass es Thema überhaupt in der Erziehung ist, [...], wie antwortet man Kindern auf die Frage: Wer ist Gott, was ist nach dem Tod? Also dass es Thema ist. Ich weiß nicht, wie es in anderen Einrichtungen ist, ich hab da ja nicht viel Erfahrung, aber dass ich da ja auf Mitarbeiter und Kollegen treffe, die ein ähnliches Grundverständnis haben. I: Und das ist Ihnen auch wichtig?
Fr. Tross: Ja, weil ich es auch jetzt pädagogisch wiederum, auch zur Weitergabe an Kinder wichtig finde, dass sie eine Zielorientierung haben, dass so Sinnfragen gestellt werden dürfen, dass nicht alles machbar ist, nur weil man's machen kann, sondern dass es ethische Fragestellungen gibt, dass es auch Auseinandersetzungen mit solchen Fragestellungen gibt mit den Kindern. [...] Also wenn ich es vergleiche mit anderen Arbeitsfeldern, wo das überhaupt gar keine Rolle spielt, das wäre für mich ein Verlust".

I: „Sie haben ja jetzt immer wieder betont, der Diakonische Träger, was bedeutet das Diakonische in Ihrer Arbeit? Hat das einen Platz, hat das eine Bedeutung?
Fr. Ittner (Leitung/EH): Das hat eine Bedeutung für mich. [...] Also [wenn ich] zu mir sage, dass Menschen Ebenbilder Gottes sind, dann hat das eine Bedeutung dafür, wie begegne ich anderen Menschen. Dann hat das eine Bedeutung dafür zu sagen, okay, sehe ich deine Ressourcen und deine Weiterentwicklungsmöglichkeiten, dann kommt

das rüber in der Haltung, wie ich jemand begegne. Bin ich offen, bin ich bereit, die gelingenden Sachen zu sehen und auch die Nöte zu sehen und zu sagen, ein gemeinsames Stück Weg zu gehen und Ziele weiterzuentwickeln. Hoffnung [...] zu vermitteln, wo Familien manchmal arg in Not sind, wenn sie jetzt erst mal Hilfe in Anspruch nehmen. Aber nicht so, wo ich sage, okay, es muss ein Tischgebet sein".

Erst durch die ausdrückliche Nachfrage nach der Bedeutung einer christlichen Orientierung in einer diakonischen Einrichtung, wird die eigene Position der interviewten Fachkräfte thematisiert, das heißt, ohne eine solche explizite Nachfrage wird diese christliche Orientierung nicht ins Interview eingebracht, zumindest finden sich im restlichen Interviewmaterial keine Aussagen der Fachkräfte, dass die diakonische Trägerschaft ein besonderes Handlungs- oder Kompetenzprofil erfordere oder ermögliche. Demgegenüber fällt auf, dass auf „diakonische Besonderheiten" in einem anderen Kontext verwiesen wird, nämlich dann, wenn die interviewten Fachkräfte auf arbeits- oder tarifrechtliche Aspekte bzw. auf die Anstellung nicht-christlicher Mitarbeiter und Mitarbeiterinnen zu sprechen kommen. Sonderwege oder gewachsene Spezifika werden eher problematisiert – auch hierzu einige Beispiele aus dem Interviewmaterial:

Hr. Schiller (Leitung/EH) [im Zusammenhang nicht-beeinflussbaren Entgeltsätze]: „Also die diakonischen Einrichtungen sind jetzt nicht bekannt dafür, dass sie zu den Billigeren gehören, sondern eher, dass sie im oberen Segment angesiedelt sind mit ihren Kosten und da ist natürlich auch unser Arbeitsrecht zwar sehr mitarbeiterfreundlich in der Diakonie, aber entsprechend teuer und da sind wir manchmal auch im Wettbewerb zu anderen Träger im Nachteil. [...] Insgesamt gibt's die Diskussion, das muss man ganz klar sagen: raus aus dem Tarif! Wie überall auch. I: Wie sehen sie das? Hr. Schiller: Es wird meiner Meinung nach eine Entwicklung sein, die zwar bedauerlich ist, aber die kaum aufzuhalten ist".

Hr. Iglauer (Leitung/JSA): „Ich selber halte es für notwendig, dass große Träger, die ja auf Tarifsysteme angewiesen sind, [...] dass man da flexibler bleibt, weil [wenn] wir so angewiesen sind nur auf das, was im Moment läuft, dann sind wir in bestimmten Bereichen eben nicht mehr konkurrenzfähig, und das heißt dann im Endeffekt, dass wir diese Felder nicht mehr besetzen können. Das heißt, es wäre eine Grundsatzentscheidung der Diakonie dann notwendig, ob sie sich aus anderen Feldern eben zurück zieht und sagt, da sind wir nicht mehr präsent. Also aus allen Feldern, die nicht mehr kostendeckend arbeiten, müsste man sich zurück ziehen – so rum – oder man müsste eine Entscheidung treffen, müsste sagen, wo geben wir unsere Eigenmittel rein und sagen, das ist unsere rein diakonische, christliche Aufgabe und das müsste passieren. I: Und das passiert nicht? Hr. Iglauer: Zu wenig".

I: „Was würde Sie denn sagen, gibt's an Hürden, dass die Träger mehr Migrantinnen einstellen? Fr. Pauli (Fachkraft/EH): Also ich denke, das eine ist sicherlich, dass es nicht so viel Migranten gibt, die Sozialarbeit studieren. [...] Ich denke zum anderen-, ich meine, die [Einrichtung] stellt ja muslimische Mitarbeiterinnen ein, aber ich weiß jetzt nicht, wie das bei der Caritas ist. Ich denke es ist wichtig, da einfach auch sich mit dem Leitbild, ja nicht Abschied zu nehmen, ich denk, man kann schon sein eigenes Profil lassen, man kann sich glaub ich auch christlich definieren, aber es gibt so viel universell Gemeinsames auch in den großen Religionen, so dass man das auch sicherlich interreligiös ausdrücken könnte. Ich meine, ich bin da jetzt wirklich keine Professionelle in dem Bereich, aber ich denke, es ist immer alles möglich. Es kommt nur drauf an, ob die Menschen da in die Richtung gehen wollen. Also ich denke eine Hürde ist ja auch zum Beispiel, Muslime [haben] keine Aufstiegsmöglichkeiten. Ja, also das sind Hürden, das kann's nicht sein in der heutigen Zeit, also wo wir seit vierzig, fünfzig Jahren hier eine andere Wirklichkeit haben, ja".

Zusammenfassend sind zwei Beobachtungen bemerkenswert:

- Die interviewten Fachkräfte verweisen nicht von sich aus auf die Bedeutung einer diakonischen Trägerschaft für die konkrete Arbeit. Obwohl die wenigen Beispiele zeigen, dass christliche Überzeugungen für die Fachkräfte persönlich eine wichtige Bedeutung haben können, werden sie für fachliches Handeln nicht ausdrücklich als notwendig vorausgesetzt – wenn auch die Leitungskräfte eine christliche Grundhaltung durchaus bei ihren Mitarbeiterinnen und Mitarbeitern begrüßen.

- Verweise auf diakonische Traditionen finden sich eher im Kontext organisationsbezogener Fragen, wobei die Problematik des spezifischen Tarifrechts unterschiedlich eingeschätzt wird (vgl. dazu auch Kap. 5).

5 Bedingungen kompetenter Praxis

Die Frage nach notwendigen Kompetenzen richtet den Blick auf die handelnden Subjekte, also darauf welches Wissen, welche Fähigkeiten und Haltungen sie sich aneignen müssen, um professionell handeln zu können. Wenn im folgenden Kapitel nun die jeweiligen Rahmenbedingungen professioneller Praxis thematisiert werden, so geschieht dies auf der Basis folgender Vorannahmen:

- *Rahmenbedingungen beeinflussen Professionalität:* Professionelle Kompetenzen müssen sich in der jeweiligen Handlungssituation immer neu realisieren, das heißt bspw. im Hinblick auf kommunikative Kompetenz, dass sich Fachkräfte sowohl diesbezügliches Wissen als auch methodisches Können aneignen müssen. Ob sie sich aber in konkreten Situationen an diesen Kenntnissen orientieren, ob sie also bspw. zu nicht-manipulativen, an den Bedürfnissen der Jugendlichen orientierten Unterstützungen in der Lage sind, hängt von weit mehr ab, als von ihrem Wissen und methodischen Know-how. In den Interviews lautete daher eine zentrale Frage: „Welche (Rahmen-) Bedingungen braucht eine gute Praxis?" Also: Was ist notwendig, damit vorhandene Kompetenzen der Professionellen im Berufsalltag zum Tragen kommen, sich in konkreten Situationen realisieren?

- *Rahmenbedingungen schaffen oder begrenzen Spielräume:* Wenn das Vorhandensein spezifischer Kompetenzen zwar eine notwendige aber keine hinreichende Bedingung „guter Praxis" darstellt, so hängen die Möglichkeiten einer professionellen und innovativen Jugendhilfepraxis nicht ausschließlich davon ab, ob die Fachkräfte in den gewünschten Bereichen weiterqualifiziert werden. Entsprechend zur Schaffung der Voraussetzungen auf individueller Ebene (Weiterqualifizierung der Fachkräfte) müssen auch die weiterhin notwendigen, bspw. strukturellen Voraussetzungen geschaffen werden, damit sich vorhandene Kompetenzen realisieren können (sich bspw. bei der Gestaltung von Hilfeprozessen an den Ressourcen der Jugendlichen zu orientieren, ist nur möglich, wenn entsprechende Spielräume zur Gestaltung bestehen). Daher wurden die Fachkräfte auch gefragt, „was sie in ihrer Arbeit einschränkt" und „in welchen Bereichen sie über Spielräume verfügen, die ihnen wichtig sind".

Im folgenden Kapitel werden nun die jeweiligen Aussagen der interviewten Fachkräfte folgendermaßen gebündelt: Einigen exemplarischen Antworten auf die Frage nach notwendigen Rahmenbedingungen schließt sich eine Übersicht jener Kategorien an (Kap. 5.1), denen sich die von den Fachkräften explizit genannten inhaltlichen Aspekte zuordnen ließen (in der Interviewanalyse wurden zunächst alle Aspekte gesammelt und anschließend in acht thematische Kategorien zusammengefasst bzw. differenziert). Im Anschluss an diesen Schritt erfolgte eine Gewichtung der Aussagen, bei der sowohl die Repräsentanz der Aussagen im Datenmaterial insgesamt wie auch die subjektive Bedeutungszuschreibung der interviewten Fachkräfte berücksichtigt wurden. Das heißt, die u.E. zentralen Aussagen zu den von den Fachkräften thematisierten notwendigen Bedingungen kompetenter Praxis werden inhaltlich gebündelt (Kap. 5.2) und zu zentralen Thesen zugespitzt (Kap. 5.3).

5.1 Handlungskontexte und intervenierende Bedingungen

Die folgenden Zitate sollen exemplarisch illustrieren, welche unterschiedlichen Aspekte von den interviewten Fachkräften, einem Mitarbeiter in leitender Funktion und einer Mitarbeiterin in nicht-leitender Funktion, thematisiert werden, wenn sie jeweils notwendige Rahmenbedingungen ausführen. Auf die Frage, wie Herr Kurz als Leiter einer Einrichtung die „Ausübung von Kompetenz" unterstützen kann, antwortet er wie folgt:

> Hr. Kurz (Leitung/EH): „Das fängt mit Kleinigkeiten an in der *Ausstattung* natürlich. Da legen wir sehr viel Wert darauf: Das sind Räume, Ausstattung, Ausrüstung, wenn

man so will, ich kann ein Kletterprojekt nur machen, wenn ich entsprechend ausgestattet bin. Das sind sozusagen die Maschinen in unserer modernen [...] Firma. Wenn die nicht top sind, dann kann auch keine top Arbeit geleistet werden. Also legen wir sehr viel Wert auf gute Immobilien, auf eine gute Ausstattung, auf eine kindgerechte Ausstattung – nicht nur der Chef hat ein gutes Büro, sondern auch die Wohngruppen und die Tagesgruppen. Ausrüstung ist wichtig und es geht weiter [...]" [neben dem Zugriff auf Dienstfahrzeuge werden Erleichterungen erwähnt, insbesondere was das „einheitliche Erscheinungsbild" im Rahmen von Öffentlichkeitsarbeit angeht: Visitenkarten, Formatvorlagen für Jahresberichte, Power-Point-Präsentationen etc.].

Als Mitarbeiterin im Betreuten Jugendwohnen betont Frau Meyer als wichtige Rahmenbedingung zwar vor allem den Austausch innerhalb der Mitarbeiterschaft, stimmt allerdings mit Herrn Kurz in der grundlegenden Aussage überein, dass gute Arbeit gute Strukturen voraussetzt:

Fr. Meyer (Fachkraft/BJW): „Also, zu einer guten, funktionierenden Arbeit gehören für mich auch *gute Strukturen*. Diese Strukturen, das sind so äußere Rahmenbedingungen, einfach meinen Arbeitsplatz hier zu haben, dass der Arbeitsplatz gut ausgestattet ist, dass es klare Strukturen auch in meiner Einrichtung gibt, dass ein regelmäßiger Austausch zu der nächst höheren Führungsebene da ist, ja, wo wirklich ein Interesse für meine Arbeit besteht, wo regelmäßig über die Weiterentwicklung der Arbeit und meinen eigenen Arbeitseinsatz hier auch gesprochen werden kann. Wichtig ist, dass ich Hilfe und Unterstützung holen kann, wenn ich welche brauche, also dass ich in Supervisionen gehen kann, wenn ich das für wichtig halte, für nötig halte, dass ich eine Fortbildung beantragen kann und die auch kriege, wenn ich sie brauche, dass ich den kollegialen Austausch habe. Das Team, das hat einen ganz, ganz hohen Stellenwert. Also auch der tägliche Austausch hier, ganz direkt im Büro und zwischen uns [...] nimmt wirklich einen gewissen Raum schon ein und ist ganz wesentlich für uns auch manchmal zur Entscheidungsfindung, wenn wir mal irgend ein Problem haben, wo wir auch ein bisschen Unsicherheiten haben selber oder wo wir zu sehr mit drin hängen, das ist oft so der Punkt. Also diese Strukturen sind für mich im Grunde wirklich wichtig, um die Arbeit gut machen zu können. Dann ist für mich wirklich sehr wichtig Raum zu kriegen, und das ist auch für die Finanzierung ein ganz wesentlicher Teil, Raum zu kriegen, um auch nach außen die Kontakte knüpfen zu können, die ich brauche. Also in Kontakt treten zu können mit anderen Einrichtungen und mit anderen Diensten. Das trägt auch wirklich ganz wesentlich zum Erfolg der Arbeit bei".

Auch für Frau Pauli stehen das Team, Entwicklungsoptionen und organisierte Reflexionsmöglichkeiten im Vordergrund:

Fr. Pauli (Fachkraft/EH): „Also *Rahmenbedingungen* heißt eben, dass ein interkulturel-
les Team weiterhin besteht, dass ich meine, dass wir als Team unsere pädagogische
Arbeit nach unseren Theorien und Wertmaßstäben und pädagogischem Handwerkszeug weiterentwickeln können, also diese Autonomie, die find ich ganz arg wichtig.
Ich denke, Supervision zu haben, also jetzt ganz speziell für [die Einrichtung], ich
denk: Ohne Supervision hätte ich das nicht zehn Jahre ausgehalten, weil so eine Arbeit verändert einen auch. Von den Rahmenbedingungen, dass natürlich auch die Arbeit, die wir tun, auch vom Träger geschätzt wird, anerkannt wird und gewürdigt
wird" (vgl. Kap. 3.3.1).

Fr. Thallinger (Fachkraft/EH): „Natürlich die größte Rahmenbedingung ist, dass das
Personal stimmt, dass man auch wirklich für diesen Graubereich, für diese Vorleistungen, dass man da eigentlich auch Personal hätte. Das wäre natürlich wünschenswert,
weil es, also ich muss einfach sagen, in den sechzehn Jahren, in denen ich hier bin, es
nimmt unglaublich zu, was man alles in seiner Arbeitsstunde noch unterbringen muss
und das sind manchmal Kleinigkeiten".

Dass Personalfragen „stimmen" müssen, wird in vielen Interviews als
erster Aspekt erwähnt, Frau Tross (in leitender Funktion im Wohngrup-
penbereich tätig), stellt dabei die Qualifikation der Mitarbeiterinnen und
Mitarbeiter in den Vordergrund, während Herr Sommerfeld, Mitarbeiter
in der Familienhilfe insbesondere die notwendige Festanstellung betont:

Hr. Sommerfeld (Fachkraft/SpFH): „Also Rahmenbedingungen, ich denke eine wichtige Rahmenbedingung ist die *Festanstellung*. Also ich denke, wenn [...] die Anstellung
abhängig wird von der Hilfe, also das heißt, du arbeitest nur so lange, wie die Hilfe
läuft, besteht natürlich die Gefahr eine Familie unnötig lange-, oder dann ist ein Widerspruch: In dem Moment, wo ich die Familie in die Selbstständigkeit führe, verliere
ich meinen Job, also muss ich das Ziel haben, eigentlich die Familie möglichst lange
und möglichst gut an mich zu binden, damit ich meinen Job behalte. Und deswegen
denke ich, ist gerade in dem Bereich, wo wir arbeiten, wo wir sehr dicht in dem System Familie drin sind [...], ist es wichtig, dass wir jederzeit die Freiheit haben, [...]
wenn wir merken, da passiert nichts, da geht jetzt mit der Familienhilfe nichts mehr
weiter, dann zu sagen, wir hören auf, ohne, dass ich meinen Job riskiere und auf der
anderen Seite ganz klar zu sagen: Meine Arbeit ist dann gut, wenn ich möglichst
schnell wieder gehen kann. Und damit da kein Widerspruch entsteht zu dem eigenen
Bedürfnis nach Arbeitsplatzsicherheit, muss eine Festanstellung gewährleistet sein,
die nicht abhängig ist von der Auslastung".

Geht es um die nähere Bestimmung eines Handlungsphänomens (hier:
kompetentes Handeln) so wird ausgehend von der Grounded Theory (als

für diese Untersuchung orientierendem Forschungsstil) die Differenzierung von Bedingungen in konkrete „Kontextbedingungen" (z.B. Ort, Zeit, Dauer etc.) und „intervenierende Bedingungen (soziales, politisches, soziales Umfeld und individuelle Biografie) empfohlen (vgl. Böhm 2000: 480). Legt man für eine erste Kodierung der Aussagen diese Unterscheidung zu Grunde, so lassen sich jeweils vier zentrale Aspekte zuordnen:

Handlungskontexte

Als unmittelbare Handlungskontexte gelingender Praxis können folgende Aspekte in den Aussagen der Fachkräfte differenziert werden:

- Gute *Ausstattung* und ausreichend „Mittel" – dazu werden ausreichend Personal- bzw. zeitliche Ressourcen, gesicherte Arbeitsverträge, ansprechende Räume, technische Ressourcen und notwendige Fachliteratur gezählt.
- *Partizipation* der Adressaten – dabei wird die gemeinsame Zielbestimmung zwischen den Beteiligten, Adressaten und Profis (insbesondere Eltern, Jugendlichen, diakonischen Mitarbeitern und ASD) betont.
- *Reflexionsmöglichkeiten* – Supervision, Intervision, Evaluation sowie eine Arbeitsatmosphäre, die gegenseitige Kritik ermöglicht, werden als direkte Arbeitserleichterung formuliert.
- *Strategisches „Management"* auch externer Kooperationen – hierzu gehören bspw. ein gutes Erscheinungsbild, verbindliche Vereinbarungen mit Schulen und anderen Kooperationspartnern sowie ein gemeinsames Arbeitsverständnis mit dem ASD. Diese rahmende Kontexte erleichtern notwendige Abstimmungsprozesse in der konkreten Arbeit.

Intervenierende Bedingungen

Folgende Faktoren werden von den interviewten Fachkräften als entscheidende Einflussgrößen, also intervenierende Bedingungen konkreten
Handelns thematisiert:

- *Persönliche Motivation* – dieser Aspekt wird zwar auf die Frage nach
  Kompetenzen, dort aber als Bedingung formuliert: Die Motivation
  und Freude an der Arbeit im Bereich der Jugendhilfe bzw. Jugendsozialarbeit wird als zentrale Basis für alles weitere Handeln thematisiert.
- *Fachliche Qualifikation* – zur Realisierung einer guten Praxis braucht
  die Jugendhilfe gut ausgebildete Fachkräfte.
- *Klarheit und Wertschätzung* bei organisationsinternen Interaktionen
  hat auf verschiedenen Ebenen zentralen Einfluss auf die Arbeit:
  - innerhalb eines Teams (z.b. Rückhalt, sich gut verstehen);
  - zwischen nicht-leitenden und leitenden Fachkräften (z.B. Rück-
    halt und Wertschätzung der sozialpädagogischen Fachkräfte
    durch die Leitung, ein offener Führungsstil, Mitarbeitergesprä-
    che, Zugestehen von Spielräumen und Verantwortung für die
    konkrete Arbeit, Vertrauen der Leitungskräfte in die Fachkräf-
    te);
  - zwischen nicht-leitenden, leitenden Fachkräften und Institution
    (Klarheit, wo es hingehen soll, Personalentwicklungskonzepte,
    gemeinsame Zielvereinbarungen und Planung, gute Anbindung
    der Beteiligten an die Einrichtung, Würdigung der Arbeit durch
    den Träger).
- *Sozial- und gesellschaftspolitische Rahmungen* – Schwierigere Strukturen des Aufwachsens, Armut, „halbherzige" Berufsvorbereitung,
  Standardabsenkung im sozialen Bereich (Kostendeckung, Refinan-
  zierbarkeit) sowie rechtliche Einschnitte finden vor allem als solche
  Rahmungen Erwähnung, die die Arbeit wesentlich erschweren.

Während die dargestellten acht Aspekte bzw. Kategorien einen zusammenfassenden Überblick darstellen, werden im folgenden Kapitel (5.2) jene Aspekte konkretisiert, denen die interviewten Fachkräfte in ihren Aussagen besonderes Gewicht beimessen: interaktionelle und gesellschaftspolitische Rahmungen (im Unterschied bspw. zu den strukturellen Faktoren wie verfügbare Zeit und Besetzung, die zwar erwähnt aber nur vereinzelt in ihrer Bedeutung erläutert werden). Im abschließenden Kapitel (5.3) und den zusammenfassenden Thesen wird auch erörtert, inwiefern die jeweiligen diakonischen Einrichtungen Bedingungen schaffen können, die ihre Mitarbeiterinnen und Mitarbeiter zu (notwendigen) Weiterentwicklungen der Arbeit ermutigen, sie zumindest in die Lage versetzen, sich aktuellen Herausforderungen zu stellen (Kap. 5.3.3).

5.2 Interaktionskulturen und gesellschaftspolitische Dynamiken

Im Hinblick auf die beschriebenen Interaktionen mit Adressaten, Kooperationspartnern und Teamkollegen ist zunächst auffallend, dass Beschreibungen der Qualität des Umganges miteinander besonders viel Raum in den Interviews einnehmen und daher als zentrale intervenierende Bedingungen ins Zentrum der folgenden Illustrationen gestellt werden. Weil damit Aspekte angesprochen sind, die bestimmte Haltungen im Umgang miteinander repräsentieren, sprechen wir von einer jeweils notwendigen Interaktions*kultur* (Kap. 5.2.1 bis 5.2.3). Der Begriff „Kultur" unterstreicht darüber hinaus, dass die jeweiligen Interaktionsparteien über gemeinsam geteilte Grundhaltungen verfügen müssen.

Gesellschaftspolitische Rahmenbedingungen, die die konkrete Arbeit beeinflussen, umgekehrt aber – so die überwiegende Einschätzung der interviewten Fachkräfte – kaum beeinflusst werden können, werfen grundlegende diesbezügliche Fragen auf (Kap. 5.2.4).

5.2.1 Organisationsinterne Interaktionskultur

Im Interviewmaterial finden sich zunächst Aussagen dahingehend, dass eine gute Zusammenarbeit innerhalb eines Teams und mit den jeweiligen Leitungskräften für unerlässlich erachtet wird. In konkretisierenden Aussagen zur Qualität der organisationsinternen Interaktionskultur (also dazu, was eine gute Zusammenarbeit ausmacht), betonen die interviewten Fachkräfte einerseits die *Eigenverantwortung und Freiheit* der Mitarbeiterinnen und Mitarbeiter, die nur im Wissen um den Rückhalt bzw. das Vertrauen der Leitung möglich ist (kommunikatives Handeln). Betont wird andererseits die Notwendigkeit eines *klaren Führungsstils, klarer Zuständigkeiten und klarer Ziele* (strategisches Handeln). In den Aussagen der Fachkräfte lassen sich unterstützende und einschränkende Faktoren einer produktiven organisations-internen Interaktionskultur identifizieren.

Unterstützende Faktoren

Als erste Rahmenbedingung gelingender Praxis formuliert bspw. Herr Iglauer:

> Hr. Iglauer (Leitung/JSA): „[...] ein *klares Ziel* vom Träger, vom Chef zum Mitarbeiter. Also eine *klare Kommunikation. Auch eine Fehlerfreundlichkeit* und Fehlerfreundlichkeit heißt auch hier die Bereitschaft, dass man was ausprobieren kann, ohne dass man dann hinter gleich, oh, Abmahnung, gelbe Karte, was weiß ich".

Aus Mitarbeiterperspektive bestätigt dies exemplarisch Herr Qvortrup, der in Hinblick auf eigenverantwortliche Aufgabenprofilierungen ausführt:

> Hr. Qvortrup (Leitung/JSA): „Und das muss *transparent* sein, das muss nach oben kommuniziert werden, natürlich auch begründet werden, also nicht, dass das so beliebig wird, aber ansonsten sind die Mitarbeiter vor Ort die Fachleute und die entscheiden das und die haben das zu entscheiden. Und diese *Entscheidungsfreiheit* die muss Leitung auch zugestehen und eigentlich den Leuten auch Mut machen, so auch zu agieren. Was ist dann Leitungspart? Leitungspart ist in erster Linie fit zu machen, das sich zuzutrauen".

Entscheidungskompetenz zugesprochen zu bekommen, begrüßt auch
Frau Thallinger:

> Fr. Thallinger (Fachkraft/EH) [auf die Frage nach Spielräumen]: „[...] und das finde ich
> eigentlich schon toll, dass auch die Leitung und die Bereichsleitung auch so *hinter uns*
> *steht*. Ich meine, manche Dinge muss man absprechen, aber wir haben da auch eine
> Struktur gefunden, wie man das regelmäßig auch tun kann und insofern denk ich, das
> ist sehr wichtig, dass da so *gegenseitiges Vertrauen* da ist, dass die wissen, wir bemühen
> uns unsere Arbeit gut zu tun und ja, dass die auch akzeptieren, dass wir vielleicht
> manchmal *andere Wege gehen* würden, wie sie das selber tun wollen und dass die Lei-
> tung das auch schätzt, dass wir manchmal kreativ sind oder auch andere Wege gehen.
> Also wir haben da auch sehr viel Vorleistung gebracht, jetzt gerade was das Gemein-
> wesen angelangt hat oder so. Ja und das wäre nie möglich gewesen, hätten wir uns
> immer an die Strukturen halten müssen, die so von allen vorherrschen, aber wir hat-
> ten halt immer so eine Außenposition und dadurch haben wir viel gemacht, weil uns
> da niemand so richtig reingeredet hat, das ist wunderbar. Also das wünsche ich mir
> auch für die Zukunft, dass das möglich ist, dieses Vertrauen".

Frau Thallinger begründet die notwendige „Freiheit" mit dadurch er-
möglichten Entwicklungsprozessen; Herr Kurz hält die gute interne
Kommunikation für eine Basis für Erfolg:

> Hr. Kurz (Leitung/EH): „die Arbeit wird so gut, die Ergebnisse werden so gut, nicht
> ich, sondern die Ergebnisse, die Aufgabenerfüllung wird so gut, wie das prozessuale,
> das *kommunikative Zusammenarbeiten* der Einrichtung funktioniert".

Frau Tannert spricht sich gegen „Dienstanweisungen" (als eine Form un-
gewollter Interaktionen) aus, weil diese verhindern würden, dass Mitarbeiterinnen und Mitarbeiter wesentliche Arbeitszusammenhänge erkennen lernen:

> Fr. Tannert (FK-ISE) [auf die Frage nach gelingender Praxis als Führungskraft]: „Und
> die soziale Kompetenz spielt auf das an, zum Beispiel was ich vorher auch das *Finger-*
> *spitzengefühl in der Kooperation* gemeint habe und das gehört genauso für mich in die
> Leitungsebene rein: per Dienstanweisung kann ich jemanden verpflichten, aber derje-
> nige wird das dann tun, weil er es tun muss, nicht weil er selber die Zusammenhänge
> versteht."

Frau Michalski sieht in der Beförderung eines „offenen Klimas", in welchem Freiräume und Vorgaben integriert werden können, eine besondere Aufgabe für sie als Leitungskraft:

I: „Und was macht eine gute Führungskraft aus? Oder was ist für Sie gute Leitung?"
Fr. Michalski (Leitung/JMD): „Ich denke das ist auch die gewisse *Ausgewogenheit*, [Balance] zwischen Freiräumen für die Mitarbeiter und klaren Vorgaben für diese strategischen Ziele, Festlegen, welchen Weg [wir] gehen, dass es auch transferierend wirkt. Und ein *offenes Klima*, es ist auch Vertrauen für die Mitarbeiter oder [...] ich drücke das anders aus: Die Kommunikation in Form von Dialog zwischen Vorgesetzten und Mitarbeitern, Fehlerkultur, dass die Menschen sich weiterentwickeln können und von ihren Fehlern lernen können und dass diese zwei Pole nicht entstehen, dass die Menschen große Angst haben, etwas falsch zu machen und dadurch schränken sie sich selber ein [...], jeder macht Fehler. [...] Und auch [eine] klare Führungsposition, was wirklich grundlegende Sachen wie auch Betriebsphilosophie betrifft".

Einschränkende Faktoren

Dass diese Offenheit und Klarheit im gegenseitigen Umgang nicht selbstverständlich ist, deutet sich in den verschiedenen Aussagen auf die Frage nach (Führungs-) Fehlern bzw. problematischen Erfahrungen im Umgang miteinander an, auch dazu einige Illustrationen:

Hr. Iglauer (Leitung/JSA) [Frage nach Fehlern von Leitungskräften]: „Die zentralen Fehler, die Führung macht, ist dass sie meistens *nicht offen* reden – das ist meine Erfahrung, dass sie meistens *um den Brei rumreden*, im Kreis rumreden, usw. Das ist ein zentraler Fehler. Ein weiterer, dass sie *wenig Transparenz* herstellen zwischen strategischer Entscheidung und operativen Aufgaben, das ist ein Wichtiges und dass sie Mitarbeiter *zu wenig beteiligen* an diesen Fragen" (vgl. Kap. 4.5.3).

I: „Jetzt haben wir ja viel über Fähigkeiten von Mitarbeiterinnen gesprochen. Was wären denn Fähigkeiten von Führungskräften? Oder was macht eine gute Führungskraft aus?
Fr. Thallinger (Fachkraft/EH): Naja, dass sie auch wirklich *abgeben* kann, denk ich, also dass sie Vertrauen haben kann in ihr Team, dass sie abgeben kann und dass sie sich klar ist, was sie abgeben will und nicht abgeben will. [...] Klarheit ist so wichtig. *Informationsfluss ist immer im Argen.* [...] Ein guter Bereichsleiter [...] muss wirklich auch sehr innovativ mitdenken, kann das nicht nur uns Mitarbeitern überlassen, dass wir vorne dran sind und wissen was gebraucht wird und darum auch konzeptionell

kämpfen und uns auseinandersetzen, sondern die müssen da eigentlich mitarbeiten und eigentlich noch eher ein Schritt weiter vorne sein und uns, das ist vielleicht auch was, was ich manchmal vermiss, dass da zu viel Angst grad da ist" (vgl. Kap. 4.1.3).

Besonders scharfe Kritik an Führungsstrukturen wird in folgenden Zitaten geäußert, die aber gleichzeitig die Ausgangsthese und die Bedeutung eines offenen, vertrauensvollen Umganges zwischen Leitung und Mitarbeiterschaft (aber auch die Schwierigkeiten damit) unterstreichen:

> Fr. Nellinger (Leitung/JBH): „Man ist nach außen sozial, *nach innen ist man meisten völlig unsozial*. [...] die obere Riege hat es noch nicht begriffen, um was es eigentlich an der Basis geht, im Moment erlebe ich, dass vor allem Leitungsmenschen ihren eigenen Stuhl sichern und dabei keinen Blick nach unten werfen, so dieses Bewahren, das findet ja im Moment in ganz vielen Bereichen statt und das findet auf einer mittleren und oberen Führungsebene in besonderem Maße statt. I: Schränkt sie das ein? Fr. Nellinger: Es ist ein ganz hohes Maß an Unehrlichkeit unter dem Dach der Diakonie. Das finde ich schon sehr quer und da weiß ich, dass ich das für mich nicht haben will".

Mit einer in die gleiche Richtung zielenden Kritik setzt auch Herr Xiller an und macht auf unproduktive Konkurrenzsituationen innerhalb der Diakonie bzw. zwischen unterschiedlichen diakonischen Trägern aufmerksam:

> Hr. Xiller (Leitung/EH) [auf die Frage nach Einschränkungen]: „Das ist die *rigide Form, in der die Angebotsentwicklung* geschehen muss, diese Freiheit in der Entwicklung ist immer geprägt von dem, was fiskalisch machbar, was am Markt platzierbar ist. Was mich einschränkt ist innerhalb der Diakonie die *Form der Brüderlichkeit*, dass man nicht frei über die Konzeptentwicklung reden kann, weil dir gewisse Konzepte dann unter Umständen abstibizt werden, weil du gewisse Vorentwicklungen gemacht hast und die dann offen auf den Tisch legst, andere dann ganz schnell weiterentwickeln und dann den Angebotsvorteil natürlich für sich nutzen. Unternehmensstrategisch sauber durchdacht. [...] Und da merke ich, dass wir in der Offenheit eigentlich gar nicht miteinander umgehen können, weil da wird man dann relativ schnell geschlachtet und das macht mir zunehmend zu schaffen, weil ich denke, wir reden viel von vernetzten Kooperationen, sitzen dann aber am Tisch und belauern uns nur. Und da merke ich, das ist was, was mich stark auch hemmt, weil da all das, was ich so an Visionen im Kopf habe, gefährlich ist, was sage ich wo, wann und dieses permanente sich selber Kontrollieren: Lass hier nicht zuviel raus, sei nicht zu leutselig! Das ist für mich dann manchmal schon eine Bremse zu dem, was so an politischen Rahmenbedingungen, wie sie sich gestalten, das brauchen wir hier nicht erörtern, ich denke das weiß jeder, das kommt noch hinzu. Aber dazu kommt noch, dass wir in der eigenen Familie, der

diakonischen Jugendhilfe, nur nach dem Motto taxieren, ist er angeschlagen, wie viel Defizit macht er momentan, wann kann ich ihn fressen, wann ist er vom Markt weg. Und so ein System sehe ich gefördert durch das, wie sich die Geschäftsstelle auch positioniert, wo Mitglieder von [der] Geschäftsstelle ehrenamtlich in Verwaltungsräten von einzelnen Trägern tätig sind, was für mich gar nicht sein kann, weil als Geschäftsstellenmitglieder, wenn ich da bei zwei Trägern auf einmal im Aufsichtsgremium sitze, habe ich ja nicht mehr diese unparteiliche Souveränität, die eine Geschäftsstelle eigentlich bräuchte. Das geht nicht von meinem Verständnis her. Da merke ich, ist eine ganz ungute Verquickung, so eine Vermischung von Amt und Aufgabe und Funktion und das wird natürlich auch zum Wettbewerbsvorteil umgesetzt und da habe ich zunehmend ungute Gefühle im Bauch".

Herr Xiller bündelt diese Überlegungen dahingehend, dass er das „Aushalten" des Spannungsfeldes zwischen notwendiger Offenheit gegenüber den Mitarbeiterinnen und Mitarbeitern und den Begrenzungen in nichtbeeinflussbaren Rahmenbedingungen als spezifische Leitungsaufgabe umschreibt. Was die internen Strukturen angeht, so nimmt er aber auch die Leitungsstrukturen kritisch in den Blick:

Hr. Xiller (Leitung/EH): „[...] also ich kann mir nicht vorstellen, dass sich auf Dauer dieses Thema Gesamtleitung, Einrichtungsleitung, Bereichsleitung, Gruppenleitung [...] So dieser *Overhead*, der bringt uns um. Wir müssen vielmehr die Entscheidungen dahin geben, wo sie getroffen werden müssen und dann anstatt Strukturen aufzubauen, müssen wir die noch mal viel weiter runter bauen. Heißt natürlich für Leitung auch, dass die Gesamtleitung vielmehr mit Verlagerung von Verantwortung [...], dass ich sagen muss, okay ich gebe gewisse Angebotspakete in die Teams ab, weil ich denen auch das zutraue und das Wissen, die packen das. Heißt, ich muss mich wirklich auf mein Kerngeschäft als Leitung besinnen und das ist nicht das operationale Geschäft sondern strategisch planerisch tätig zu sein und gleichzeitig zu wissen, in der Delegation ich habe Leute, auf die ich mich auch verlassen kann und ich glaube dieses predigen wir schon lange, aber in der Umsetzung haben wir extreme Schwierigkeiten. Also wenn ich mich selber kritisch reflektiere, merke ich ja selber wie schwer es mir fällt – wenn ich auch vorhin gesagt habe, ich muss Sachen nur anreißen, muss sie dann zum Entwickeln abgeben – wie schwer es mir fällt, mich dann auch wirklich rauszuhalten. Weil du hast natürlich in dem Moment, wo du anreißt, auch gewisse Bilder im Kopf, es könnte so laufen oder so und wenn es dann anders läuft wie dein eigenes Bild, muss man sich natürlich brutal selber auch disziplinieren, da nicht wieder reinzuspringen und zu sagen: Ich will's aber [...], sondern wirklich loslassen zu können, anderen Leuten die Entwicklung zu ermöglichen und das Zutrauen, die kriegen das schon hin, vielleicht anders wie es ich machen würde. Das ist glaube ich das größte Problem, was wir so, wenn ich so Kollegen in Leitung angucke, denke ich, in

dem Loslassen, konsequent Loslassen, da haben wir als Leitung oder als Persönlichkeiten, die in Leitung sind, für uns den größten Lernbedarf in der nächsten Zeit. Je
schneller wir das für uns abarbeiten, desto besser sind unsere Unternehmen für die
Zukunft aufgestellt".

Fasst man die genannten Aspekte dahingehend zusammen, was eine
„gute" und das heißt in diesem Falle, die alltägliche Praxis unterstützende Interaktionskultur innerhalb einer Institution ausmacht, so sind dies
insbesondere:

-   Offenheit und Transparenz im Hinblick auf strategische Entschei-
    dungen,
-   Klarheit im Hinblick auf Eigenverantwortlichkeit, Freiheit und Vor-
    gaben,
-   nachvollziehbare Kommunikationsstrukturen,
-   gegenseitiges Vertrauen und Zutrauen,
-   Angstfreiheit in Entwicklungsprozessen sowie
-   Aufrichtigkeit innerhalb und zwischen diakonischen Einrichtungen.

Diese Aspekte können darüber hinaus Impulse für die Frage nach notwendigen Elementen der Qualifizierung von zukünftigen Führungskräften liefern.

5.2.2 Interaktionskultur mit externen Kooperationspartnern

Nicht nur die interne Interaktionskultur, auch die Qualität der jeweiligen
Interaktionen mit externen Kooperationspartnern spielt in der täglichen
Arbeit der Fachkräfte eine nicht unerhebliche Rolle. Dabei wird die not-
wendige Abstimmung zwischen den zentralen Akteuren in der Triangel
Träger, Klient, ASD (strategisches Handeln) ebenso betont wie auch die
Notwendigkeit, sich für eigene professionelle Standards einzusetzen.
Außerdem spielen Kooperationspartner als potenzielle „Geldgeber" eine
zunehmend wichtigere Rolle. Aber auch Kooperationen mit Kolleginnen
und Kollegen anderer Träger, die identische Angebote machen, werden
nicht nur als Konkurrenz erlebt, zumindest formuliert Frau Meyer:

Fr. Meyer (Fachkraft/BJW): „Die neuesten Entwicklungen, was jetzt Harz IV zum Beispiel betrifft, hat uns wieder so zusammengeschweißt. Jeder hilft jedem mit seinem
Erfahrungsschatz, den er so macht".

Welche weiteren Strategien – den Erfahrungen der Fachkräfte zu Folge –
die Herstellung einer produktiven Interaktionskultur unterstützen oder
einschränken, wird im Folgenden nachvollziehbar.

Unterstützende Faktoren

Die folgenden Zitate illustrieren, was „gute" Kooperationen mit dem Jugendamt (dazu Herr Schiller), im Gemeinwesen (dazu Frau Thallinger
und Herr Qvortrup) und im zunehmend wichtiger werdenden Schnitt-
feld Jugendhilfe und Schule (dazu Herr Iglauer) ausmachen können:

Hr. Schiller (Leitung/EH) [auf Frage nach Bedingungen]: „Also ich glaube, dass es zunächst mal wichtig ist, da auch ein *gemeinsames Verständnis mit dem Jugendamt* herzustellen, also mit den ASD-Kolleginnen und Kollegen: Welche Informationen sind für
uns als freier Träger zu Beginn von einer Hilfe [wichtig], was muss quasi von dort
auch an Vorarbeit geleistet werden, um uns einen Einstieg gut zu ermöglichen, um eine Einschätzung gut möglich zu machen, das ist mal so ein Teil. Dann geht's weiter so
die Beschreibung von Zielen ist ja ein sehr diffiziles Instrument und das macht man ja
in der Jugendhilfe immer so in der Triangel: Adressaten, also Jugendliche zum Beispiel, BJW, ASD und freier Träger, also Helfer, Helferin, mindestens die drei, manchmal sogar noch mehr Personen. Und in so einem Gespräch wirklich auch Ziele zu
entwickeln, die bestimmten Kriterien entsprechen und auch hinterher wirklich überprüfbar sind, dass man sagen kann: Ist es denn jetzt erreicht das Ziel oder ist es nicht
erreicht?"

Fr. Thallinger (Fachkraft/EH): „[...] und dann merk ich einfach auch, wenn irgendwas
ist, wir haben so ein *gutes soziales Netz* und wir haben uns in X-Stadt einfach auch in
der Tagesgruppe so viele Kontakte aufgebaut, wenn irgendwas ist mit der Polizei,
dann weiß ich, bei wem ich anrufen muss, wie man das anspricht, wie man einfach
damit umgeht, also dass nichts hochkochen muss und dass man einfach auch, dass ich
weiß, andere, also von der Schule zum Beispiel, dass die sagen: Da gehst du zur Tanja,
mit der klärst du das, die macht das. Also verstehen Sie, wie ich meine, dass man sich
da so *gegenseitig auch unterstützt und wohlwollend im Gemeinwesen*, also von der Mitar-
beiterebene und das find ich ja, das ist sehr wichtig und vor allem in den oft sehr ver-
staubten Lehrerkollegien, also dass die überhaupt bereit sind, da mal über ihren Tel-

lerrand rauszugucken und zu sagen: Okay, ich könnte ja mal Hilfe gebrauchen, ich könnt ja mal schwach sein und mal was nicht richtig, alles im Griff haben, unter Kontrolle haben. Und da bereit sind, mit uns zusammen zu arbeiten. Da gibt's manche Lehrer und das, das ist auch ein Erfolg, ja".

Hr. Qvortrup (Leitung/JSA): „Was war entscheidend? [...] Also wir haben vor etlichen Jahren – bis vor ca. acht Jahren hatten wir hier ein größeres Problem mit jugendlichen Gruppierungen, die sich selbst als Gangs bezeichnet haben, die sehr gewaltbereit waren und da hat sich unter anderem durch den Einsatz der Mobilen Jugendarbeit, also durch die damalige Kollegin und mich, aber auch durch eine [...] beispiellose enge Kooperation verschiedenster sozialer Einrichtungen, offene Jugendarbeit, Schulsozialarbeit, Schule, Mobile Jugendarbeit, extrem viel verändert. Also geboren aus der Notwendigkeit, da muss was passieren, das ist einfach nicht mehr gut, kam das zustande, und aus dieser engen Kooperation ist bei Mitarbeitern, Kolleginnen und Kollegen, die hier arbeiten in der Stadt, die schon länger da sind auch, ein Vertrauensverhältnis gewachsen, man konnte sich auf die jeweils andere Person verlassen, wovon die Arbeit eigentlich heute noch profitiert. Das war für die Stadt damals, für das soziale Gemeinwesen, sag ich mal, war das neu, beispielhaft und sehr erfolgreich".

Am Beispiel der Kooperation zwischen Jugendhilfe und Schule konkretisiert Herr Iglauer die seines Erachtens zentralen Bedingungen für Mitarbeiterinnen und Mitarbeiter der Jugendhilfe, wenn sie gelingende Kooperationen in diesem Feld vorantreiben möchten – Verweise auf eigene professionelle Standards sowie die Akzeptanz fachfremder Strukturen:

Hr. Iglauer (Leitung/JSA): „In dem einen System Schule zu arbeiten heißt Verbindlichkeit, eine Hierarchie zu akzeptieren, eine Struktur zu erleben. Schon alleine den 45-Minuten-Takt zu akzeptieren, eine Hausordnung, das Schulgesetz zu akzeptieren und das eigene System mitzubringen und zu sagen: Ich bin Sozialpädagoge und meine Ethik heißt so, ich arbeite vertrauensvoll, ich arbeite hier auch am Fall, ich hab eine Schweigepflicht, ich habe ein Sozialgeheimnis und mein System ist die Jugendhilfe, und ich habe eine Verbindung zum ASD, zu den Eltern, zur Familie, und vor allem arbeite ich im Auftrag des Jugendlichen. Das sind ja jetzt mal ganz konträre Sachen und jetzt muss ein Mitarbeiter der Mobilen lernen, dass er in dieses System hineingeht und seine eigene Profession mitbringt. Das war vor 10 Jahren der erste Schnitt. Der nächste Schnitt war dann zwei Jahre später, dass man gesagt hat, an dieses System klinken wir jetzt Betreuungssysteme an, verbindlich für 20 Kinder bis 14 Uhr mit Mittagessen. Also noch mal eine Stufe drauf. Und jetzt geht es weiter, jetzt folgt noch mal eine Stufe".

Einschränkende Faktoren

Auf kommunalpolitischer Ebene hält Herr Schiller gute Kooperationsstrukturen unter den Freien Trägern für besonders wichtig, insbesondere
auch vor dem Hintergrund stattfindenden Personalwechsels in der
Kommunalpolitik, der immer wieder dazu führt, dass Jugendhilfeausga-
ben neu legitimiert werden müssen (inwiefern Träger ihre Mitarbeiter in
dieser besonderen Situation besonders unterstützen, wäre eine interessante Anschlussfrage). Seine Erfahrungen machen wiederum exemplarisch deutlich, wie wichtig eine gute Kooperation zwischen verschiedenen Jugendhilfeträgern sein kann und welche einschränkenden Faktoren
zu berücksichtigen sind:

> Hr. Schiller (Leitung/EH) [auf die Frage nach zentralen Herausforderungen]: „[...] wir
> waren zunächst damit konfrontiert, dass eventuell Jugendhilfeleistungen in Zukunft
> *ausgeschrieben* werden sollen, hier im Landkreis [...] und ich habe die Einschätzung,
> das konnte die Jugendamtsleitung nochmal verhindern, aber nur für 2 Jahre verhin-
> dern. Wir haben jetzt verhandelt mit dem Jugendamt eine Leistungsvereinbarung für
> unsere Regionen, die ist aber befristet auf 2 Jahre und es ist klar, die Politik erwartet,
> das steht zwar nicht drin in der Vereinbarung, aber die Politik erwartet, dass wir mit
> diesem Modell den Beweis antreten, dass da die Kostenentwicklung in der Jugendhil-
> fe zumindest stabilisiert, eher aber gesenkt werden kann. Und ich glaube, dass letzt-
> endlich der Gradmesser, ob das Modell als Erfolg bezeichnet wird in 2 Jahren oder
> nicht, letztendlich die finanzielle Entwicklung sein wird in den Hilfen zur Erziehung,
> für die politische Ebene. Und das ist unsere Herausforderung, der wir uns stellen
> müssen. [...] Dann werden wir in den nächsten 2 Jahren sehr stark auch dafür verant-
> wortlich gemacht werden, was in der Kostenentwicklung passiert hier im Landkreis
> und letztendlich sind wir da auch in einer Verantwortung, die wir eigentlich so nicht
> unbedingt nur wollen, weil wir sagen, wir haben ja auch andere Interessen und einen
> anderen Auftrag, den wir uns selber geben, auch Parteilichkeit, Vertreter der Interes-
> sen unserer Klienten usw., wo wir nicht in die Rolle des Spar-Kommissars treten wol-
> len. Und das wird eine ganz zentrale und spannende Aufgabe für uns, weil wir natür-
> lich nicht unbedingt wollen, dass in 2 Jahren Jugendhilfeleistungen ausgeschrieben
> werden hier im Landkreis. [...] I: Das heißt, das Ziel wird sein, dass sich die verschie-
> denen Träger bei diesen Leistungsentgelten abstimmen, oder? Oder macht man das
> gerade nicht?
> Hr. Schiller (Leitung/EH): Doch, wir haben uns, also die Träger, die jetzt im Landkreis
> diese Leistungen erbringen-, wir haben uns für den ambulanten Bereich abgestimmt
> und wir haben einen gemeinsamen Entgeltsatz mit dem Amt vereinbart, also da gibt's
> keine Unterschiede. Es gibt Unterschiede z.B. im stationären Bereich und im Tages-

gruppenbereich, weil das sind Entgeltsätze, die sind entstanden vor Jahren schon, da ist nicht gemeinsam verhandelt worden, da hat jeder Träger für sich verhandelt und es gibt auch Unterschiede, weil die Trägerstruktur von den Trägern nicht identisch ist, also wir haben Angebote, die haben die anderen Träger nicht, dafür haben die Angebote, die haben wir nicht. Es ist an vielen Stellen nicht unbedingt vergleichbar, aber die Dinge, die vergleichbar sind, vor allem der ambulante Bereich, das haben wir auch gemeinsam verhandelt. Also das ist ganz wichtig. Also ich glaub, wenn da die Kooperation jetzt unter den freien Trägern nicht so gut gewesen wäre, wäre man jetzt nicht an diesem Stand. Da würde es schlechter aussehen. [...] Und es gab auch schon konkrete Aussagen jetzt von politischer Ebene, dass man da den Wettbewerb forcieren muss und die Träger stärker in Konkurrenz bringen muss zueinander".

Gute Kooperationsstrukturen sind also eine wichtige Rahmenbedingung für alltägliches aber auch strategisches Handeln. Zentrale Aspekte einer unterstützenden Interaktionskultur mit externen Partnern sind vor dem Hintergrund der Erfahrungen der interviewten Fachkräfte folgende:
- ein gemeinsames Verständnis über Hilfeprozesse herstellen und entsprechende Verlässlichkeit gewährleisten;
- gemeinsame Interessen statt Konkurrenz suchen;
- andere Handlungslogiken respektieren und die eigene professionelle Ethik vertreten und legitimieren können.

Auch diese Aspekte können Anregungen für entsprechende Qualifizierungsangebote der Mitarbeiterinnen und Mitarbeiter geben.

5.2.3 Interaktionskultur mit Adressaten

Die notwendige Realisierung einer Adressaten- bzw. Ressourcenorientierung wurde bereits in der Rekonstruktion grundlegender Kompetenzanforderungen als professioneller Standard nachvollziehbar (vgl. Kap. 4). Interessant ist nun, dass an verschiedenen Stellen der Interviews auf halbherzige Umsetzungen dieses Standards aufmerksam gemacht wird. Um für Jugendliche in verschiedenen Lebenssituationen hilfreich zu sein, scheint dieses Prinzip allerdings eine unhintergehbare Voraussetzung darzustellen – umso erstaunlicher ist, dass diese Haltung sowohl als

Grundlage als auch „Vision" in den Interviews thematisiert wird – einige
Belege dazu:

Hr. Iglauer (Leitung/JSA) [Zusammenhang war die Frage, was man bei freier Hand
verändern würde]: „[...] dass diese *Ressourcenorientierung nicht nur ein Wort bleibt*, sondern dass man das Ernst nimmt und dann auch umsetzt. Und da braucht es halt auch
Leute, die ein bisschen Ideen haben, Mut haben und auch ein Risiko eingehen und
den Leuten aber die Grenzen aufzeigen und sagen, so geht es nicht".
I: Jetzt haben Sie ja eigentlich schon perfekt übergeleitet zum nächsten Block [...] und
die Frage wäre, wie sieht für Sie gute Praxis aus und was sind Erfolge? [...] Also wie
sieht kompetente Praxis für Sie aus, jetzt was Ihre Mitarbeiter angeht und ihre Arbeit?
Hr. Iglauer: Also sie müssen *das Gegenüber Ernst nehmen, das ist das erste*. Sie müssen
das Gegenüber akzeptieren. Bei mir darf-, bei mir sollte keiner mehr arbeiten, der mit
der Zielgruppe nicht kann, Zielgruppe in Anführungszeichen, mit den jungen Menschen gegenüber. Das ist oft *gleichzeitig ein Problem*, weil ich nicht erwarten kann, dass
jemand mit 25 anfängt und mit 40 immer noch sagt: Oh ich kann jetzt jeden-, das geht
manchmal nicht. Und dann brauchen wir Chancen, die irgendwie weiterzubilden".

Fr. Tross (Leitung/EH) [auf die Frage nach „Minimalbedingungen" pädagogischen
Handelns]: „Ja, die *Achtung und Wertschätzung* der Kinder, [...] Und die Kinder mit allen Stärken und Schwächen so zu akzeptieren wie sie sind. [...] I: Was verhindert denn
so eine Arbeit oder was schränkt so eine Arbeit ein? Was wären eher Faktoren, die das
erschweren?
Fr. Tross: Eigene moralische Vorstellungen, wie ein Kind zu sein hat und wie jemand
zu funktionieren hat, das ist ein großer Hinderungspunkt, der auch immer wieder
auftaucht, dass jemand denkt, ich weiß wie die Erziehung richtig ist und so wie ich
mir das vorstelle, so muss es auch für das Kind sein. Also auch das Normensystem
von den Familien zu akzeptieren und wer sich da schwer tut, ist da sehr gehindert in
seiner Arbeit, der stellt sich da immer wieder eigene Beinchen. Das ist glaub ich so der
größte, die größte Falle" (vgl. auch Kap. 4.1.2).

Fr. Meyer (Fachkraft/BJW) [Kontext ist die Nachfrage zu ihren angedeuteten „Visionen"]: „Also so eine Vision von mir ist manchmal schon gewesen, wirklich den Jugendlichen mit ihrer ganz individuellen Problemlage insofern *besser gerecht zu werden*,
dass man wirklich hingucken kann, was braucht dieser Jugendliche. Wie kann man
ihm wirklich mit relativ geringen Mitteln und Möglichkeiten so gut wie möglich helfen. Ich denke, diese Sichtweise ist gerade im Moment nicht da, es geht eher darum,
wo sind welche Töpfe vorhanden, aus denen man überhaupt was schöpfen kann. Und
in welche Maßnahme passt ein Jugendlicher rein. Also das ist aber ein altes Brot, was
ich sage, das ist jetzt nichts Neues. Das habe nicht ich in meinem Kopf erfunden, sondern es scheitert einfach an den Strukturen, die da sind, an der Vergabe der Mittel,
was man auch so schnell überhaupt nicht ändern kann, es geht gar nicht".

Auf die Frage nach Erfolgen in der Arbeit führt Frau Meyer dieser Vision entsprechende, grundlegende Rahmenbedingungen für eine produktive Interaktionskultur mit den Adressaten aus:

> Fr. Meyer (Fachkraft/BJW): „Wichtig ist auch die *Zeit* zu haben, mit den Jugendlichen tatsächlich auch in die *Beziehung* eintreten zu können. Nicht nur die Zeit kriegen, die es braucht, ganz schnell Anträge zu schreiben, ganz schnell eine Wohnung zu suchen, ganz schnell mit irgendwelchen Vermietern zu sprechen oder mit dem Ausbilder oder mit der Schule, wenn es brennt, sondern ich muss mit dem Jugendlichen auch also ganz feste regelmäßige Zeiten haben, wo wir eben in einen gewissen *Austausch* treten können. Und wo auch die Jugendliche irgendwo eine *Vertrauensebene* bilden kann, kriegen kann. Und dazu gehören eben auch gemeinsame Dinge [gegenseitige Essenseinladungen der Jugendlichen, Kulturprogramm]. [...] Dass sie in Austausch treten, wie geht es dir da und was machst du, was hast du für Sorgen oder so. Das ist irgendwie eine ganz hilfreiche Sache. So etwas trägt auch zum Gelingen der Arbeit bei, ganz wesentlich, *und dazu gehören eben auch die Möglichkeiten, so etwas überhaupt machen zu können.* Und für mich ist ein Erfolg auch nicht nur dann gegeben, wenn dieser Jugendliche tatsächlich dann den Abschluss hingekriegt hat in der Zeit, die er da zur Verfügung hat. Das ist zwar schon ein ganz wesentliches Ziel von mir, [...] dass die Jugendlichen hier rausgehen und ihren beruflichen Abschluss haben oder eine ganz klare Ziellinie haben, die sie auch selbstständig erreichen können".

Diese Beispiele machen deutlich, dass eine „gute" Interaktionskultur mit den Jugendlichen (gegenseitiges Vertrauen, Respekt etc.), eine wichtige Rahmung des Handelns darstellt, gleichzeitig aber selbst durch weitere Faktoren – sowohl subjektive als auch strukturelle – erschwert werden kann: Zum einen durch die individuelle Haltung der Mitarbeiterinnen und Mitarbeiter, zum anderen durch die beschränkenden Finanzierungsstrukturen. Herr Xiller und Frau Tross weisen in den folgenden Zitaten auf die Verantwortung der Einrichtung, auch im Hinblick auf die Rahmung der adressaten-bezogenen Interaktionskultur hin:

> Hr. Xiller (Leitung/EH): „Also das ist so ein Zusammenspiel, so stell ich mir das immer vor. Insofern tue ich mich schwer zu sagen, gute Praxis macht gute Supervision aus, gute Fortbildungen, das sind alles Beipacksachen, das gehört alles dazu, aber im Grundsatz gehört es dazu, dass es uns gelingt, bei unseren Mitarbeitern die Empathie, die Wärme und die Fähigkeit auf den anderen einzugehen, möglichst *lange am kochen* zu halten, weil dann sind wir echt und dann sind wir authentisch und dann kommt das auch bei den Betreuten an".

I: „Was würden Sie denn gern auf der konkreten Tages- oder Wohngruppenebene ändern, wenn Sie freie Hand hätten?
Fr. Tross (Leitung/EH): Wenn ich freie Hand hätte? Würde ich [lacht] schauen, dass
Mitarbeiter immer also im Doppeldienst arbeiten könnten. Und das von daher noch
viel stärker der Bereich der individuellen Förderung [der Jugendlichen] im Vordergrund steht und das wäre dann noch so ein Schwerpunkt. Die sonstige Ausstattung
halt ich für sehr angemessen und gut bei uns, so die ganze materielle und finanzielle
Ausstattung ist okay, so wie es im Moment der Stand ist".

Im ersten Zitat von Herrn Iglauer wird – zusammenfassend – eine grund-
legendere Schwierigkeit deutlich: Formulierte Handlungsprinzipien, die
„Worte bleiben" und damit eher eine rhetorische denn eine handlungs-
orientierende Funktion haben. Eine solche „Rhetorik" birgt allerdings die
Gefahr, dass wichtige Prinzipien an Glaubwürdigkeit verlieren und damit die Legitimation eines unter Druck geratenen Arbeitsfeldes zunehmend erschweren. Als zentral im Umgang mit den Jugendlichen und Eltern betonen die interviewten Fachkräfte:
-   den Blick auf die Bedürfnisse der Adressaten (was brauchen die Ju-
    gendlichen),
-   die Schaffung von Rahmenbedingungen, die eine Ressourcenorien-
    tierung ermöglichen,
-   die Bereitschaft, sich in Frage stellen zu lassen (welche eigenen
    moralischen Prinzipien prägen individuelle Einschätzungen) sowie
-   die Realisierung fachlicher Prinzipien.

5.2.4 Sozial- und gesellschaftspolitische Dynamiken

In verschiedenen Schilderungen der interviewten Fachkräfte (auch über
die Antworten auf die Frage nach Rahmenbedingungen hinaus) werden
sozial- und gesellschaftspolitische Rahmungen in der Weise problematisiert, dass sie die Handlungsmöglichkeiten der Professionellen einschränken bzw. erschweren. Interessant ist dabei, dass die Fachkräfte unterschiedliche Konsequenzen daraus ableiten: Wird versucht, darauf Einfluss zu nehmen, wird dies als erweiterter Handlungsauftrag verstanden
(im Sinne der Wahrnehmung eines sozialpolitischen Mandates für die

Adressaten). Die folgenden Zitate sollen Einblicke ermöglichen, welche Kontextbedingungen von den interviewten Fachkräften in direktem Einfluss zur Arbeit gesehen werden. In einem zweiten Schritt werden Aussagen präsentiert, die deutlich machen, wie unterschiedlich auf diese Art von „Einschränkungen" reagiert wird.

Begrenzungen

> Fr. Tross (Leitung/EH): „ [...] ja sonstige Rahmen-, das öffentliche Bewusstsein, wie ich eingangs schon mal gesagt hatte, dieses Verständnis, dass es eine zentrale Aufgabe ist sich für die Kinder und Jugendlichen stark zu machen und dass es wichtig ist, dass die Kinder Räume haben, Spielräume haben und es werden hier und da Prioritäten nicht so richtig gesetzt und ich denke, das tät sinnvoll werden".

Insbesondere im Hinblick auf den Kontext mangelnder Ausbildungsplätze für Jugendliche kommen die interviewten Fachkräfte zu unterschiedlichen Einschätzungen. Frau Meyer, die bspw. an einer Stelle im Interview diesbezüglich ausführt, dass der Abschluss einer Ausbildung als Ziel im Betreuten Jugendwohnen nicht überbewertet werden dürfe (s.o.), argumentiert an anderer Stelle wie folgt:

> Fr. Meyer (Fachkraft/BJW): „Ich glaube einfach auch, wenn die nachher gar nicht in dem Beruf arbeiten, das ist oft völlig wurscht. Ich habe schon einen Zimmermann gehabt, der nie mehr danach auch bloß eine Zimmermanns-Baustelle betreten hat und trotzdem war das einfach immens wichtig für den, dass diese Ausbildung abgeschlossen ist. Und der hat das auch gemacht und hat dann danach im Mediamarkt seine Anstellung gefunden und ist da heute noch, das ist überhaupt kein Problem. Und da muss sich auch kein Jugendamt dumm dabei fühlen, eine Ausbildung finanziert zu haben, die nachher keine Relevanz in Anführungszeichen hat. Weil der Erfolg von der ganzen Sache ist, eine *Ausbildung abgeschlossen* zu haben und nachher vorweisen zu können, ich habe das geschafft und bin insofern auch in der Lage irgendwo anders zu arbeiten und zuverlässig zu sein und was hinzukriegen. Und es ist trotz allem auch immer eine Möglichkeit wieder in dem Beruf zu arbeiten, das ist ja gar keine Frage. Aber es geht einfach darum, eben etwas abgeschlossen zu haben und etwas zu haben als Grundlage.
> Und für die meisten Jugendlichen ist aber wirklich ein *viel größerer Erfolg* und damit ist es auch ein Erfolg so für unsere Arbeit hier, wenn einfach *Erkenntnisprozesse* in Gang gesetzt worden sind, wenn die Jugendlichen einen Zugang zu sich selbst gefunden

haben, wenn sie ihre Probleme artikulieren können, wenn sie gelernt haben, Vertrauen zu anderen Menschen zu fassen. Also solche Dinge sind manchmal lange Prozesse, die brauchen sie aber ganz dringend, um später in ihrem eigenen Leben und in ihrem Umfeld Fuß fassen zu können oder in Kontakt zu anderen Menschen treten zu können oder Problemlösungen selber zu finden. [...] Also man wird ja auch vom Jugendamt oft an diesen Erfolgen gemessen. Wieviele Jugendliche gehen tatsächlich hier geheilt raus oder mit richtig festem Boden unter den Füssen [...] Und oft ist der Maßstab der, Ausbildung abgeschlossen, ja oder nein. Weil das ist das erklärte Ziel vom Jugendamt und das ist auch tatsächlich ein ganz wichtiger Punkt. Aber es ist nicht der einzige Punkt und andere Punkte können unter Umständen sogar manchmal wichtiger sein. [...] Man kann eine Maßnahme, eine gemeinsame Betreuung und Begleitung wirklich erfolgreich abgeschlossen haben und die Ausbildung ist nicht beendet. Und das ist was, was man manchmal erst vermitteln muss, dann im konkreten Einzelfall".

Auf die explizite Frage, was die in der Jugendberufshilfe tätigen Fachkräfte Frau Urban und Herr Carl von einer Ausbildungszentrierung halten, antworten beide unterschiedlich:

I: „Mich würde noch interessieren, in dem Bereich wird ja immer wieder diskutiert, vielleicht ist es gar nicht so gut, die Jugendlichen zwanghaft in Ausbildungen zu schieben, sondern es gibt den zweiten Arbeitsmarkt, es gibt Jobberkarrieren, die teilweise stabiler sind als Ausbildungskarrieren. Was denken Sie dazu?
Hr. Carl (Fachkraft/JBH): Das sehe ich genau so.
Fr. Urban (Fachkraft/JBH): In fünf Jahren ist es vielleicht unwichtig eine Ausbildung gemacht zu haben, also welche Ausbildung man gemacht hat. Aber es legen viele Wert darauf, dass eine Ausbildung gemacht wurde, weil es was mit Kontinuität zu tun hat. In welchem Bereich das ist, ist egal. Ich denk, man wird später als Arbeitgeber eher gucken, bringt der mir was, macht der was usw."

Umgang mit Begrenzungen

Die Tatsache mangelnder Ausbildungsplätze veranlasst Frau Michalski zu Überlegungen, den europäischen Arbeitsmarkt, insbesondere für Jugendliche mit Migrationshintergrund, gezielt als Arbeitsmöglichkeit in den Blick zu nehmen (vgl. Kap. 3.2.1). Aus der Situation struktureller Perspektivlosigkeit folgert Herr Qvortrup im Gegensatz dazu anderes:

Hr. Qvortrup (Leitung/JSA): „Zentrale Herausforderung ist, den Jugendlichen eine Perspektive zu geben. Und damit ist Sozialarbeit im Moment auch ein bisschen *überfordert*. Weil Sozialpädagogik, Sozialarbeit kann nicht gesamtgesellschaftliche Bedingungen verändern, das geht einfach nicht".

Auch wenn Herr Iglauer, ähnlich wie Herr Qvortrup eine Überforderung Sozialer Arbeit anspricht, ist für ihn das Problem zunehmender Armut dennoch eines, dem sich die Professionellen stellen müssen:

Hr. Iglauer (Leitung/JSA) [auf die Frage nach zukünftigen Herausforderungen]: „[...] und dann zu gucken, dass wir die *Armut in Grenzen halten*. Das sehe ich hier bei meinen Anlaufstellen für wohnungslose junge Menschen. Wir werden dieses Jahr wieder über 500 18- bis 25-jährige hier beraten haben, die halt auf der Straße leben. Das erschreckt mich schon. Das ist einfach zu viel.

[Auf die Frage, ob diese Einschätzung zu neuen Aufgaben führt, antwortet Herr Iglauer an späterer Stelle]:

„Für mich selber sehe ich hier eher die Aufforderung, wenn Armut weiter zunimmt, ist das ein sozialpolitisches Thema, dieses auch in der Öffentlichkeit zu skandalisieren. Und das wird auch kommen, davon bin ich voll überzeugt. Wir werden hier schon hart konfrontiert werden mit diesem Verteilungskampf – sag ich jetzt Mal – wo die Mittel letztendlich auch hinfließen. Weil da brauchen Sie ja nur in die Stadtteile gehen und sehen, wie die Familien aufgestellt sind, was sich dort abspielt, das hat ja lauter Folgekonsequenzen. Welche Konzepte wir da auch entwickeln, da habe ich noch keine Ahnung, das muss ich Ihnen echt sagen. Im Moment sind wir eher noch dabei Hartz IV zu verdauen oder umzusetzen und die Möglichkeiten auch zu suchen, die wir da haben und die eher einzufordern. Dass nicht nur die Forderung da ist, sondern auch das Fördern und da sind wir gerade dabei eher nachzuhaken, wie sieht es jetzt aus mit Fördern, wir haben ja Ideen, jetzt sollen sie auch mal rangehen und die auch fördern".

Und schließlich ist im zentralen Bereich der gesetzlichen Rahmenbedingungen bspw. für Frau Ulmann ganz klar, dass diese Rahmungen nicht als solche hingenommen werden können, sondern diakonische Einrichtungen und Träger gefordert sind, sich einzumischen und sich für einen Erhalt notwendiger Hilfen einzumischen.

Fr. Ulmann (Fachkraft/BJW): „Wir sind im Moment unheimlich viel beschäftigt mit den Veränderungen in den Gesetzen. Das heißt auch am Rahmen und an den ganzen neuen Strukturen, die sich durch den veränderten Kontext dann entwickeln, da sind wir gefragt, politisch mit einzuwirken auf dem, dass wir dem Diakonischen Werk Meldungen zurückgeben: Da entwickeln sich katastrophale Dinge, weil wir unserem

Personenkreis gute Rahmenbedingungen eigentlich schaffen, halten müssen. Das heißt wir sind im Moment unterwegs mit dem Thema Erhalt der Hilfen".

Hr. Xiller (Leitung/EH): „Was mich momentan stark stört, ist dass wir das nicht hinkriegen innerhalb der Diakonie auch gegen diese rigide Jugendhilfepolitik insofern einheitlich vorzugehen, dass wir wirklich mal parteiliche Jugendhilfe betreiben. Das heißt, wir uns ganz klar überlegen, wo stehen wir endlich mal auf, sagen, hier werden Jugendliche massiv benachteiligt, hier werden Rechte eingeschnitten, das kann man meiner Meinung nach in dem System, in dem wir momentan leben, als einzelner gar nicht mehr machen. Weil das erlebe ich in meiner Alltagspraxis, dass dann die Landratsämter sagen: Wenn sie das an die große Glocke hängen, dann belegen wir sie nicht mehr. Wenn ich die Belegung nicht habe, sterbe ich insofern aus, weil ich meine Mitarbeiter nicht mehr zahlen kann. Da müsste mein Dachverband für mich einspringen und gewisse Klage machen und da merke ich die Zerrüttetheit, dass mein eigener Dachverband eigentlich mehr seine eigene Politik, wie sollte Jugendhilfe geschehen, durchsetzt, wie eigentlich dem Bedarf der Mitglieder zu folgen. Da ist die Frage mit im Raum, wer regiert wen? Regieren die Mitglieder den Dachverband oder regiert der Dachverband die Mitglieder? Ist natürlich böse, aber das ist schon so".

Im Interviewmaterial wird also deutlich, dass Bedingungen des Aufwachsens, Dynamiken am Arbeits- und Ausbildungsmarkt, Armut sowie der Abbau von Hilfen die Möglichkeiten nachhaltiger Unterstützung maßgeblich beeinflussen. Diese Einschätzungen und Erfahrungen führen allerdings zu folgenden unterschiedlichen Positionierungen:

- sich damit abfinden, nicht Einfluss nehmen zu können,
- Entwicklungen transparent zu machen und zu problematisieren,
- sich im Rahmen von politischen Aushandlungsprozessen für den Erhalt von Hilfen einzusetzen,
- nach neuen Hilfemöglichkeiten zu suchen, die bislang noch nicht im Blick waren (vgl. dazu auch Kap. 3.3.3).

Eine interessante Anschlussfrage wäre, ob es innerhalb des diakonischen Fachverbandes eine Position gibt, die für die Fachkräfte Anregung und Orientierung bieten könnte? Geht es um eine Anwaltsfunktion für Jugendliche über die konkrete Arbeit hinaus? Im Moment scheint dies der Haltung der einzelnen Fachkräfte überlassen, was zu unterschiedlichen Aufgabeneinschätzungen führt.

5.3 Ergebnisse: Interaktion und Organisation

Die folgenden Thesen bündeln die zentralen Ergebnisse, die deutlich machen, dass die Fachkräfte als Realisierungsbedingungen kompetenter Praxis insbesondere auf produktive Verständigungsprozesse bzw. Interaktionskulturen verweisen, auf Balancen von kommunikativem und strategischem Handeln sowie auf Arbeitskontexte, die fachliche Innovationen unterstützen und befördern.

5.3.1 Produktive Interaktionskulturen als gestaltbare Bedingungen kompetenter Praxis

These 1: Produktive Interaktionskulturen, geprägt von gegenseitigem Vertrauen und Respekt (Subjekt- und Ressourcenorientierung) sowie von Klarheit und Transparenz im Hinblick auf Möglichkeiten und Grenzen der jeweiligen Arbeitsbündnisse (zwischen Fachkräften, Kooperationspartnern und Adressaten) stellen zentrale gestaltbare Bedingungen kompetenter Praxis dar.

Die interviewten Jugendhilfefachkräfte rücken bei der Thematisierung notwendiger Rahmenbedingungen gelingender Praxis vor allem Aspekte in den Vordergrund, die einer spezifischen Interaktionskultur zuzuordnen sind. Entscheidende Kontexte der Interaktionen sowohl mit Kolleginnen und Kollegen als auch mit Adressaten und externen Kooperations- und Verhandlungspartnern sind die gemeinsam geteilten „Werte", von denen in diesen Interaktionen ausgegangen werden kann. Diese können sich nur über Kommunikation herstellen. Im Zentrum steht ein Verständnis von Organisation, das vor allem die gestaltbaren Prozesse betont – Interaktionskultur ist der zentrale Begriff hierfür.[37]

---

[37] Die ‚lernende Organisation' als Konzept der Organisationsentwicklung beschäftigt sich damit, wie kommunikative Strukturen in einer Organisation gestaltet sind. Sie geht von einem Organisationsbegriff aus, der dynamische Prozesse und nicht die statischen Elemente einer Einrichtung ins Auge fasst. Über Kommunikationen realisieren sich diese dynami-

Für die Kompetenzentwicklung in Einrichtungen der diakonischen Jugendhilfe stellt sich die Aufgabe, die Interaktionskulturen (auf den verschiedenen Ebenen) zu unterscheiden, das heißt, zu rekonstruieren, von welchen gemeinsam geteilten Werten diese getragen sind. Zeigen sich Kontexte, die einer Kompetenzentwicklung nicht förderlich sind, gilt es in einem zweiten Schritt zu prüfen, wie diese zu verändern und umzugestalten sind.

Kompetenz und insbesondere die Fähigkeit zur selbstorganisierten Reflexivität ist durch eine offene und transparente, vertrauensvolle und wertschätzende, angstfreie und zutrauende Interaktionskultur zu gewährleisten:

-   Auf der Ebene der *Interaktionen mit den Adressaten* tragen die Fachkräfte besondere Verantwortung für die Entwicklung einer solchen Interaktionskultur (sie sind aber darauf angewiesen, dass sich die Adressaten in gleicher Weise auf die Interaktionen einlassen, also offen und transparent).
-   Im Hinblick auf *externe Kooperationspartner* sind die Fachkräfte darauf angewiesen, auf kompatible Haltungen zu treffen oder aber aufgefordert, sich für die Herstellung solcher Kontexte einzusetzen.
-   Was die *organisationsinternen Interaktionen*, zwischen Mitarbeiterinnen und Mitarbeitern sowie zwischen ihnen und den jeweiligen Führungskräften angeht, sind insbesondere die Leitungskräfte gefordert, eine produktive Interaktionskultur zu befördern.

Folgt man dem Ergebnis, dass das jeweilige Handeln der Jugendhilfefachkräfte entscheidend von der jeweiligen Interaktionskultur geprägt

---

schen Prozesse, die als ‚Organisationslernen' begriffen werden (vgl. Wolff 2004: 13ff). Damit eine Organisation lernen kann, müssen nach Senge (1996) fünf Aspekte beachtet werden: Frei übersetzt sind das die Förderung persönlicher Kompetenzen bzw. Aspekte der Persönlichkeitsbildung der Mitarbeiterinnen und Mitarbeiter (Personal Mastery), die Bewusstmachung von Grundannahmen, die mit der Ausübung beruflichen Handelns in Verbindung stehen (Mental Models), das Finden gemeinsam getragener Ziele einer Einrichtung (Shared Visioning), bewusstes Teamlernen (Team Learning) und schließlich systemisches Denken, dass dafür sorgt, Wirkungszusammenhänge diskutierbar zu halten und bearbeiten zu können (Systems Thinking).

bzw. bedingt wird, in welche dieses Handeln eingebettet ist, so legt dies im Hinblick auf Kompetenzentwicklung zwei Folgerungen nahe: „Kompetenzentwicklung", die auf eine Erweiterung konkreter Fähigkeiten von Fachkräften reduziert bleibt, lässt entscheidende Bedingungen kompetenter Praxis außer Acht und greift zu kurz. Kompetente Jugendhilfepraxis braucht produktive Interaktionskulturen.

Kompetenzentwicklungsprozessen sollten daher auch Analysen der jeweiligen Interaktionskultur vorausgehen, zumindest empfiehlt es sich, Kompetenzentwicklungsprogramme nicht losgelöst von organisationsbezogenen Reflexionen und entsprechenden Entwicklungsprozessen durchzuführen.

5.3.2 *Reflektierte Balancen und Transparenz kommunikativer und strategischer Interventionen*

These 2: Als Bedingung kompetenter Praxis braucht es Ausgewogenheit und reflektierte Balancen kommunikativen und strategischen Handelns. Fehlende Transparenz strategischer Entscheidungen der Einrichtungen – hinsichtlich der Reaktionen auf Ökonomisierungsprozesse bzw. sozial- und gesellschaftspolitischer Veränderungen – veranlassen die Fachkräfte zu Kritik.

Vergleicht man die subjektiven Beschreibungen produktiver Interaktionskulturen im Hinblick auf darin formulierte Kompetenzanforderungen, so ziehen sich Hinweise auf notwendige Balancen von kommunikativem und strategischem Handeln quer durch die Interviews. Das bedeutet wiederum in Hinblick auf Kompetenzentwicklung, dass Möglichkeiten aber auch Grenzen von offener Kommunikation und zielorientierter Strategie auf den jeweiligen Interaktionsebenen geklärt werden sollten. Das Material legt folgende zu klärende Fragen nahe:
-    Wie viel Offenheit und Zielorientierung braucht es in den Interaktionen mit Adressaten?

- Wie steht es um die kommunikativen Orientierungen in und zwischen verschiedenen diakonischen Einrichtungen?
- Reichen die strategischen Kompetenzen in den Interaktionen mit externen Verhandlungspartnern aus – insbesondere angesichts eines zunehmenden Wettbewerbs?
- Wie ist auf veränderte sozial- und gesellschaftspolitische Kontexte zu reagieren? Inwiefern gilt es ein sozialpolitisches Mandat für die Adressaten wahrzunehmen?

In den Interviews zeigen sich unterschiedliche diesbezügliche Antworten: Sozial- und gesellschaftspolitisch bedingte Einschränkungen der Unterstützungsmöglichkeiten für Kinder und Jugendliche werden für manche Fachkräfte zu einem Handlungsauftrag diakonischer Jugendhilfe, für andere nicht. Da diese grundlegenden, weil existenzsichernden Bedingungen (zum Beispiel entsprechende Rechtsansprüche) die Arbeit entscheidend beeinflussen und begrenzen, sollten entsprechende Konsequenzen unterschiedlicher Strategien nicht außer Acht gelassen und zum Gegenstand fachlicher Klärungen werden.

5.3.3 Innovationsfördernde Arbeitskontexte

These 3: Ändern sich die Kontexte sozialpädagogischen Handelns, fordert dies die Professionellen zur Reflexion der damit einhergehenden Konsequenzen im Hinblick auf Handlungsmöglichkeiten bzw. Grenzen sowie zu entsprechenden „Entwicklungsprozessen" heraus. Solche Entwicklungsprozesse sind auf „innovationsfördernde Arbeitskontexte" angewiesen und gelingen nur im Zusammenspiel von Organisations- und Kompetenzentwicklung.

Kompetente Praxis – eine Praxis, in der verändernde Kontexte zum Gegenstand fachlicher Reflexionen und Innovationen gemacht werden – ist auf spezifische Arbeitsbedingungen angewiesen. In den Interviews wird betont, dass ergänzend zur individuellen Voraussetzung selbstorganisierter Reflexivität (Ebene der jeweiligen Fachkräfte) ein Verständnis der jeweiligen Einrichtung als „lernende Organisation" für Entwicklungsprozesse und fachliche Innovationen unverzichtbar ist. Diese ‚Philosophie' muss allerdings, so eine weitere Bedingung für Innovationen, in bestimmten, institutionellen Kontexten ihren Ausdruck finden.

Lernende Organisation – lernende Fachkräfte

Die folgenden Zitate sollen illustrieren, dass und inwiefern die interviewten Fachkräfte diese Art der „Entwicklungsarbeit" leisten wollen, wie dies aber auch von der jeweiligen Institution unterstützt werden kann und muss. Frau Ittner und Herr Kurz begründen notwendige Entwicklungsarbeit mit sich verändernden Bedarfen, Planungsunsicherheiten, Abhängigkeiten von Projektfinanzierungen und dem Wunsch eine (marktfähige) lernende Organisation zu sein:

> Hr. Kurz (Leitung/EH): „Ich will eine lebendige Einrichtung, eine lebendige Organisation, neudeutsch kann man auch lernende Organisation richtigerweise dazu sagen. [...] [An spätere Stelle:] Es ist etwas dran an dem Bild, dass der Chef sozusagen derjenige ist, der einen Idee hat und die verfolgt und die umsetzt, da ist was dran. Aber in Wahrheit sage ich mal – und das ist die Kunst sage ich mal eines guten Chefs – in Wahrheit ist es so: Eine gute Idee zu erkennen, die muss nicht ich als Chef selber haben, sondern die hat meine Mitarbeiterin oder wir diskutieren ein Thema in der Leitungsrunde".

> Fr. Ittner (Leitung/EH): „[...] die Aushandlungsprozesse, die Verlässlichkeit und die Absprache ist wichtig und Entscheidungen können sich überholen, dann wieder diesen Prozess von vorne anfangen, ja. Und das zu schätzen, also nicht zu meinen, das, was wir vor 5 Jahren gemacht haben, ist aber ein Scheiß gewesen, sondern das ist klar, es geht nach vorne weiter und die Bedarfe verändern sich und die Maßnahmen müssen sich entsprechend anpassen".

Die folgenden Zitate beleuchten das notwendige Zusammenspiel von „lernenden Organisationen", die ihren Fachkräften Entwicklungsspielräume zugestehen und lernenden Fachkräften, die selbst ein Interesse an fachlichen Entwicklungen einbringen. Dass diese Entwicklungsarbeit auf

Wertschätzung und organisierte Reflexion (Supervision) angewiesen ist, machen Frau Pauli (vgl. Kap. 5.1) und Frau Ulmann ebenfalls deutlich:

> Fr. Ulmann (Fachkraft/BJW): „[...] wir machen diese Arbeit immer noch gern. Auch dadurch, dass sie nie stehen geblieben ist, dadurch dass sie immer weiter entwickelt werden konnte und dass wir von der Basis aus entwickelt haben. Das ist so, dann auch sich damit verbunden fühlen, sich dafür verantwortlich fühlen, also ich entwickle die Arbeit jetzt ja nicht für mich nur – auch – sondern am Klientel und dieses *beweglich sein vom Konzept her*, das finde ich nach wie vor Klasse und das macht es auch aus, so eine hohe Arbeitszufriedenheit zu haben. Und auch diese hohe *Eigenverantwortlichkeit, umsetzen zu können*, was eine große Verbindung und Identifikation zur Arbeit schafft und wir fanden es auch sehr schade, dass das nie so aufgenommen wurde, jetzt von neuer Leitung".

Auch Herr Iglauer betont, eine gewisse Haltung der Lernbereitschaft in die Arbeit mitbringen zu müssen, allerdings müssen eigene Lernprozesse der Mitarbeiterinnen und Mitarbeiter kontinuierlich gefördert werden:

> I: „Sie haben vorher gesagt, getreu Ihrem Motto, wenn ich es nicht weiß, muss ich mich schlau machen. Wie können Sie diese Haltung fördern bei Leuten?
> Hr. Iglauer (Leitung/JSA): [...] Also fördern kann ich das, in dem ich halt sage: Du musst halt da und da fragen. Also so. Ich gehe auch nicht gleich in die Rolle rein, ich übernehme auch keine Problemlösungen [...] weil sonst lernt es ja der Andere nicht. Also von daher versuche ich dann schon jemanden [zu überzeugen], dass er sich da weiter qualifiziert, weil das ist ja der Punkt. Und wenn es dann scheitert, kann er immer noch kommen und sagen: Du ich bin da gescheitert".

Institutionell-strukturelle Faktoren

Neben den Voraussetzungen auf der individuellen Ebene der Mitarbeiterinnen und Mitarbeiter (eigene Positionen, Lernbereitschaft, Freude an Veränderungen) gibt es Faktoren, durch welche die Einrichtung Veränderungsprozesse unterstützen kann. Die wesentlichen positiven Aspekte – Fehlerfreundlichkeit, Rückendeckung, Personalentwicklungskonzepte, gezieltes Management – sind den folgenden Äußerungen zu entnehmen:

> Hr. Schiller (Leitung/EH): „Ja, wir versuchen ja auch im QE-Prozess in die Köpfe zu kriegen: Fehler passieren, es ist wichtig, dass Fehler identifiziert werden, weil aus Feh-

ler kann man sehr *gut lernen*, von daher ist allen klar, es werden Fehler gemacht und wir versuchen auch möglichst fehlerfreundlich umzugehen. Wobei es natürlich-, es gibt einen Unterschied zwischen Fehlern und massivem Fehlverhalten würde ich jetzt mal sagen. Und von daher kann man das auch nicht allgemein sagen. Es gibt mit Sicherheit Fehlverhalten, das darf man nicht machen".

Fr. Tross (Leitung/EH): „Die Qualifikation der Mitarbeiter sind Rahmenbedingungen. Die Zeit, ausreichende Zeit, *die Rückendeckung als Rahmenbedingung* für die Mitarbeiter, also zum einen von uns, also von mir angefangen, über die Gesamteinrichtung die Rückendeckung, weil es gibt viele pädagogische Vorgehensweisen, die auch neu sind oder ausprobiert werden müssen [...]. Das erlebe ich zunehmend, dass wir Absprachen treffen müssen, weil wir wieder Muster durchbrechen oder irgendwas Neues ausprobieren, weil alte Wege nicht funktionieren. Und dass diese Kreativität und die Innovationsfreude der Mitarbeiter auch gut eingebettet ist, das wäre eine gute Rahmenbedingung, wenn das so immer gegeben ist oder beziehungsweise da bemühe ich mich sehr darum, dass wir die haben. Ja, Raum und so Materielles, das ist klar, das muss natürlich auf jeden Fall auch da sein, aber das ist eigentlich so was, was jetzt gar nicht in Frage steht, so im Moment".

Hr. Xiller (Leitung/EH) [auf die Frage, was Mitarbeiter wissen und können müssen]: „[...] und dann wirklich so seine Entwicklung im System oder im Unternehmen mitzugehen und mitzumachen, das ist so meine Vorstellung. Wo sich dann auch so Unternehmen hin entwickeln werden, ich habe es ja vorhin schon gesagt, in vernetzten, kleingliedrigen Systemen, da brauche ich den Mitarbeiter, der da sehr sensibel ist für die Entwicklung, der auch Möglichkeiten und Chancen sieht und sich da auch mutig reinschmeißt. [...] Es bedingt für uns klare Personalentwicklungskonzepte. Das heißt, wir müssen Klarheit erfüllen durch Zielabsprachen: Wo entwickelt sich dein Bereich hin, wo entwickelst Du dich hin. Absprachen mit den Kollegen treffen. Dann auch wieder da zu sagen, was an Fortbildung, Supervision, an Weiterbildung stellen wir zu Verfügung, was planen wir mit dir, was finanzieren wir als Träger, wo musst du als Mitarbeiter auch eine gewisse Eigenleistung mit dazu beibringen. Und da in der Klarheit und in der Stringenz der Absprachen wirklich zu sagen: Wir entwickeln uns beide. [...] Wo stehst Du, wo hast Du dich hinentwickelt, wo willst du dich hinentwickeln, wo sehen wir als Unternehmen deinen Weg, haben wir da eine Deckungsgleichheit? Wenn wir sie nicht haben, müssen wir uns überlegen, wie geht es weiter miteinander. Das sind so Rahmenbedingungen, die wir zur Verfügung stellen".

I: „Und Sie haben jetzt gesagt, man bräuchte mehr Mittel oder mehr finanzielle Möglichkeiten. Was bräuchte es noch an Bedingungen für eine gute Praxis?
Fr. Michalski (Leitung/JMD): Ich würde das nicht so ausdrücken, dass es mehr Mittel braucht. Mittel, klar, ist das A und O, weil es wird professionell gearbeitet und man kann nicht alles über Ehrenamt abdecken. [...] Aber ich denke schon, man braucht jetzt gezieltes soziales Management in diesem Bereich, in einer Zeit, wo über unterschiedli-

che Projekte unterschiedliche Sachen erprobt wurden. Man muss gucken, was ist gut, dass es weiter läuft. Und was brauchen wir unbedingt als Regelangebot, das dauerhaft angesiedelt ist. Man kann auch nie sagen, wir probieren jetzt dieses Schulsystem drei Jahre lang und wenn es nicht passt, machen wir Anderes. Wir brauchen *Regelangebote, wir brauchen aber auch Projekte*, um neue Wege zu erschließen. Aber nicht entweder oder. Und jetzt befinden wir uns eher in der Phase, wo fast nur über Projektarbeit in unserem Bereich rausfinanziert wird". [An anderer Stelle]
I: „Wenn Sie jetzt so bestimmte Dinge planen, könnten Sie sagen, wie Sie Entscheidungen treffen, was ihnen dabei wichtig ist, wie Sie zu einer Entscheidung kommen?
Fr. Michalski: Erstens, ob es den Zielgruppen gerecht wird, sie es unbedingt braucht. [...] Zweitens, ob dieses Angebot in die regionale Landschaft überhaupt reinpasst. Es kann sein, dass es ein super Angebot ist, aber alleine können wir das nicht machen, [...] dann macht es auch keinen Sinn, es zu machen [...]. Und drittens, ob die Geschichte ausfinanziert ist oder nicht, ob man dann auch wirtschaftlich bleiben kann".

Was Herr Xiller für eine besonders innovationshemmende Rahmenbedingung hält, wird in folgendem Zitat deutlich:

Hr. Xiller (Leitung/EH): „Da gibt es ja in der württembergischen Diakonie diverse Beispiele, wie Träger probiert haben, in anderen Gebieten sich gegenseitig dann Konkurrenzen zu machen. Zahlt man im Prinzip immer nur drauf, also es gibt immer ein bisschen Imageverluste und Imageschädigungen. Da setz ich drauf, wenn ich ein gutes Konzept habe, dann glaube ich auch dran, dass sich da die Inhalte auf Dauer durchsetzen werden [...]. In die Konkurrenz um in die besseren Konzepte, da gehe ich dann wieder mit, aber nicht so: Da hast du eine Wohngruppe, da muss ich auch eine reinsetzen. Gut, das ist dieses Verhalten, wie man es von der Wirtschaft her kennt und das scheint gerade en vogue zu sein innerhalb der Kirche und der Diakonie und da leisten wir uns als Träger noch, dass wir sagen, wir wollen da inhaltlich was dagegen setzen. Wird sich zeigen, welches Konzept auf Dauer tragfähiger ist".

Fasst man die Aspekte zusammen, so wird deutlich, dass Mitarbeiterinnen und Mitarbeiter auf vielfältige Weise in ihren Entwicklungspotenzialen unterstützt werden können, dass aber auch weitere Bedingungen für produktive Entwicklungsprozesse gewährleistet werden müssen – kurz, innovationsfördernde Rahmenbedingungen durch die Einrichtungen gefördert und im Zusammenspiel mit den Fachkräften wirksam werden. Die Fachkräfte betonen in diesem Zusammenhang insbesondere Personalentwicklungskonzepte, Fortbildung, Supervision, Balance von Projektarbeit und Regelangeboten sowie eine konsequente Zielgruppenorientierung.

6 Qualifizierungsbedarf von Jugendhilfe-
fachkräften

Das folgende Kapitel befasst sich mit dem Qualifizierungsbedarf von Jugendhilfefachkräften. Die weite Bezeichnung ‚Qualifizierung' umfasst
dabei verschiedene Qualifizierungsformen: Fort- und Weiterbildungen,
Zusatzausbildungen, fortlaufende kollegiale Beratungen, Multiplikati-
onsmöglichkeiten von Wissen im Team, Inhouse-Seminare, fortlaufende
(prozessbegleitende Elemente von) Supervison und Coaching, weitere
Formen der Qualifizierung von Einzelnen, Teams und ganzen Einrichtungen. ‚Bedarf' meint im Rahmen dieser Untersuchung die subjektiven
Einschätzungen der befragten Fachkräfte darüber, welche Qualifizierungsmöglichkeiten und -angebote (für Fachkräfte in leitender und nicht-
leitender Funktion) für notwendig erachtet werden und deren Nachfrage
vom Verband gefördert werden sollte: Die Jugendhilfefachkräfte wurden
danach gefragt, wo sie in ihrem Arbeitsbereich einen Qualifizierungsbedarf für die verschiedenen Mitarbeiterinnen und Mitarbeiter sehen, ob
dieser Bedarf per Angebot (insbesondere von diakonischen Fortbildungsträgern) abgedeckt wird und welche Angebote aus ihrer Sicht zusätzlich
entwickelt werden müssten (Fachkräfte in leitender Position wurden um
eine Differenzierung gebeten, welchen Qualifizierungsbedarf sie für angehende Leitungskräfte im Unterschied zu Fachkräften sehen).

In den folgenden Abschnitten werden zunächst die jeweiligen Antworten zu Themenbereichen im Hinblick auf notwendige Angebote und
deren Bewertung gebündelt (Kap. 6.1), grundlegende Perspektiven im
Hinblick auf Qualifizierung rekonstruiert (Kap. 6.2) sowie im Material
aufscheinende Zusammenhänge von Kompetenzentwicklung und Qualifizierung aufgezeigt (Kap. 6.3).

6.1 Inhalte und Themen notwendiger Qualifizierung

Die Aussagen der Befragten erlauben es, eine Reihe von Qualifizierungsinhalten zu unterscheiden, die als notwendig für die Bewerkstelligung der beruflichen Aufgaben aufgefasst werden. Notwendige Qualifizierungsmöglichkeiten zielen vor allem auf konkrete Wissensvermittlung oder auf den Erwerb spezifischer Fertigkeiten. Die Beschäftigung mit diesen Themen und Inhalten findet berufsbegleitend statt. Ihre Auswahl folgt aktuellen Fragestellungen aus der beruflichen Tätigkeit. Einschätzungen im Hinblick auf den Qualifizierungsbedarf von Fachkräften in nicht-leitender Position (1.) im Unterschied zu Fachkräften in leitender Position (2.) werden im Folgenden differenziert dargestellt und um grundlegende Bewertungen der interviewten Fachkräfte im Hinblick auf die Qualifizierungsmöglichkeiten innerhalb diakonischer Einrichtungen ergänzt (3.).

6.1.1 Qualifizierungsbedarf für sozialpädagogische Fachkräfte

Die – sowohl von Fachkräften in leitender als auch nicht-leitender Funktion – geäußerten Aspekte notwendiger Qualifizierungsangebote für sozialpädagogische Fachkräfte lassen sich folgenden übergeordneten Themen und Inhalten zuordnen: zielgruppenspezifisches Wissen, Methoden und Techniken, Fragen der Außendarstellung und Optimierung der Arbeitsorganisation sowie Möglichkeiten der Reflexion.

Zielgruppenspezifische Wissensaneignung und Vertiefung

Weil sich die Problemlagen der Adressaten, insbesondere der Jugendlichen, im Wandel befinden, müssen sich die Jugendhilfefachkräfte immer wieder mit neuen Themen oder aber neuen Gesichtspunkten grundlegender Themen auseinandersetzen. Diesbezüglich werden im Material bspw. die Stichworte Bindungstheorie, genderspezifische Problemlagen, hyperaktive Kinder, Mobbing, Interkulturalität genannt. Als ebenso wichtig erscheinen Vertiefungen von spezifischem Wissen – explizit genannt werden Themen wie „sexueller Missbrauch", „Drogenabhängigkeit", „Alkoholismus bei Eltern", „psychische Erkrankungen" und Ähnliches. Geht es um den Nutzen für einzelne Fachkräfte, beschreiben die Befragten häufig, dass sie im konkreten Arbeitsalltag vor „krisenhaften" Situationen stehen, in denen ihnen ein Mangel an professionellem Erklärungswissen deutlich wird oder sie sich einem Handlungsdruck ausgesetzt sehen, dem sie bislang noch nicht professionell begegnen können. Prägnant formuliert dies Frau Ulmann:

> Fr. Ulmann (Fachkraft/BJW): „Also wir haben derzeit immer Bedarf, die Krankheitsbilder zu verstehen und mit ihnen umzugehen. Also auch: Wie verstehen wir es und wie gehen wir damit um, mit Ängsten, Zwängen, mit sich ständig wiederholenden Grausamkeiten, die sich jemand antut? Kaum ist das Leben wieder eingerichtet, [die Person] schon wieder anfängt, es sich zu vermurksen. [...] Trotz dass wir jetzt schon Vieles wissen, ist es für uns immer schwierig, das nachzuvollziehen".

Überwiegend werden solche Themen angeführt, die spezifische Problemstellungen der Adressaten beinhalten und fachliche Aufmerksamkeit in der Begleitung und Unterstützung der betreffenden Jugendlichen verlangen: „Umgang mit Drogen, Umgang mit Gewalt, Umgang mit sexueller Gewalt, wirklich fachliche Themen, die sie tagtäglich betreffen in ihrer Arbeit", fasst Klaus Schiller zusammen.

Methoden und Techniken – in der Interaktion mit den Adressaten

Als zentraler Inhalt von Qualifizierungsangeboten werden zahlreiche unterschiedliche Methoden angeführt: Medienpädagogik, Erlebnispädagogik, Elterntrainings, Casemanagement und insbesondere unterschiedliche Beratungsmethoden:

> Hr. Schiller (Leitung/EH): [Fachkräfte] „aus dem ambulanten Bereich, die spezialisieren sich eher so auf den Beratungsteil, systemische Geschichten, Transaktionsanalyse oder Ähnliches".

Die implizierte Unterscheidung zwischen ambulanten und stationären Hilfen stellt zwar eine, lediglich durch Herrn Schiller vorgenommene, Differenzierung dar, ist aber dennoch interessant, weil damit angedeutet wird, dass besonders in ambulanten Settings eine ergebnisorientierte Kommunikation durch die Anwendung von Beratungsmethoden einen hohen Stellenwert hat:

> Fr. Nellinger (Fachkraft/JBH): „Das ist wirklich eine Methode, bei der ich erlebe, dass die wirksam ist. Also ich berate auch inzwischen nach einer Coaching-Methode".

Die Effektivität von Beratungsmethoden wird auf die sie anwendenden Subjekte bezogen. Sinnvoll beurteilen manche Fachkräfte deswegen auch Teams, in denen sich Interaktions- und Kommunikationsstile nicht gleichen, sondern summativ ergänzen.

> Fr. Thallinger (Fachkraft/EH): „Also meine Kollegin hat jetzt Entspannungspädagogik gemacht und ich finde das ist auch sehr wichtig. Der andere Kollege hat Anti-Aggressionstraining gemacht. Ein Kollege ist Erlebnispädagoge und ich denke, man muss von verschiedene Richtungen einfach auch was mit einbringen können".

Überwiegend werden solche Beratungskompetenzen in Zusatzausbildungen erworben. Im Rahmen dieser Ausbildungen gewinnen die Fachkräfte über die Methodeneinübung hinaus eine entsprechende „Haltung" bzw. einen Bezugsrahmen im Sinne einer ‚philosophy', auf deren Grundlage sie ‚überzeugt' interagieren. Die folgende Aussage von Theodora Ulmann fasst die genannten Aspekte zusammen und betont den letzten Punkt:

> Fr. Ulmann (Fachkraft/BJW): „Wir haben dann ziemlich schnell gemerkt, uns fehlt ein Stück Handwerkszeug. [...] Wir brauchen mehr, damit wir auch andere Themen mitführen und auch mehr anbieten können. Denn wir sind oft in Situationen an einen Punkt gekommen, da ist uns nichts eingefallen. Das gibt's vereinzelt jetzt auch – um Gottes willen – es gibt Punkte, da ist man hilflos und da fällt einem einfach nichts mehr ein. Aber auch so mit – wir hatten oft sehr psychisch kranke Menschen, psychotisch auch, dahingehend: Was machen wir denn da in dem Gespräch? Suizidale Menschen: Wie machen wir das da jetzt? Wir waren doch etwas unsicher, mit dem: Was können wir jetzt noch anbieten und auf den Weg mitgeben? Und wir haben uns schnell dafür entschieden, für Zusatzqualifikationen, natürlich erstmal so mit gesprächstherapeutischem Hintergrund, dann haben wir da festgestellt, dass reicht auch

nicht, Gesprächstherapie reicht auch nicht, wir brauchen mehr, wir brauchen mehr, wo wir tatsächlich nicht nur das Wort auch noch einsetzen. Und der Kollege hat sich dann eher für die systemische Richtung entschieden und ich hab mich eher für die gestalttherapeutische Richtung entschieden und da muss man jetzt auch so sagen, haben wir das gefunden, was wir brauchen. Nicht nur Methoden zu entwickeln, sondern auch diese Ausbildung systemisch oder gestalttherapeutisch, das prägt uns auch noch als Mensch dann, diese Richtungen und entwickelt auch eine Haltung".

Außendarstellung der eigenen Arbeit

Die Kompetenz zur Außendarstellung der eigenen Arbeit ist nicht mit einer Qualifikation zu verwechseln, die der Arbeit von eigens eingerichteten PR-Stellen gleichkommt. Im Blick sind vielmehr diverse Interaktionsprozesse im beruflichen Alltag, „im Kleinen, in Hilfeplangesprächen", die auch in der Dimension als Öffentlichkeitsarbeit zu durchdenken sind:

> Hr. Qvortrup (Leitung/JSA): „Mein Beispiel dafür ist immer: Den Oberbürgermeister an der Supermarktkasse, den treffen die Streetworker vor Ort und nicht der Bereichsleiter [...] Und dann müssen die mit dem kommunizieren können und müssen die Frage beantworten können: Wie ist es denn gerade?"

Eine intensivere Form liegt in der Außendarstellung der Arbeit innerhalb von lokalen Fachzirkeln oder kommunalpolitischen Gremien. Sich zu qualifizieren, heißt in diesem Bereich, die eigene Arbeit „besser", also souveräner und überzeugender als bislang darzustellen. Dies folgt einer Erwartung, die in starkem Maße von außen gesetzt ist – „da ist mittlerweile auch teilweise das Niveau so hoch, dass man das nicht unbedingt einfach so mitbringt" (Klaus Schiller). Die kommunikativen und repräsentativen Fähigkeiten, die hier verlangt sind, fallen nur teilweise in die Logik verständigungsorientierten Handelns. Der hier formulierte Bedarf besteht darin, einen Modus der Kommunikation zu trainieren, der die Schlüssigkeit des eigenen Handelns für Außenstehende verstehbar macht.

> Hr. Schiller (Leitung/EH): „Also ich könnte mir vorstellen, gerade in dem Bereich Präsentation, Öffentlichkeitsarbeit und zwar wirklich für Basismitarbeiter und Mitarbeiterinnen, nicht jetzt sowieso schon für Leute, die in der Öffentlichkeitsarbeit tätig sind

in den Einrichtungen oder das stärker vertreten, sondern wirklich für die Kollegen, Kolleginnen, die direkt mit Klienten arbeiten, weil für die spielt es zunehmend eine Rolle und das ist auch wichtig für die Einrichtung. Und für die Jugendhilfe insgesamt".

Optimierung der individuellen Arbeitsorganisation

Von der Optimierung der Arbeitsorganisation erhoffen sich die Befragten eine Verbesserung der Übersichtlichkeit von Zielfindung, Mitteleinsatz und Prozessbeobachtung. Die Frage, die zu diesem Qualifizierungsbedarf führt, ist eine Frage nach Machbarkeit – „wie ist das machbar", wie sind „organisatorische und formale Anforderungen" zu bewerkstelligen? Darunter fallen technisch instrumentelle Anwendungen z.b. PC-Anwendungen ebenso wie ein Zeitmanagement.

> Fr. Tross (Leitung/EH): „Eine gute Planung, wie gehe ich mit Zeit um, wie setze ich auch Prioritäten und wie kann ich auch effektiv bestimmte Arbeiten, die immer wiederkehren, routinieren".

Unterstützung eigener Reflexionsprozesse

Zwar erfordert der sinnvolle Umgang mit erworbenem Weiterbildungswissen immer auch eine dem beruflichen Alltagshandeln angemessene Reflexion der einzelnen Fachkraft. Aber spätestens dann, wenn in der Ausführung der Arbeit Unsicherheiten aufkommen, erlangt das Team einen Bedeutungszuwachs. Kolleginnen und Kollegen bieten sich als Gegenüber im Nachdenken über die jeweilige Praxis an. Qualifizierend sind beispielsweise kollegiale Erörterungen von Frage- und Problemstellungen. Im Fall von Rollendiffusionen ist Supervision das Mittel der Wahl, um sich des Fundaments der Arbeit neu zu vergewissern. Genannt werden auch jährliche Klausurtage, die abgekoppelt von einer unmittelbaren Dringlichkeit im Berufsalltag sind und zu einer gemeinsamen Erarbeitung eines ausgewählten Themas vorgesehen sind. Die interviewten Fachkräfte nennen also Prozesse der Selbstbewertung, Selbsterkenntnis

und Selbsterfahrung als einen notwendigen Baustein ihrer Qualifizierung. Allerdings sind die Fachkräfte teilweise gefordert, sich diese Refle-
xionsorte selbst zu schaffen – dazu beispielhaft Herr Sommerfeld:

> Hr. Sommerfeld (Fachkraft/SpFH): „Dadurch dass ich dann Videoaufnahmen hatte
> von meinem Arbeitsstil, konnte ich diesen besprechen, auch mit Kollegen. Es geht
> schon auch um Wissen um sich selbst und ich denke, das ist ein wichtiger Bereich, wo
> man sich überlegen muss, wo jeder Kollege für sich eine Lösung finden muss, wo be-
> komme ich Wissen über mich selbst her, weil eine Gefahr besteht in dem Beruf des
> Familienhelfers speziell darin, dass mit zunehmenden Arbeitserfahrungen-, also ei-
> gentlich immer besteht die Gefahr der Verunsicherung, weil es keine deutliche Rück-
> meldung gibt. Also es kann niemand sagen: Diese Arbeit hast Du gut gemacht, weil
> niemand dabei ist. Also die Eltern können es nicht beurteilen, die können zwar sagen:
> Wir haben uns ganz wohl gefühlt, aber die könnten inhaltlich-, natürlich stehen die
> nicht auf unseres Ebene".

6.1.2 Qualifizierungsbedarf für Fachkräfte in leitender Funktion

Führungskompetenzen, die die interviewten Fachkräfte in leitender
Funktion für angehende Leitungskräfte als unverzichtbar erachten, lassen sich folgenden Bereichen zuordnen: Betriebswirtschaftliches Anwendungswissen, Methoden und Techniken in der Kommunikation mit Mitarbeiterinnen und Mitarbeitern, Managementkompetenzen im engeren
Sinne sowie eine selbstkritische Reflexionskompetenz.

Betriebswirtschaftliches Anwendungswissen

Betriebswirtschaftliches Wissen halten leitende Fachkräfte großer wie
auch kleiner Einrichtungen im Hinblick auf Leitungsaufgaben für unverzichtbar, jedoch mit dem Unterschied, dass in größeren Einrichtungen
keine ausschließliche Zuständigkeit bei den Führungskräften liegt, sondern andere Stellen (Verwaltung) für betriebswirtschaftliche Berechnungen mit in Anspruch genommen werden können – dennoch wollen diese
nachvollzogen werden: „Haushaltspläne ordentlich bewerten zu können", Kosten-Nutzen-Rechnungen anzustellen, strategische „Entschei-

dungen in unsicheren Situationen" zu treffen – in Bezug auf diese Aufgaben wollen leitende Fachkräfte qualifiziert handeln bzw. ihr Handeln optimieren. Betriebswirtschaftliches Wissen anzuwenden bzw. es zur Erlangung „fiskalischer Übersichten" zu nutzen, wird jedoch nicht abgetrennt von einer pädagogischen Beurteilung von Innovationsvorhaben bzw. der Evaluation geleisteter Arbeit betrachtet. Daraus ergibt sich der weitergehende Qualifizierungsbedarf, betriebswirtschaftliche Ergebnisse nicht nur nachvollziehen, sondern diese so bewerten zu können, dass sie anschlussfähig sind an das Ideal verbesserter Hilfen in einem sozialpädagogischen Sinne. Insofern ist betriebswirtschaftliches Wissen Element strategischer Planung, dient dem Ausweis von Effizienz oder ist ein unterstützendes Hilfsmittel, „einfach um manche Entscheidungen noch mal anders auf eine argumentative Ebene zu bringen" (Frau Nellinger, Leitung/JBH).

Methoden und Techniken – in der Kommunikation mit Mitarbeiterinnen und Mitarbeitern

Dazu zählen Formen professioneller Personalführung, z.B. teilhabeförderliche Zielvereinbarungs- und Krisengespräche, „die Frage, wie beziehe ich Mitarbeiter mit ein" ebenso wie Ansätze zur Förderung der Identifikation mit der Trägerorganisation. Herr Xiller beschreibt dies als Kompetenzanforderung: „Wie locke ich bei Menschen die Fähigkeiten, Visionen zu entwickeln". Herr Iglauer benennt darüber hinaus weitere notwendige Qualifizierungen angehender Führungskräfte:

> Hr. Iglauer (Leitung/JSA): „Wenn es um Zielvereinbarungen geht, wenn es um Methoden-, ah nicht Methoden, natürlich auch Methoden, wenn es um Gespräche geht, um Mitarbeitergespräche, wenn es um Konfliktgespräche geht, wenn es um die Vorbereitung von Krisengesprächen geht und so weiter. Ich würde das auch ausdehnen in den rechtlichen Bereich rein, wenn es um Abmahnungen geht, wenn es um Ermahnungen geht und wenn es um Entlassungen, Kündigungen usw. geht, weil das wird kommen, also da wird man gar nicht drum herumkommen. Und in dem Bereich, in all den Bereichen, auch im Betriebswirtschaftlichen, im Marketingbereich, Öffentlichkeitsarbeitsbereich da bräuchten wir Qualifizierungen".

Entwicklung von Konzepten und entsprechende Managementaufgaben

Von Interesse ist der Beitrag von Qualifizierungsmöglichkeiten für ein nachhaltiges Alltags-Management, das eine sinnvolle Verteilung eigener Ressourcen erlaubt. Unter dem Begriff des ‚Managements' wird Unterschiedliches thematisiert: Stress-, Beschwerde-, Zeit-, Qualitäts-, Kompetenz-, Projekt-Management. Die interviewten Führungskräfte thematisieren diese – für angehende Führungskräfte – notwendigen Qualifizierungen nicht nur vor dem Hintergrund von Optimierungsprozessen, es geht auch darum, in einer zunehmenden „Marktdynamik" als diakonische Einrichtung zu bestehen. Neben der Ausbildung von „Präsentationskompetenzen" braucht es allerdings auch Fähigkeiten, konzeptionelle Weiterentwicklungen voranzutreiben – dazu Herr Kurz:

> Hr. Kurz (Leitung/EH): [...] „Du musst kompetent auftreten, du musst dein Produkt verkaufen können und du musst den Bedarf des Kunden treffen. Das ist nicht unbedingt die Sprache oder die Denke unserer Branchen. Und die Konsequenz, wenn es nicht interessiert, bekommst du keinen Auftrag, auch das ist nicht unbedingt die Erfahrung oder das Know-How unserer Branche. Ändert sich: Es gibt Randbereiche in der Jugendsozialarbeit, wo es über Ausschreibungen läuft vom Arbeitsamt oder von anderen Nachfragern: Es ist knallhart, es gibt vier, fünf Anbieter, der günstigste bekommt den Zuschlag, die vier anderen gehen leer aus mit erheblichen wirtschaftlichen Konsequenzen. Und ähnlich ist im Grunde diese Struktur dort auch. Solange man in den regulären entgeldfinanzierten Bereichen ist und in diesem halbgeschlossenen Markt der Jugendhilfe – stationär, teilstationär – läuft das ja nicht in der Weise so konsequent nach dem Motto, wenn das Jugendamt mit der Gruppe, mit der Sozialarbeiterin einen schlechte Erfahrung macht, dann beliefert sie die nicht mehr, sondern dann ist unsere Ethik, man gibt Rückmeldung, dann verbessert man sich und nächstes Mal macht man es besser. In der freien Wirtschaft wäre der Kunde in der Regel weg".

Eine besondere „Management-Methode", in der sich Herr Xiller qualifizieren will, bezieht sich auf die „Balance" von Steuerung durch Leitung und Selbststeuerung durch die Mitarbeiterinnen und Mitarbeiter in Weiterentwicklungsprozessen:

> Hr. Xiller (Leitung/EH): „Wo reiße ich an, wie lerne ich mich vernünftig rauszuziehen, wie halte ich mich raus, wie halte ich das dann auch aus? Leitung so zu verstehen, dass wir immer diesen kreativen Entwicklungsprozess auf der einen Seite am laufen

halten, da brauchen wir Handwerkszeug [...] Und die Fortbildung, die mich genau in diesen Fähigkeiten rauskitzelt und stärkt, kann jetzt eine Dummheit sein, dass ich die noch nirgends so gefunden habe, aber es ist natürlich auch schwierig zu umreißen, weil da geht es nicht um pure Wissensvermittlung, sondern wie locke ich bei Menschen die Fähigkeiten, Visionen zu entwickeln".

Die leitende Fachkraft formuliert das Qualifizierungsziel, das hier angesprochen ist, mit Bezug auf Mitarbeiterinnen und Mitarbeiter – „Visionen zu entwickeln". Bescheidener formuliert geht es um die Qualifizierung im Bereich der „Organisationsentwicklung" bzw. um die Implementierung einer steten konzeptionellen Weiterentwicklung. „Kreative Entwicklungsprozesse" als Führungskraft zu fördern, heißt also Managementaufgaben und fachliche Perspektiven einschätzen zu können.

Reflexion als Möglichkeit der Selbstbewertung

Zur Reflexion gehört die Besinnung auf die eigene Position im Beziehungsgefüge der Organisation. Dabei wird der subjektiven Empfindung der Berufsrolle eine Aufmerksamkeit geschenkt, die über die funktionale Leistung hinaus nach dem Ganzen der Person fragt, und zwar in der Dauerhaftigkeit der Anforderung, neuen Entwicklungen, Regelungen und Trends auf der Spur zu bleiben. Leitung mache immer „einsam" und deswegen sei ein Korrektiv an dieser exponierten Position notwendig, erklärt Frau Nellinger, die kritisch bemerkt:

> Fr. Nellinger (Fachkraft/JBH): „Dieser Blick von außen, der müsste eigentlich für jeden, der leitet, auch Pflicht sein, sich selber mal in Frage zu stellen. Wo haben die denn noch ein Korrektiv?"

Coaching wird als Kontrollverfahren für Führungshandeln mehrfach als sinnvoll herausgestellt. So wünscht sich bspw. Herr Kurz Supervision, um seine Haltung gegenüber Mitarbeiterinnen und Mitarbeitern zu reflektieren:

> Hr. Kurz (Leitung/EH): „[...] viel wichtiger [als Fortbildungen] sind im Grunde so Coachingprozesse, Supervision und das habe ich über Jahre alleine gemacht und mache

es auch heute im Bedarfsfall, würde es sofort wieder aufleben lassen und das machen wir derzeit auch als Leitungsmannschaft, den Supervisionsprozess. Und das sind so die wichtigsten Unterstützungen und wo man tatsächlich an den Haltungen arbeitet, damit es möglichst deckungsgleich wird und damit man möglichst den Mitarbeiter in der Region A genauso gut behandelt wie den Mitarbeiter in der Region B".

6.1.3 Bewertungen vorhandener Qualifizierungsmöglichkeiten

Die folgende Tabelle fasst die genannten Aspekte noch einmal zusammen. Die Gegenüberstellung der Qualifizierungsbedarfe von Mitarbeiterinnen, Mitarbeitern und Führungskräften macht Parallelen und Unterschiede deutlich:

-   Wissensbedarfe beziehen sich bei den Mitarbeitern primär auf die Adressaten – bei Leitungskräften primär auf Leitungsaufgaben;
-   Methoden beziehen sich bei den Fachkräften auf die Interaktionen mit Adressaten – bei den Leitungskräften auf die Interaktionen mit den Mitarbeitern;
-   notwendigen Qualifizierungen der Mitarbeiter im Hinblick auf die Außendarstellung und Optimierung von Abläufen können den Qualifizierungswünschen der Leitungskräfte im Hinblick auf Konzeptentwicklung gegenübergestellt werden;
-   notwendige Reflexion meint bei beiden Gruppen nicht nur eine Überprüfung der geleisteten Arbeit sondern darüber hinaus auch eine kritische Infragestellung eigener Haltungen.

Um die Zufriedenheit der interviewten Fachkräfte mit den vorhandenen Qualifizierungsmöglichkeiten zu verdeutlichen, wurden in der folgenden Tabelle jene Bereiche (Felder) *grau schattiert*, in denen die Nachfrage der Fachkräfte auch auf ein entsprechendes Angebot sowohl innerhalb als auch außerhalb der Diakonie trifft – die interviewten Fachkräfte sind im Hinblick auf diese Aspekte mit den ihnen zur Verfügung stehenden Qualifizierungsangeboten *zufrieden*. Nicht schattiert sind jene Felder, in denen nach Aussagen der Interviewpartner nicht genügend Qualifizierungsangebote bestehen:

Tabelle 6:   Inhalte notwendiger Qualifizierung

...für Fachkräfte	... für Fachkräfte in leitender Funktion
Fachliche Vertiefungen durch zielgruppenspezifische Wissensaneignung: Themen wie „sexueller Missbrauch", „Mobbing", „Drogenabhängigkeit" etc., die spezifische Problemstellungen der Adressaten beinhalten und fachliche Aufmerksamkeit verlangen – „Themen, die sie tagtäglich betreffen" (Hr. Schiller).	*Betriebswirtschaftliches Anwendungswissen:* „Haushaltspläne ordentlich bewerten zu können", Kosten-Nutzen-Rechnungen anzustellen, Marketing, strategische „Entscheidungen in unsicheren Situationen" treffen zu können und „Entscheidungen noch mal anders auf eine argumentative Ebene zu bringen" (Fr. Nellinger).
Methoden und Techniken in der (direkten) Interaktion mit den Adressaten: Genannt werden verschiedene Zugänge, bspw. Techniken der Gesprächsführung, Erlebnis-, Medienpädagogik, Anti-Aggressionstraining etc. Außerdem sollten in einem Team möglichst unterschiedliche methodische Kenntnisse vorhanden sein.	*Methoden und Techniken in der Kommunikation mit Mitarbeiterinnen und Mitarbeitern:* Darin eingeschlossen sind Formen professioneller Personalführung z.B. Zielvereinbarungs- und Krisengespräche, „die Frage, wie beziehe ich Mitarbeiter ein" ebenso wie Ansätze zur Förderung der Identifikation mit dem Träger (aber auch rechtliches Wissen z.B. zu Abmahnungen).
Fragen der Außendarstellung eigener Arbeit: Interaktionsprozesse im beruflichen Alltag, „im Kleinen, in Hilfeplangesprächen", die auch in der Dimension „Öffentlichkeitsarbeit" zu durchdenken sind, sowie – als schwierigere Aufgabe – die Darstellung der Arbeit innerhalb von lokalen Fachzirkeln oder kommunalpolitischen Gremien: „Da ist mittlerweile auch teilweise das Niveau so hoch, dass man das nicht unbedingt einfach so mitbringt" (Hr. Schiller).	*Ideen / Hilfestellungen zur (Weiter-) Entwicklung von Konzepten und den entsprechenden Managementaufgaben:* Unter dem Begriff des ‚Managements' wird Unterschiedliches thematisiert: Stress-, Beschwerde-, Zeit-, Qualitäts-, Kompetenz-, Projekt-Management, aber auch „Visionen zu entwickeln" bzw. Organisationsentwicklungsprozesse und die Implementierung einer steten konzeptionellen Weiterentwicklung voranzutreiben.
Optimierung der Arbeitsorganisation: Hilfestellungen bei technisch-instrumentellen Anwendungen, z.B. PC-Anwendungen, ebenso wie Zeitmanagement, „eine gute Planung, wie gehe ich mit Zeit um, wie setze ich Prioritäten und wie kann ich auch effektiv bestimmte Arbeiten, die immer wiederkehren, routinieren" (Fr. Tross).	
Unterstützungen eigener Reflexionsprozesse durch Möglichkeiten der Selbstbewertung, Selbsterkenntnis, Selbsterfahrung: „Wo bekomme ich Wissen über mich selbst her?" „Mach ich meinen Job eigentlich gut?" (Hr. Sommerfeld).	*Reflexion als Möglichkeit der Selbstbewertung:* „Dieser Blick von außen, der müsste eigentlich für jeden, der leitet, auch Pflicht sein, sich selber mal in Frage zu stellen. Wo haben die denn noch ein Korrektiv?" (Fr. Nellinger).

Die Übersicht soll die zentrale Kritik deutlich machen: Vor allem im Bereich der Qualifizierungsmöglichkeiten zukünftiger Führungskräfte wird ein Defizit gesehen. Weitere Aspekte beziehen sich auf den Anwendungsnutzen und den Umfang von Qualifizierungsangeboten – diese sollen im Folgenden knapp skizziert werden.

Fehlende Angebote für die Ausbildung strategischer Kompetenz

Die Hauptkritik bisheriger Angebote bezieht sich auf die nicht ausreichenden Qualifizierungsmöglichkeiten für (angehende) Fachkräfte in leitender Funktion: Es fehlen Möglichkeiten der speziellen Qualifizierung im Hinblick auf Mitarbeitergespräche, Taktiken in Gremien, Förderung von organisationsinternen Entwicklungsprozessen; Herstellung von Transparenz, Mitarbeiterbeteiligung etc. sowie der individuellen Förderung. Ebenso werden notwendige Vorbereitungen auf bewährte Strategien im Bereich marktwirtschaftlicher Ausschreibungs- und Vergabepraxis eingefordert. Möglicherweise analog zum so genannten „Praxisschock" für sozialpädagogische Fachkräfte spricht Herr Iglauer hier ebenfalls von einem „Schock", der sich möglicherweise einstellt, wenn man sich der Fülle neuer Aufgaben als Leitungskraft gegenüber gestellt sieht:

> Hr. Iglauer (Leitung/JSA): „In der Leitungsfunktion hat man viel mehr und einen größeren Überblick und erlebt dann auch ganz andere Sachen. Darauf sind die meisten, die von der Basis in die Leitung kommen, nicht vorbereitet, auf diesen Schock".

Im Hinblick auf diese neuen Managementaufgaben, sie sich vor allem dem Bereich strategischen Handelns zuordnen lassen, fordern die interviewten Leitungskräfte eine bessere Vorbereitung potenzieller zukünftiger Leitungskräfte. Die folgenden Aussagen sollen dies unterstreichen:

Hr. Iglauer (Leitung/JSA): „Also ich habe diesen *Bedarf ja bei den Führungskräften* vorher in diese fünf Kategorien unterteilt[38]. Weil da sage ich, da ist absoluter Bedarf da. Wenn es um Zielvereinbarungen geht, wenn es um Methoden-, ah nicht Methoden, natürlich auch Methoden, wenn es um Gespräche geht, um Mitarbeitergespräche, wenn es um Konfliktgespräche geht, wenn es um Vorbereitung von Krisengesprächen und so weiter. Auch-, ich würde das auch ausdehnen in den rechtlichen Bereich rein, wenn es um Abmahnungen geht, wenn es um Ermahnungen geht und wenn es um Entlassungen, Kündigungen usw., weil das wird kommen, [...] also da wird man gar nicht drum rumkommen. Und in dem Bereich, in all den Bereichen, auch im Betriebswirtschaftlichen, im Marketingbereich, Öffentlichkeitsarbeitsbereich da bräuchten wir Qualifizierungen. Weil das der Träger – wir – nicht leisten können. Und ich weiß es von vielen anderen Trägern, die leisten das auch nicht intern. Von daher bräuchte-, müsste jetzt der Spitzenverband so was organisieren so. Und ich war schon auf der Suche, ich habe da schon rumgeguckt in also Fortbildungsheften da. Ich finde nichts, es gibt nichts wo diese Anforderungen drin sind. I: Und brauchen Sie das für die Fachbasis und für die Führungskräfte?
Hr. Iglauer: Nein, ich brauche das nur für die Führungskräfte. Für die Fachbasis brauche ich gar nichts, weil das machen wir selber. Da sind wir besser, sag ich jetzt einmal. Oder ich will jetzt nicht übertreiben. Besser heißt hier, wir haben da unsere Kanäle, da sind wir schneller. Das ist es eigentlich und die Mitarbeiter, da kann einer zu [x] gehen oder [y] oder zu zig anderen, da sind die halt dran. Also unser Hauptbedarf oder ich sag jetzt mein Hauptbedarf, ist in der *Führungskräftequalifizierung* und nicht in der Basisqualifizierung".

Hr. Xiller (Leitung/EH): „Ich denke, die fachlichen Inputs – das klingt jetzt ein bisschen arschig – die brauchen wir als Leitung nicht unbedingt, weil da haben wir unsere Fachfrauen und Fachmänner vor Ort. Und wenn wir noch meinen, wir müssen uns fachlich auftoppen, so wer ist der bessere Erlebnispädagoge, sind es die, die es machen oder bin es ich als Leiter, das kann's nicht sein, dafür bin ich nicht Leitung. Wir sind Leitung in dem umrissenen strategischen, weiterentwicklerischen Bereich. Und die Fortbildung, die mich genau in diesen Fähigkeiten rauskitzelt und stärkt – kann jetzt eine Dummheit sein, dass ich die noch nirgends so gefunden habe – aber es ist natürlich auch schwierig zu umreißen, weil da geht es nicht um pure Wissensvermittlung, sondern wie locke ich bei Menschen die Fähigkeiten, Visionen zu entwickeln. Also da weiß ich auch nicht, ob es da überhaupt Fortbildungen gibt, so was zu fördern, [...] weiß ich nicht. Aber ich denke, genau da müsste es hingehen, dass man wirklich weiß, was ist meine Aufgabe und für die bin ich verantwortlich und die muss

---

[38] Herr Iglauer benennt im Interview folgende Aufgaben für Führungskräfte: (1.) Verbindungen zu Funktionsträgern haben, (2.) Geld beschaffen, (3.) Projekte initiieren, (4.) Mitarbeiterschulung/entwicklung, (5.) „Frontkämpfern den Rücken freihalten" von internen Beschwernissen, wie Erstellung von Wirtschaftsplänen und Durchführung von Controlling-Verfahren.

ich gut machen und die muss ich vorantreiben. Und dann denke ich, ziehe ich auch andere nach, weil dann lasse ich anderen die Räume, die sie brauchen".

Während die Führungskräfte Herr Xiller und Herr Iglauer Aufforderungen in Richtung Verband thematisieren, spricht sich Herr Schiller dafür aus, gerade in der spezifischen Ausbildung von Führungskräften Möglichkeiten nutzen zu können, über den Tellerrand hinauszublicken, denn er möchte bewusst Impulse aus anderen Regionen und durch andere professionelle Sichtweisen erhalten:

> Hr. Schiller (Leitung/EH): „Ich schätze das sehr, da auch mit Leuten aus anderen Bereichen zusammen zu kommen und nicht nur mit Leuten jetzt aus der Jugendhilfe, aus der Diakonie, aus Württemberg, vielleicht noch aus [dem Ort], also so klein, klein, sondern ich schätze, und da spreche ich jetzt vielleicht auch für andere Führungspersönlichkeiten, [...] wenn ich mich dann dafür entscheide, dann will ich den *Blick über den Tellerrand* hinaus und will auch Impulse kriegen aus anderen Bereichen".

Unverzichtbarer Nutzen von Anwendungsbezug und allgemeinen Impulsen

Die Bewertungen vorhandener Qualifizierungsmöglichkeiten (in den folgenden Zitaten bezogen auf Fort- und Weiterbildungsmöglichkeiten) machen zunächst deutlich, dass entsprechende Angebote einen nachvollziehbaren Anwendungsnutzen haben müssen:

> Hr. Sommerfeld (Fachkraft/SpFH): „Eine Fortbildung oder eine Weiterbildung muss für mich immer die Voraussetzung erfüllen, dass sie letztendlich ohne weitere Nacharbeit umsetzbar ist.[...] Weil ich habe keine Zeit, noch mal fünf Artikel zu lesen und noch mal das Buch, um mir ein Konzept zu entwickeln".

> Fr. Meyer (Fachkraft/BJW): „Eine Fortbildung hat nur dann einen Sinn, wenn sie auch angewendet wird. Wenn sie in die Praxis wirklich Eingang findet und dazu muss man sie wirklich üben und reflektieren können immer wieder. Also man muss auch dann ein Feedback kriegen: Du, das war jetzt aber wirklich daneben oder das war nicht dem entsprechend, was eigentlich sein soll. Und ich glaube, da geht es tatsächlich darum, lieber an etwas ein bisschen längerfristig dranzubleiben und das zu vertiefen, als lauter oberflächliche Kurzfortbildungen zu machen, die mal alle möglichen Sachen so kurz anreißen, aber dann funktioniert doch nichts".

Liest man die beiden Zitate als Gegenüberstellung, so wird deutlich, dass Anwendungsnutzen oder Verwertbarkeit mehrere Aspekte meint: Herr Sommerfeld formuliert ein eher ‚technisch-funktionales' Interesse, indem er betont, dass eine inhaltliche Sättigung des Themas wie auch der Anwendungsbezug innerhalb der Fortbildung geklärt sein müssten, so dass der nächste Schritt in der eigenständigen praktischen Umsetzung besteht. Frau Meyer hingegen problematisiert die Möglichkeit zur Anwendung, wenn im Praxisbezug Lerninhalte nicht durch „üben und reflektieren" aktuell gehalten und in ‚follow ups' der Fortbildung zum Gegenstand werden. Die ‚Verwertbarkeit' von Fortbildungen wird also anhand von kurzfristigen wie auch langfristigen Interessen beurteilt. Neben dem Vorschlag zu längerfristigen Fortbildungen von Frau Meyer macht Herr Kurz auf einen anderen Aspekt aufmerksam, den er für besonders fruchtbar hält:

> Hr. Kurz (Leitung/EH): „Wir haben sehr viel über interne Geschichten gemacht und das ist einfach effektiv und ist auch für die eigene Organisation wichtig, die Mitarbeiter lernen sich kennen, abteilungsübergreifend, hierarchieübergreifend kommen die zusammen. Das ist einen Form von Personalentwicklung, die hervorragend ist".

Unter dem Gesichtspunkt von Funktionalität verbindet sich mit intern organisierten Fortbildungen das Interesse, die Umsetzung von Lerninhalten noch zielgenauer zu organisieren. So argumentiert z.B. Frau Grossmann folgendermaßen:

> Fr. Grossmann (Leitung/EH): „Wir holen uns das natürlich ins Haus, weil es individueller dann auf unsere Gruppe ausgerichtet werden kann, weil wir mit dem Fortbilder genau vorbesprechen können, was brauchen wir jetzt gerade und wie könnte das ablaufen".

Neben dem klaren Anwendungsnutzen wird allerdings ein weiterer Effekt von Qualifizierungsmaßnahmen positiv herausgehoben: Denkanstöße oder fachliche Impulse von außen. Hier werden insbesondere die Projektinitiativen vom DWW positiv bewertet und die vom Verband lancierten Projekte zur Anstoßung von Organisationsentwicklungsprozessen begrüßt:

Hr. Kurz: „Was ich gut finde, sind gerade diese Projekte, ob das jetzt z.b. KOMMIT ist oder wir haben mitgemacht bei dem Projekt [x]. Da haben wir das Zielsystem entwickelt, da haben wir uns in der Ablauforganisation beraten lassen. Das sind ganz, ganz wichtige Impulse, die das DWW hier hat und anbietet für seinen Einrichtungen, die ich absolut wichtig und gut finde".

Vereinzelte Problematisierungen des Rückganges von Qualifizierungs-
möglichkeiten

Ergänzend zu diesen positiven Bewertungen vorhandener Qualifizierungsmöglichkeiten wird auf ein grundlegendes Problem hingewiesen:

Fr. Nellinger (Leitung/JBH): „Wenn Sie überlegen, was denn als erstes gestrichen wird: Fortbildungsetats, Fortbildungstage für Mitarbeiter. Aber dass die eben auch deutlich machen, welchen Innovationsspielraum wir als Einrichtung haben, weil wir können nur so gut sein, wie unsere Mitarbeiter sind".

Fortbildungen zu besuchen gehört – folgt man der Äußerung der Fachkraft – nicht mehr zu den selbstverständlichen Flankierungen beruflichen Handelns in der Jugendhilfe, wenn auch selbstverständlich scheint, dass deren Effekte als „Innovationsimpulse" in die Einrichtungen zurückwirken. Ein hoher Gewinn also, den man sich offensichtlich kontinuierlich und mit Bedacht langfristig sichern muss. Personalkürzungen erschweren zusätzlich, in zeitlich aufwändige Qualifizierungsprozesse von Mitarbeiterinnen und Mitarbeitern zu investieren. Folgt man den Wünschen der interviewten Fachkräfte sollten zeitnahe Informationsbeschaffungsmöglichkeiten verbunden werden mit bewährten Formen langfristiger Weiterbildung.

Um den Stellenwert von Qualifizierung als berufsbegleitenden Prozess substanzieller zu erkennen, wird deshalb im Folgenden der geäußerte Qualifizierungsbedarf auf die Begründungen hin untersucht, die von den interviewten Fachkräften angeführt werden. Das folgende Kapitel veranschaulicht, in welchen größeren Zusammenhängen und vor dem Hintergrund welcher Ziele Qualifizierungsprozesse von den interviewten Fachkräften gesehen und gefordert werden.

6.2 Begründungskontexte und Ziele von Qualifizierung

Qualifizierung dient nicht nur dem Wissenserwerb bzw. der Aneignung neuer Fertigkeiten, sondern muss ausgehend von den Aussagen der interviewten Fachkräfte auch in den Kontext von neuen Aufgaben (Kap. 6.2.2), Organisationsentwicklungsprozessen (Kap. 6.2.3) und einer angeleiteten beruflichen Sozialisation gestellt werden (Kap. 6.2.4). Dabei ist interessant, dass Qualifikationsprozesse (wie bereits angedeutet) nicht auf Fortbildungen reduziert werden dürfen, sondern in unterschiedlichen Formen stattfinden. Diese sollen in der folgenden Darstellung (Kap. 6.2.1) den verschiedenen Begründungskontexten vorangestellt werden.

6.2.1 „Formen" von Qualifizierung

Die Befragten schreiben den Qualifizierungsmaßnahmen je unterschiedliche Funktionen zu und nutzen sie mit unterschiedlichen Interessen. Hieraus ergeben sich Implikationen für die Organisationsformen von Qualifizierungsmaßnahmen. Im Folgenden werden sich abzeichnende Formen, in denen Qualifizierung stattfindet und die damit verbundenen Interessen bzw. Ziele in Bezug auf berufliches Handeln vorgestellt. Das scheint wichtig, weil in diesen Aussagen deutlich wird, dass die Unterstützung von Qualifizierungsprozessen nicht nur in eigens vorgesehenen ‚Settings' stattfindet – Qualifizierung findet vielmehr täglich statt und kann durch bestimmte Rahmenbedingungen gefördert werden (ergänzende Fortbildungen, institutionalisierte Reflexionsformen, kollegialen Austausch und Qualitätsmanagementprozesse).

Themenbezogene Fortbildungen

Themenbezogene Fortbildungen sind ein wesentlicher Bestandteil der Qualifizierung von Fachkräften und dienen der

-   Aktualisierung von Wissensbeständen ('Updates' für sich verändernde Bedingungen, z.B. bei Hartz IV, im Tarifrecht, Arbeitsrecht, in Fragen des Ausländerrechts, etc.);
-   Auseinandersetzung mit (mehr oder weniger komplexen) Theorien zu Themen, die sich ihnen im Arbeitsalltag stellen (Gewalt, psychische Erkrankungen, etc.);
-   Aneignung neuer Arbeitsmethoden und -techniken (Techniken aus der Managementlehre, systemische Familienarbeit etc.).

Umfang und Intensität von Fortbildungen haben sich nach den zu vermittelnden Inhalten zu richten. Besonders erfahrene Fachkräfte wünschen sich kompakte Informationsveranstaltungen, die sie aktuell und zeitsparend über sie betreffende Veränderungen (vor allem in Hinblick auf rechtliche Fragen) auf dem Laufenden halten. Die direkte Verwertbarkeit der Fortbildungsinhalte (Funktionalität) bildet ein wesentliches Interesse – *Angemessenheit* wird im Verhältnis zu begrenzten Ressourcen der Informationsverarbeitung erwartet und häufig intern organisiert (s.o.).

Randständiger aber durchaus vorhanden, sind folgende Interessen, die nicht an Funktionalität gemessen werden: Qualifizierungsmaßnahmen bieten eine kurze Auszeit von Routinen und Handlungszwängen des Arbeitsalltags. Fachkräfte schildern, dass sie diesen Freiraum nutzen, um sich neu zu motivieren und weiterführende Ideen für ihre Arbeit zu entwickeln. So sind z.B. Regeneration und Inspiration durch Unterbrechungen des Berufsalltags wichtige 'Nebenwirkungen' des Besuchs von Fortbildungen, die ermöglichen, dass Fachkräfte mit neuer Aufmerksamkeit ihren Aufgaben begegnen. Darin wird deutlich, dass Qualifizierung nicht nur auf der Grundlage der planbaren Aneignung von Fortbildungsinhalten beurteilt werden kann. Sie dient ebenso der Bereitstellung kreativer Orte, die zum Entwickeln von Visionen genutzt werden können und haben als solche einen eigenen Wert – unabhängig vom direkten Verwertungsnutzen des vermittelten Wissens.

Institutionalisierte Reflexionsformen

„Reflexion" eigener Haltungen und Arbeitsstile wird als Inhalt von Qualifizierung benannt (s.o.), diese Aussage findet sich aber auch in umgekehrter Form im Material wieder: Institutionalisierte Formen der Reflexion ermöglichen grundlegende Qualifizierungsprozesse für die jeweiligen Mitarbeiter. Manchmal scheint die Reflexion der eigenen Erfahrung bedeutender zu sein als das Wahrnehmen von Fortbildungsangeboten. Die Reflexion der eigenen Praxis wird überwiegend in Zusammenhang mit Supervisions- und Coachingverfahren gebracht und insofern als wichtiges Element von Qualifizierung betont. Die interviewten Fachkräfte verbinden damit diverse Ziele:

- So z.B. den Einstieg in ein Arbeitsfeld zu unterstützen:
  Fr. Meyer (Fachkraft/BJW): „[...] da habe ich sehr viel reflektieren können, über mein eigenes Verhalten und sehr viel Effizienz habe ich auch gelernt durch die Supervision. Also diese regelmäßige Reflexion meiner Arbeit, die hat mir wirklich unheimlich weitergeholfen, muss ich sagen".
- Zur Arbeit an Haltungen und gegen unbewusste Strategien:
  Hr. Kurz (Leitung/EH): „[...] wo man tatsächlich an dem arbeitet, was ich vorher sagte, an den Haltungen, damit es möglichst deckungsgleich wird und damit man möglichst den Mitarbeiter in der Region A genauso gut behandelt wie den Mitarbeiter in der Region B".
  Fr. Nellinger (Leitung/JBH): „Dieser Blick von außen, der müsste eigentlich für jeden, der leitet, auch Pflicht sein, sich selber mal infrage zu stellen. Wo haben die denn noch ein Korrektiv?"
- Zur Fallbesprechung und Anregung kreativen Denkens:
  Hr. Laible (Fachkraft/EH): „Da kommen noch mal ganz tolle Ideen eigentlich mit raus, was man da so umsetzen kann".
- Zur Bewältigung der Arbeit:
  Fr. Pauli (Fachkraft/EH): „Ich denke, ohne Supervision hätte ich das nicht zehn Jahre ausgehalten, weil so eine Arbeit verändert einen auch".
- Zur Relativierung des Verhältnisses von ‚inneren' gegenüber ‚peripheren' Aufgaben:
  Fr. Thallinger (Fachkraft/EH): „[...] weil wir eigentlich sonst keinen Ort haben, wo wir mal wirklich über die Kinder nachdenken können, sonst würde das Organisatorische einfach immer so viel Raum und Zeit verschlucken, diese Zukunftsabsicherung verschluckt so viel Zeit".

- Zur Selbstevaluation (bspw. durch Videoaufzeichnungen):
  Hr. Sommerfeld (Fachkraft/SpFH): „Dadurch dass ich dann Videoaufnahmen hatte von meinem Arbeitsstil, konnte ich die besprechen auch mit Kollegen" (vgl. Kap. 6.1.1).

Besonders angesichts einer zunehmenden zeitlichen Verdichtung des Arbeitsalltags scheint es unerlässlich, den Fachkräften angemessene Möglichkeiten zur Verfügung zu stellen, in denen das eigene Handeln einer reflexiven Überprüfung unterzogen werden kann. Auffallend ist, dass „Methoden der Reflexion" bzw. „Anleitung zur Selbstreflexion" nicht als spezifische Inhalte von Fort- und Weiterbildung thematisiert werden, dies jedoch sehr wohl sein könnten: Entwicklung eigener Reflexionsverfahren, Organisation von Reflexivität durch Fortbildung, Klärung dessen, was zum Gegenstand von Reflexion wird, in Fortbildungen etc.

Interpersonaler Austausch – zwischen Vergewisserung und Differenzerfahrung

Mit Qualifizierungsmaßnahmen werden nicht nur didaktische, sondern auch soziale Orte in Verbindung gebracht. Mit wem ich im Rahmen von Qualifizierungsmaßnahmen in Kontakt kommen kann, bleibt bei der Auswahl von Angeboten selten unberücksichtigt. Leitende Fachkräfte schenken diesen sozialen Begegnungen besondere Aufmerksamkeit: Herr Iglauer bemüht sich darum, den Berufseinsteigern in der Einrichtung einen Raum zum Austausch zu bieten (s.u.). Herr Kurz strebt aus diesen sozialen Überlegungen heraus eine Balance zwischen internen und externen Qualifizierungsmaßnahmen an. Während interne Qualifizierungen Fachkräfte aus den unterschiedlichsten Bereichen einer Einrichtung einander näher bringen, bieten externe Maßnahmen die Möglichkeit, sich zu vergleichen:

Hr. Kurz: „Bei externen Fortbildungen schätze ich sehr, dass ich mit anderen in Kontakt komme und in den Vergleich und mal einen Vergleich habe und mal ganz andere Dinge höre oder mit ganz andere Themen konfrontiert werden. Und sehr häufig kommen sie dann zurück und sind unheimlich stolz, dass sie hier arbeiten. [...] Also ich würde nie sagen nur extern oder nur intern, sondern immer drauf achten, dass da einen Mischung ist und wenn jemand nur interne Fortbildungen oder Tagungen besucht hat, wirklich zu sagen, geh raus und geh auf Fortbildungen."

Um mehr als um Austausch geht es Frau Ittner, die Möglichkeiten der Vernetzung als „Nebenprodukt, das viel wert ist" betont. Qualifizierungsangebote werden demnach als Orte erfahren, an denen erfolgreich Kontakte geknüpft und Netzwerke auf- und ausgebaut werden können. In scharfem Kontrast zu Versprechungen auf Vernetzung und Zusammenarbeit stehen Motive des Wettbewerbs, die Herr Qvortrup anspricht und die den Fortbildungszielen eher entgegenstehen können:

> Hr. Qvortrup (Leitung/JSA): „Die Träger auch innerhalb der Familie ‚Diakonisches Werk' stehen unter Umständen natürlich auch in einem Wettbewerb, sind unter Umständen Mitbewerber um die gleichen öffentlichen Mittel und diese Kämpfe führt natürlich die Leitungsebene zu einem wesentlichen Teil. Und in gemeinsam besuchten Seminaren, wo ich weiß, da ist jetzt aber der Träger XY mein Gegenpart bei der nächsten Verhandlung um öffentliche Mittel, werde ich natürlich nie so offen meine Leitungsprobleme oder Defizite aufdecken und zu einem offenen Verhältnis kommen, ja, wie das vielleicht der Fall sein kann, wenn das irgendwie ein Träger aus Norddeutschland ist, ja, der hier wahrscheinlich nicht rumwildern wird, in Anführungsstrichen."

Prozesse des Qualitätsmanagements

Die Mehrzahl der Befragten kennen Qualitätsmanagementprozesse in ihrer Einrichtung aus jüngster Vergangenheit. Prozesse, an denen sie zumeist über eine gewisse Zeit Teil hatten und die dann aus verschiedenen Gründen „unabgeschlossen" blieben bzw. mit der Idee verbunden sind, sie wieder aufzunehmen. Die Beurteilung dieser Erfahrungen mit Qualitätsentwicklungsverfahren ist heterogen. Positive Stimmen loben die Nebeneffekte des ‚come-together', dass Mitarbeiterinnen und Mitarbeiter abteilungs- und funktionsübergreifend zusammengearbeitet hätten. Kritische Stimmen monieren eine einseitige Betonung von ausschließlich Prozess-Qualitäten, die im Blick sind. Dies hat zur Folge, dass neben Abläufen von Arbeitsprozessen nicht auch Struktur, Konzept und Ergebnis in ihrer Qualität evaluiert wurden, sondern ausschließlich die Ökonomisierung der Arbeitszeit als Qualitätszugewinn behandelt wurde. Mit Qualifizierung in einem weiten Sinne – und das ist überraschend – werden die QE-Prozesse nicht bzw. nur implizit in Verbindung gebracht. Die Aussage von Fr. Tannert illustriert zumindest diesen Eindruck:

> Fr. Tannert (Leitung/ISE): „Qualitätsstandards sind sehr wichtig, auch auf der fachlichen Ebene und der inhaltlichen Ebene. Da sehe ich aber zugleich auch die Kritik an dem Thema Qualitätsentwicklung oder Qualitätsmanagement, weil das oft sehr stark prozessbezogen ist und wenig auf die Inhalte der Leistung guckt, sondern es geht vor allem um Abläufe, um Prozessgestaltung, das ist sicher sehr wichtig auch innerhalb der Organisation, kann auch was mit Kosten einsparen, mit Ressourcenoptimierung zu tun haben, aber es wird sehr wenig geschaut, wie wird die pädagogische Arbeit geleistet. Und da denke ich aber, das ist ein ganz wichtiger Teil. Wir wissen auch, dass die öffentlichen Gelder, die wir einsetzen und ausgeben, die müssen wir rechtfertigen können und da denke ich, greift das QM als solches noch ein Stück weit zu kurz, da wünsch ich mir mehr und da sind wir auch grade intern am gucken, was ist denn dann der nächste Schritt, den wir jetzt gehen müssten".

Das Zitat verweist wiederum auf die Dringlichkeit ‚peripherer' Aufgaben und stellt zugleich in Aussicht, dass ein Qualitätsmanagementprozess hier Wichtiges leisten könnte und insofern dem oben angezeigten Qualifizierungsbedarf entgegenkommen würde (Qualitätsmanagement als Qualifizierungsprozess). Die folgenden Kapitel fokussieren davon ausgehend, welche Ziele unterschiedlicher Qualifizierungsmöglichkeiten in den verschiedenen Interviews im Vordergrund stehen.

6.2.2 Qualifizierungsangebote und Aufgaben

‚Innere Aufgaben', Außendarstellung und konzeptionelle Kompetenz – in Bezug auf welche Aufgaben formulieren Fachkräfte ihren Qualifizierungsbedarf? Die befragten Fachkräfte nennen in erster Linie solche Themen für Qualifizierungsmaßnahmen, die in einer direkten Nähe und in einem unmittelbar einleuchtenden Bezug zur Arbeit mit den Adressaten stehen. Arbeitsmethoden und Themen bzw. Problemstellungen der Adressaten stehen deswegen im Mittelpunkt. Leitende Fachkräfte bekräftigen diese Notwendigkeit, wenn sie die Perspektive der sozialpädagogischen Fachkräfte einnehmen, halten in ihrer eigenen Funktion jedoch das Lernen weiterer Methoden und Wissensbereiche für wesentlich, die nicht in direktem Zusammenhang zu den Adressaten der Einrichtung stehen. Warum ergibt sich für leitende Fachkräfte kein Zugewinn von ‚Adressatenwissen' und keine zusätzlichen Methodenkenntnisse z.B. zur Arbeit mit traumatisierten Jugendlichen?

> Hr. Xiller (Leitung/EH): „Ich denke, die fachlichen Inputs [...] brauchen wir als Leitung nicht unbedingt, weil da haben wir unsere Fachfrauen und Fachmänner vor Ort".

Zieht man die im Kontext der ‚Herausforderungen' erarbeitete analytische Einteilung in Aufgabenfelder heran, so können die Unterschiede damit weitergehend interpretiert werden: Qualifizierungsbedarf entsteht dort, wo ‚Kernaufgaben' liegen. Weil sozialpädagogische Fachkräfte qua Aufgabenteilung einen anderen Mix an ‚inneren Aufgaben' als leitende Fachkräfte innehaben, fallen auch die Qualifizierungsnotwendigkeiten entsprechend anders aus. Interessant ist, dass die Unterstützung solcher Aufgaben, die im ‚peripheren' Bereich angesiedelt sind, also an den Kontaktstellen einer Einrichtung mit ihrem äußeren Bezugsfeld wie etwa Kostenträger, kommunale Planungsstellen, kommunale Öffentlichkeit, Fachverbände, Sponsorenpartner etc. weniger im Blick zu sein scheint.

Was bedeutet dies? Es bedeutet nicht, dass sich die Fachkräfte für diese Aufgaben ausreichend qualifiziert sehen. Die Aussagen der Fachkräfte, die diesen Bereich ansprechen, weisen auf das Gegenteil hin: Sie problematisieren das Fehlen geeigneter Qualifizierungsangebote. In der Tendenz wünschen sich die leitenden Führungskräfte im Bereich der ‚peripheren Aufgaben' Hilfestellungen durch bzw. koproduktive Vorgehensweisen mit dem Verband. So z.B. Frau Neumann, wenn es um die Akquise von Projektgeldern geht oder Herr Iglauer im Hinblick auf Weiterentwicklungen des Marketing und Konzepte der Öffentlichkeitsarbeit:

> Hr. Iglauer (Leitung/JSA): „[...] weil das der Träger – wir – nicht leisten können. Und ich weiß es von vielen anderen Trägern, die leisten das auch nicht intern. Von daher bräuchte-, müsste jetzt der Spitzenverband so was organisieren".

Dies bringt schließlich auch die Aussage der Bereichsleiterin Frau Tannert zum Ausdruck, deren Bedarf auf das Finden einer gemeinsamen verbandspolitischen Strategie im Umgang mit Ressourcen hinausläuft:

> Fr. Tannert (Leitung/ISE): „Das KOMMIT ist jetzt schon wieder ein relativ großes Paket mit vielen einzelnen Teilen, aber das finde ich einen super Ansatz. In diese Richtung würde ich gerne weitergehen, grade unter dem Aspekt, dass die Mittel immer knapper werden, aber die Anforderungen davon ja nicht niedriger werden an uns Träger, da möchte ich auch als Führungskraft eigentlich fit sein und gerne auch mit dem Verband zusammen, mich da fitter machen und weiterentwickeln, also da könnte noch mehr kommen".

Auffallend ist, dass für brisante ‚periphere' Aufgaben, für die keine passende externe Qualifizierungsmöglichkeit zur Verfügung steht, der Verband konzeptionelle Leistungen bringen sollte, offensichtlich jedoch nicht für ‚innere' Aufgaben, deren Bewerkstelligung einer zusätzlichen Qualifizierung bedarf, die nicht unmittelbar zu erwerben ist. In diesem Fall – und nicht nur dann – setzen die Befragten auf interne Lösungen. So z.B. Frau Meyer, die Aufgaben der chronisch überlasteten Schuldnerberatungsstelle des Landkreises mit den eigenen Möglichkeiten kompensiert, sprich Schuldnerberatung leistet. Die dafür notwendigen aktuellen Rechtskenntnisse erwirbt sich das Team nicht durch externe Fortbildungen, sondern indem eine Schuldnerberaterin des Landratsamtes eingeladen wird: „Die kommt einmal und alle sitzen drum rum und jeder kann seine Fragen stellen und das ist wie eine Fortbildung im Grunde" (Fr. Meyer, Fachkraft/BJW). Eine institutionalisierte Form der fachlichen Beratung innerhalb der Organisation beschreibt auch Herr Qvortrup im Bereich der Mobilen Jugendarbeit:

> Hr. Qvortrup (Leitung/JSA): „Was sich mittlerweile als notwendig und auch wichtig erwiesen hat und häufig nachgefragt wird, ist dieses so: Man darf mich anrufen. Also wenn man einen fachlichen Rat haben will, dann dürfen die Kolleginnen und Kollegen mich gerne anrufen und dann versuche ich mir die Zeit zu nehmen, das entweder am Telefon gleich zu beantworten oder eben was auszumachen oder eben das zum Thema auf dem nächsten Großteam zu machen".

Diese Aussagen weisen auf einen Anspruch hin, weg zu kommen von einem Fortbildungskonzept, das ausschließlich auf extern konzipierte Angebote baut. Einer allgemein feststellbaren Ausdifferenzierung von Qualifizierungsansätzen lassen sich also auch verstärkt interne Lösungen zurechnen. Deren „Effektivität" wird in einer zeitnahen Informationsbeschaffung und einem ‚vergemeinschaftenden Prinzip' gesehen.

Insgesamt betrachtet finden die zuvor im Kontext der ‚Verschiebungsthese' (in den Kernbereich sich verschiebende Peripherieaufgaben, vgl. Kap. 3.3.2) betrachteten gestiegenen Herausforderungen legitimatorischer wie auch repräsentativer Art (das heißt, gegenüber Außenstehenden auszuweisen, was man mit welchem Erfolg tut und dabei aktiv Gelegenheiten zu nutzen) im geäußerten Qualifizierungsbedarf keine Entsprechung. Ebenso unterbelichtet bleiben Qualifizierungsaspekte, die sich aus der Notwendigkeit von systemübergreifenden Kooperationen ergeben würden.[39] Schwer zu beurteilen ist, in welchem Umfang und mit welchen Überlegungen der geäußerte Wissens- und Methodenbedarf, der berufsbegleitend erworben wird, mit sogenannten ‚Beobachtungsaufgaben' korrespondiert. Für dieses Aufgabengebiet wäre denkbar, sich in den eigenen und stets erforderlichen Deutungsleistungen qualifizieren zu wollen, wie z.B. strukturelle Faktoren das Lebensumfeld der Adressaten prägen bzw. belasten und wie Chancenarmut durch Migration oder sozioökonomische Stellung erzeugt wird. In den Interviews finden sich dazu mit Ausnahme der folgenden Aussage keine expliziten Bedarfsbekundungen.

> Fr. Tannert (Leitung/ISE): „Für Mitarbeiter [...] würde ich mir wünschen – aber es kann auch sein, dass es da durchaus eine ganze Menge schon gibt –, diesen Methodenkoffer noch zu erweitern. Verstehen von Problemzusammenhängen und Handlungsalternativen durchdenken".

---

[39] Zu erwarten wäre in diesem Aufgabengebiet eine Sensibilisierung für strukturelle Voraussetzungen von Kooperation, konzeptionelle Rahmenarbeit und kooperationshemmende wie -unterstützenden Faktoren (vgl. Seckinger/van Santen 2003).

6.2.3 Qualifizierungsmöglichkeiten und Organisationsentwicklung

Die befragten Fachkräfte haben einen unterschiedlichen Zugang zum Thema der Qualifizierung: Sie bewerten diese entweder als Mittel, um einzelne Fachkräfte für die Aufgaben des Berufsalltags zu befähigen (umgangssprachlich häufig unter dem Label „fit sein für" thematisiert) oder als ein Instrument der Organisationsentwicklung. Einige Fachkräfte integrieren bewusst Nutzen-Aspekte für den individuellen Mitarbeiter wie auch die Organisation:

> Hr. Laible (Fachkraft/EH): „Wir sind mit den Teammitgliedern im Gespräch: der macht in dem Bereich seine eine Fortbildung und der in dem und der Bereich ist in der Gruppe schon bisschen abgedeckt. Wo geht es bei mir weiter? Also da ist schon ein Gucken da, aber es gibt keine klare Struktur in dem Sinne. Wo die Einrichtung jetzt reagiert hat, ist ein Qualitätspass, wo dann eingetragen wird, welcher von den Mitarbeitern eine Fortbildung macht und dann hat man über das Ganze so ein bisschen den Überblick. Das ist schon mal eine ganz gute Sache in dem Bereich. In den Klausuren wird natürlich dann geguckt, ja, in welche Richtung geht das Ganze, was braucht man dann auch, da wird geschaut, in welche Richtung geht das Ganze".

Herr Laible stellt ein Instrument vor, mit dem die individuelle Fortbildung der einzelnen Fachkräfte für die Organisationsentwicklung dienlich gemacht wird – den Qualitätspass. Dieser stellt eine Reaktion der Einrichtung dar, die nötig wurde, weil „keine klare Struktur" vorhanden war und weil ein „Überblick" über die erworbenen Qualifizierungen für die Einrichtung erforderlich wurde. Da es den Mitarbeiterinnen und Mitarbeitern vorbehalten ist, entsprechend ihrer konkreten Bedürfnisse und Bedarfe die Fortbildungen selbst zu wählen, ist eine Passung mit den Entwicklungszielen der Organisation nicht automatisch gegeben, sondern muss erst hergestellt werden. Dies soll mit Hilfe des Qualitätspasses möglich werden. Implizit ist also auch hier bereits ein Verständnis von Qualifizierung angelegt, das die Fortbildung der einzelnen Fachkraft mit der Entwicklung der Organisation verknüpft. Explizit äußert Herr Schiller (Bereichsleitung Erziehungshilfen) ein solches Verständnis in Bezug auf leitende Fachkräfte:

Hr. Schiller (Leitung/EH): „Ich glaube die Führungskräfte bringen ihr eigenes Profil mit und die müssen in der Lage sein, selber zu sehen, in welchen Bereichen brauchen entweder die Einrichtung oder ich als Person zusätzliches Know-how oder Informationen. Das erwarte ich eigentlich von einer Führungskraft, dass sie das sieht".

Die gleiche Unterscheidung trifft Herr Schiller auch in Bezug auf die sozialpädagogischen Fachkräfte. Während er bei kleineren Fortbildungen darauf setzt, dass sich die Fachkräfte entsprechend ihres persönlichen Bedarfs orientieren und darauf auch vertraut, geht es ihm bei größeren Fortbildungen um die explizite Abstimmung der individuellen mit den institutionellen Bedürfnissen:

Hr. Schiller (Leitung/EH): „Die Leute *suchen sich selber raus*, was sie denken, was sie brauchen und da wird wenig reglementiert und wir sind bisher gut damit gefahren und ich kann da auch dahinter stehen. Anders ist es bei den längerfristigen Fortbildungen, Zusatzqualifikationen, wo auch von der Einrichtung noch mal extra mitfinanziert und unterstützt wird. Da ist klar, dass wir da *Schwerpunktsetzungen* vornehmen, auch bestimmte Dinge sagen: Ja, das ist wichtig für die Einrichtung, das wollen wir. Dann wollen wir aber auch, dass die Mitarbeiter in den nächsten Jahren bei uns bleiben und nicht den Abschluss machen und dann weiter ziehen."

Die Gewährung kostspieliger Weiterbildungen für einzelne wird als Investition begriffen, die sich jedoch nur dann bezahlt macht, wenn die Fachkraft der Einrichtung über einen längeren Zeitraum zur Verfügung steht und sich insofern ein Prinzip des Gebens und Nehmens, des gegenseitigen Nutzens einstellt.[40] Eine Aufgabe von leitenden Fachkräften, die einen Gesamtblick auf die Weiterentwicklung der Einrichtung einnehmen, liegt in der Förderung von Qualifizierungsprozessen:

Hr. Xiller (Leitung/EH): „Ich sehe meine Position so, dass ich etwas anreiße, dass ich für eine Weiterentwicklung werbe auch in dem Sinne strategisch, wo entwickelt sich die Einrichtung hin [...] und bei den Mitarbeitern dafür zu werben und wie gesagt, die Möglichkeiten der Fort- und Weiterbildung bereitzustellen".

---

[40] Kritisch zu befragen ist dieses Kalkül angesichts fragmentierter Anstellungszeiten, die viele Einrichtungen ihren Mitarbeiterinnen und Mitarbeiter etwa in Form des Jahresvertrags nur noch bieten können. Welche Auswirkungen hat dies auf Qualifizierungsprozesse? Im Material finden sich hierzu keine Hinweise, was damit zu tun hat, dass wir langjährige Mitarbeiterinnen und Mitarbeiter befragt haben.

Nicht nur wegen der notwendigen Passung mit Zielen der Organisationsentwicklung wird Qualifizierung als *gemeinsame Aufgabe* von Fachkraft und Institution betrachtet. Als eine weitere Möglichkeit der (Weiter-)Bildungsförderung stellt Herr Laible folgende Vorgehensweise seiner Einrichtung vor:

> Hr. Laible (Fachkraft/EH): „Auch jetzt bei dieser Erlebnispädagogischen Ausbildung, wo jetzt über dieses Kontingent hinausgeht und zum Darlehensvertrag gemacht wurde, wo dann im Endeffekt kein Geld zurückarbeitet, sondern durch meine Arbeitszeit, Arbeitseinsatz tilgt sich das dann so nach und nach, und das war sehr kulant alles und unterstützend auch. [...] Also es gibt ja dann auch noch – das muss man auch noch erwähnen – Mitarbeitergespräche, wo ganz gezielt dann auch von Einrichtungsseite noch mal nachgefragt wird, welche Ziele hab ich als Mitarbeiter, bildungstechnisch, in welche Richtung, da wird dann auch nachgefragt, wie weit das geht, ist das die richtige Entscheidung gewesen".

Zumindest lässt sich an dieser Stelle anfügen, dass Träger nicht nur den Abgleich zwischen dem Bedarf der einzelnen Fachkraft und den im Hinblick auf die Organisation gewünschten Wissens- und Fertigkeitsressourcen anstellen, sondern auch die generelle Erwünschtheit einer lernenden Einstellung der Fachkräfte (bspw. durch flexible Übergangsformen von Arbeits- in Lernzeit) zum Ausdruck bringen sollten. Insbesondere auch in der notwendigen Unterstützung von Prozessen der beruflichen Sozialisation wird dieser Aspekt wichtig.

6.2.4 *Flankierung berufsbiografischer Übergangsprozesse*

Die im Folgenden ausgearbeiteten Funktionen von Qualifizierungsprozessen sowie die damit verbundenen Ziele, sind noch kaum im Bewusstsein der befragten Fachkräfte. Dennoch werden – hauptsächlich im Interview mit Herrn Iglauer – berufsbiografische Übergänge als Stationen beschrieben, die von Fachkräften wie auch von der Organisation bewältigt werden müssen und bei deren Bewältigung Qualifizierungsmaßnahmen eine entscheidende Rolle spielen (könnten).

Berufseinstieg

Herr Iglauer hat zur Bewältigung des Berufseinstiegs ein internes Programm entwickelt und versucht neben fachlichem Know-How auch die psycho-sozialen Schwierigkeiten des Berufseinstiegs zu berücksichtigen:

> Hr. Iglauer (Leitung/JSA): „Vom Mitarbeiter der jetzt von der Hochschule kommt, neu kommt, da erwarte ich eigentlich nur, dass er Interesse an dem hat, für das er sich beworben hat. Also dass er sagt jawohl, das will ich machen, ich habe Spaß da dran. Das ist das Einzige, was ich erwarte. Ich weiß, dass [man] wenn man von der Hochschule kommt im Grunde noch sehr verunsichert ist und noch nicht so einen großen Plan hat. Das erwarte ich nicht, ich erwarte nicht, dass hier jemand kommt und sagt: So jetzt schaffe ich so, dass der Werner nachher sagt, jetzt bin ich zufrieden. Also das erwarte ich nicht – weil das ist eine völlige Fehlerwartung. Ich erwarte aber gleichzeitig, dass wir als Organisation – und so haben wir das bisher auch gemacht – dass wir im ersten Jahr ein Mitarbeiterbegleitprogramm zur Seite stellen, wo die Mitarbeiter, Mitarbeiterinnen sich jeden Monat treffen – die Neuen wohlgemerkt – und dort ihre fachspezifischen oder ihre arbeitsplatzspezifischen Themen einbringen und die dort bearbeiten. [...] da tun wir alles dazu beitragen, damit hier diese ersten Monate abgefedert werden. Weil ich weiß aus eigener Erfahrung, man fühlt sich da nicht gut und meint man macht alles falsch und kann nichts richtig und der Chef ist unzufrieden und die Kollegen sind unzufrieden, man fühlt sich immer beäugt von allen Seiten. Das ist eine normale Sache. Deshalb sage ich, das erwarte ich nicht, [...] sondern ich erwarte nur, dass er Lust hat. Und der Rest gibt sich. Und man lernt so viel durch die Arbeit".

Wechsel des Arbeitsfeldes

Gerade angesichts zunehmender ‚Querkarrieren‘[41] ergibt sich die Frage, wie der Übergang von einem in ein anderes Arbeitsfeld gelingen kann. Herr Iglauer plant hierfür ein Fortbildungsprogramm, in das ein Hospitationssystem integriert ist:

---

[41] Der Begriff wurde im Ergebnisteil zu den gegenwärtigen Herausforderungen als Ansatz einer flexiblen Personalplanung eingeführt (vgl. Kap. 3.3.1), die sich sowohl an den beruflichen Entwicklungsinteressen der sozialpädagogischen Fachkräfte als auch an einer Flexibilisierung in der Angebotsplanung orientiert. Die Konsequenz besteht darin, dass Fachkräfte anstatt ausschließlich horizontaler Aufstiegmöglichkeiten, sich auch vertikal innerhalb der Arbeitsfeldern ihres Anstellungsträgers im Sinne eines beruflichen Karrierewegs bewegen.

Hr. Iglauer (Leitung/JSA): „Wir haben intern jetzt vor, folgendes System zu entwickeln: Ich möchte gern, dass alle meine Mitarbeiter in der Lage sind, zwei, drei Jobs
gleichzeitig zu machen – also nicht gleichzeitig, sondern dass ihr Arbeitsplatz nicht
mehr heißt, ich gehe morgens in mein Büro und gehe abends wieder raus und habe
seit 20 Jahren dasselbe gemacht. So, sondern es muss jemand in der Lage sein, im BVB
zu arbeiten, im Projekt Assistierte Berufsausbildung zu arbeiten, aber auch hier in der
zentralen Beratungsstelle zu arbeiten. Und diese Flexibilität kriege ich nur hin durch
ein Hospitationssystem erst mal, das will ich entwickeln, das heißt, das funktioniert
teilweise schon. Und durch einen übergreifenden Einsatz, das heißt, die Steuerung
muss bereichsübergreifend funktionieren und so machen wir das auch schon in Ein-
zelteilen. Dass ich sage: Das ist jetzt ein Job, wo wir jetzt ein Projekt zwei Jahre haben,
da setzen wir jetzt Dich mal ein. Das heißt, ich gehe nicht her und sage: Du arbeitest
ab morgen da, sondern das ist eine Motivationsfrage: Du könntest jetzt hier neue Qualitäten dazu lernen, nachher gucken wir, wie wir die wieder brauchen. Also so funktioniert es in der Praxis, und so steuere ich praktisch auch die gesamte Abteilung. So
dass die Leute auch immer das Gefühl haben, sie sind hier gefragt, und das ist jetzt
kein abgekartetes Spiel, sondern für mich geht es immer auch nach Qualitäten, die jemand hat. Es ist kein Verabschiedungsprogramm sondern ein Qualifizierungspro-
gramm. So dass die auch dahinterstehen und sagen, jawohl, in der Abteilung fühle ich
mich wohl. Darum geht es."

Überbrückung der ‚Kinderpause'

Als Schwachstelle diakonischer Anstellungsträgers ist die Tatsache zu
begreifen, dass Mitarbeiterinnen, die wegen Kindern eine berufliche
Auszeit nehmen, den fachlichen Bezug zu ihrer Arbeit und zur Einrichtung verlieren – auf diesem Weg gehen der Institution wertvolle Kompetenzen verloren, dazu Herr Iglauer:

Hr. Iglauer (Leitung/JSA): „Welches Thema wir hier nicht beachtet haben, was ich a-
ber auch ein zentrales Thema finde, auch innerhalb der Diakonie, wir haben noch kein
gescheites Modell für Mütter, die zurückkommen. Also das will ich ergänzen. Auch
weil wir da extreme Probleme haben. Und auch als diakonische Träger da noch keine
vernünftigen Konzepte haben. Sind wir noch zu stark männerdominiert und auch die
Leitungsebenen dann. [...] ich habe Leute, die sind halt hier, die kriegen ein Kind,
dann arbeiten sie noch Teilzeit, [...] die machen hervorragende Arbeit, dann kriegen
sie das zweite Kind, irgendwann sind sie weg. Und dann kommen sie nach sechs, sieben Jahren wieder und was mache ich dann? Also es fehlt auch so ein Begleitpro-
gramm dazwischen. Auch da muss man sich Gedanken machen, dass die am Träger
bleiben. Wir haben da zum Beispiel Null System, dass man die alle Vierteljahr mal an-

schreibt oder irgendwas. Also solche Dinge erwarte ich mir dann auch. Weil diese Kompetenzen, die gehen dann irgendwie verloren. Und das glaube ich nicht, dass wir uns das auf Dauer leisten können. Weil dieser Beruf oder diese Branche, die wird ja nicht sonderlich beliebt sein in Zukunft".

Übergang in eine Leitungsposition

Leitende Fachkräfte betonen die Notwendigkeit von Fortbildungsmaßnahmen beim Wechsel in eine Leitungsposition. Gerade in dieser Hinsicht gibt es jedoch gemäß der Einschätzung der Fachkräfte Lücken im Angebot (s.o.). Dass die Übernahme einer leitenden Funktion gelernt sein will, ist bspw. für Herrn Qvortrup klar. Bezogen auf den eigenen Einstieg in eine Leitungsposition waren es jedoch andere Qualifizierungswege, die er an Stelle eines umfassenden Seminarangebots in Anspruch genommen hat:

> Hr. Qvortrup (Leitung/JSA): „Wir haben da sehr viel im Inhouse-System und auch durch – auf der Leitungsebene – durch kollegiale Beratung und Austausch gemacht. Ich habe das richtige, für mich passende Seminarangebot noch nicht gefunden, nein".

Eine Reihe der interviewten Fachkräfte äußern in diesem Zusammenhang ihr Bedauern über die Umstrukturierung des KOMMIT-Moduls, das die Qualifizierung von Führungskräften in den Blick nimmt. So z.B. Frau Ittner:

> Fr. Ittner (Leitung/EH): „Schade finde ich, dass im Projekt KOMMIT sich jetzt diese Führungskräftegeschichte so reduziert hat. Ich fand, das war von der Anlage her wirklich klasse [...] wo sind die individuellen Menschen, was bringen die schon für Kompetenzen mit und was brauchen sie noch ergänzend. Aber ich mein da braucht man nicht lamentieren. Und das finde ich insgesamt einen Bereich, also wenn ein Führungskräftewechsel stattfindet in den nächsten Jahren, dann finde ich das am spannendsten, da ist ein Diakonisches Werk eigentlich auch noch mal stark gefordert, zu sagen, was steht bei den Einrichtungen grad an, was eigentlich nicht wirklich passend ist, wenn man das innerhalb der eigenen Einrichtung initiiert, was sind so die übergreifenden Fortbildungsbedarfe".

Worauf eine dezidierte Führungskräfte-Schulung eingehen müsste, nämlich auf eine Stärkung der Belastbarkeit und des strategischen Geschicks von Mitarbeiterinnen und Mitarbeitern erklärt Herr Iglauer folgendermaßen:

> Hr. Iglauer (Leitung/JSA): „In der Leitungsfunktion hat man viel mehr und einen größeren Überblick und erlebt dann auch ganz andere Sachen. Darauf sind die meisten, die von der Basis in die Leitung kommen, nicht vorbereitet, auf diesen Schock. Dass es so viel Frechheit und so viel, wie sagt man, Unmöglichkeit eigentlich gibt, also was man eigentlich nicht erwartet hätte so. Dann sind sie in der Regel nicht darauf vorbereitet ein Mitarbeitergespräch zu führen, sie sind nicht darauf vorbereitet Konflikte auszutragen, auszuhalten und Perspektiven zu entwickeln. Sie sind auch nicht vorbereitet – vielleicht kann man sich da drauf auch gar nicht vorbereiten – auf Taktik, Strategien, wie man sich in großen Gremien, in Strukturen verhält. Weil auch da bin ich, also ich sage es mal von mir aus, ich habe gedacht, das ist ja wunderbar, wir ziehen alle am selben Strang. Aber das stimmt ja nicht. Jeder zieht am anderen. Auch dieses muss erst gelernt werden und verdaut werden. Und dann, dass es oft nicht um Inhalte geht sondern um andere Dinge, dass muss man dann auch noch verkraften".

Interessant ist ergänzend zu dieser Empfehlung, was Herr Iglauer selbst in seiner persönlichen Entwicklung hin zu einer Leitungsfunktion im Rückblick als wichtig beschreibt (die Begriffe Freiheit, Begleitung, Vertrauen verweisen wiederum auf die Bedeutung des Umganges miteinander):

> Hr. Iglauer (Leitung/JSA): „Also für mich war sehr wichtig die Freiheit meines Chefs. Also dass er Vertrauen hatte und sagte, der wird das schon machen, diese Begleitung. Und für mich war wichtig – auch im Rückblick – dass ich die ersten fünf Jahre gar nichts gemacht habe. Also die ersten fünf Berufsjahre habe ich gar nichts gemacht. Da habe ich nur gearbeitet. Und habe eigentlich-, weil halt auch so viel zu tun war, muss ich dazu sagen. Und habe dort dann unheimlich viel gelernt.

Qualifizierungsmaßnahmen können bzw. sollten bewusst eingesetzt werden, um (kritische) berufsbiografische Übergänge zu flankieren. Sowohl bei der Sicherung von Kompetenzen (in erster Linie bei längerer beruflicher Abstinenz, wie im Falle von ‚Babypausen') als auch bei deren Erwerb (wie beim Wechsel in neue Tätigkeitsfelder) können und sollen Qualifizierungsmaßnahmen gezielt eingesetzt werden. Ob diese Position allerdings eine breite Basis findet, kann ausgehend vom Interviewmaterial kaum beantwortet werden. Angesichts der zentralen Bedeutung der beruflichen Sozialisation sollten diese Überlegungen allerdings diskutiert bzw. auf Machbarkeit hin geprüft werden.

6.3 Ergebnisse: Bildung und Organisationsentwicklung als Horizont

Sieht man von den mehrfach geäußerten Defiziten im Bereich der Qualifizierung von Leitungskräften und der Sorge um den Abbau von Qualifizierungsmöglichkeiten ab, so sind die interviewten Fachkräfte mit dem Fort- und Weiterbildungsangebot innerhalb der Diakonie zufrieden – zumindest findet sich im Material keine grundlegende Kritik daran. Allerdings werden in den Aussagen der Befragten die grundlegende Bedeutung von Qualifizierung und damit Schwierigkeiten deutlich, sollten Sparmaßnahmen zur Einschränkung dieser Angebote führen. Insbesondere der Wandel der Lebenssituationen der Adressaten, die durch gesellschaftliche Prozesse verstärkten Dynamiken spezifischer Problemsituationen (von beruflicher Perspektivlosigkeit bis zu spezifischen Krankheitsbildern und ihrer spezifischen Behandlung, Beispiel ADHS) machen kontinuierliche Qualifizierungsangebote unerlässlich. Auch was den Bereich der konkreten Wissensaktualisierung angeht, haben sich die bisher vorhandenen Fortbildungsangebote seitens der Diakonie – bzw. seitens der diakonischen Fortbildungsträger – bewährt. Grundsätzlich kommen für die Befragten unterschiedliche Varianten in Betracht: kurzfristig abrufbar, vor Ort in der Einrichtung oder außerhalb. Betrachtet man nun aber die Aussagen zu Qualifizierungsbedarfen vor dem Hintergrund der Ergebnisse zu Herausforderungen, Kompetenzen und Rahmenbedingungen, so lassen sich weiterführende Fragen anschließen – im Hinblick auf

- Zusammenhänge von aktuellen Herausforderungen und Qualifizierungsbedarfen,
- die Bedeutung berufsbiografischer Bildungsprozesse sowie
- die Verknüpfung von Qualifizierung und Organisationsentwicklung.

6.3.1 Herausforderungen als Gegenstand von Qualifizierung thematisieren

These 1: Die Zunahme von ,Peripherieaufgaben' (Legitimation, Information, Verhandlung etc.) sowie der Umgang mit ,Entkopplungen' von Bedarfsbestimmung und Angebotsentwicklung werden zwar in ihrer Relevanz und Brisanz erkannt, jedoch nur vereinzelt im Zusammenhang mit Qualifizierungsbedarfen thematisiert.

Herausforderungen wie die Verschiebung von Aufgaben, die erfahrenen Diskrepanzen (,Entkoppelung') von Bedarfsbestimmung und Angebotsentwicklung (1.) sowie die Anforderungen an die Gestaltung produktiver Interaktionskulturen (2.) führen zu offenen Fragen. Die Erfahrungen der interviewten Fachkräfte legen nahe, im Rahmen beruflicher Qualifizierungsprozesse für diese Fragen zu sensibilisieren – einige erläuternde Bemerkungen dazu.

„Verschiebungen" und Diskrepanzen

Ausgehend von den Befunden zu aktuellen Herausforderungen (vgl. Kap. 3) stellt sich die Frage, ob die Tatsache der „Verschiebung" von Aufgaben nicht zu Veränderungen im Qualifizierungsangebot für Mitarbeiterinnen und Mitarbeiter (in leitender und nicht-leitender Funktion) führen müsste? In dem Maße, wie sich Fachkräfte über die klassischen ,inneren Aufgaben' hinaus auch vermehrt mit konzeptionellen Fragen und Öffentlichkeitsarbeit auseinandersetzen müssen, sollten diese auch Themen für ihre Qualifizierung werden. Dass gesellschaftspolitische Veränderungen und ihre Auswirkungen auf Dynamiken innerhalb der Diakonie (bspw. die Folgen zunehmender Ökonomisierung) Prozesse des Nachdenkens auslösen, wird in den Interviews und den Antworten auf die Frage nach Herausforderungen und Rahmenbedingungen deutlich:

> Fr. Ittner (Leitung/EH): „[...] da denke ich, muss es stärker drum gehen, was sind die Herausforderungen der Diakonischen Einrichtungen in den nächsten Jahren und was brauchen die übergreifend. Was wirklich nicht Sinn macht, dass die einzelnen Einrich-

tungen [...] in alle Winde zerstreut was machen. Also wo es auch gut ist, wenn man Menschen, die sich da auf den Weg machen, bündelt. Deswegen ist so diese Führungskräftekiste halt eine. Ansonsten ist schon gut, aber ich mein, das kriegen wir [intern] halt genauso, zu sagen, Leute aus dem ähnlichen Arbeitsbereich zu bestimmten Themen zusammenzufassen, weil da ja Vernetzung auch stattfindet, das ist so ein Nebenprodukt, das halt viel wert ist".

Deutlich werden auch unterschiedliche Bewertungen bspw. im Hinblick auf das Diakonie-spezifische Tarifrecht, GmbH-Gründungen, Umgang mit Konkurrenz, den „Overhead" an Verwaltung, befristeten Verträgen etc. Wie auf die zentralen Herausforderungen (Armut, Arbeitslosigkeit, Perspektivlosigkeit, Zunahme von komplexeren Problemlagen aber auch gesetzliche Einschnitte) institutionell zu reagieren ist, wird allerdings von einigen Interviewpartnern als offene Frage formuliert (vgl. Kap. 3.3.3). Weil diese offenen Fragen Handlungsunsicherheiten bergen, könnte ihre Bearbeitung ein wichtiger Inhalt von Qualifizierung werden. In einzelnen Aussagen deutet sich an, dass sich Fachkräfte Klärungen oder zumindest offene Diskussionen in diese Richtung wünschen würden:

> Fr. Tannert (Leitung/ISE): „Was ich mir wünsche, ist eine fortlaufenden Fachdiskussion über aktuelle Entwicklungen auf dem Markt, politische Entwicklungen, wohin die Jugendhilfe geht, das müssen gar nicht immer superhoch angesiedelte Sachen sein ja, das können Arbeitsgremien, Austausch unter Trägern sein".

Insgesamt kann festgehalten werden, dass eine Thematisierung dieser Aspekte bereits einen Teil der Inhalte von Fortbildungen abdecken könnte.

Bedeutungen produktiver Interaktionskulturen

Die Ergebnisse zu Fragen des Qualifizierungsbedarfes legen scheinbar die Schlussfolgerung nahe, vermehrt Angebote zur Ausbildung strategischer Kompetenzen (insbesondere für Führungskräfte) anzubieten. Auch wenn diese Schlussfolgerung einerseits zutrifft, muss sie andererseits eingeschränkt, zumindest kontextualisiert werden: Die Ergebnisse zu Fragen notwendiger Rahmenbedingungen machen deutlich, dass Führungskräfte auch eine besondere Verantwortung für die Realisierung einer *unterstützenden Interaktionskultur* innerhalb ihrer Einrichtungen oder Arbeitsbereiche haben. Fachkräfte in leitender Position werden in besonderer Verantwortung gesehen

- nicht nur zur Herstellung von Klarheit im Hinblick auf Ziele, Zuständigkeiten und Verantwortlichkeiten (strategisches Handeln),
- sondern ebenso was die Ermöglichung von Offenheit und gegenseitigem Vertrauen auch im Hinblick auf Entwicklungsprozesse angeht (kommunikatives Handeln).

Darüber hinaus sind sie gefordert, Strukturen zu schaffen, die *innovative Praxis* fördern (als Grundlage einer lernenden Organisation): Es braucht

- *formelle* (z.b. Balance von Projekt- und Regelfinanzierungen, Freiräume und Vorgaben) und
- *informelle* Möglichkeiten (Wertschätzung, Rückhalt und Ermutigung der Mitarbeiterinnen und Mitarbeiter) der Förderung von innovationsfördernden Rahmenbedingungen.

Die Verweise auf die Anforderungen an Führungskräfte, eine bestimmte Kultur des Umganges zu fördern, zeigt, dass in einer einseitigen Betonung strategischer Kompetenzen (insbesondere zur Bewältigung betriebswirtschaftlicher Aufgaben) die Gefahr liegen kann, die ebenfalls zentralen kommunikativen Kompetenzen geringer zu schätzen. In der Zusammenschau von Kompetenzen, Rahmenbedingungen und Qualifizierungsbedarfen zeigt sich die Anforderung einer Balance von kommunikativen und strategischen Kompetenzen und zwar für Fachkräfte in leitender und nicht-leitender Funktion in gleicher Weise. Diese notwendige Balance könnte angesichts einer aktuellen Dominanz von Ökonomisierungsbestrebungen außer Acht geraten. Die Herausforderungen durch Ökonomisierungsprozesse allerdings nicht ernst zu nehmen, wäre eine gleichermaßen ‚fahrlässige' Reduzierung.

6.3.2 Qualifizierung als „Bildungsprozess" verstehen

These 2: Für Qualifizierungsangebote, die berufliche Veränderungen der Fachkräfte unterstützen sollen und dabei produktive Möglichkeiten für die Personalplanung eröffnen, sind noch wenige Verfahrensweisen erprobt. Qualifizierungsangebote sollten als umfassende Bildungsangebote verstanden werden und in diesem Sinne die Bewältigung berufsbiografischer Übergänge unterstützend flankieren.

Die (1.) Betonung der Persönlichkeit der Professionellen sowie (2.) Forderungen nach Flexibilität und Bereitschaft zu Querkarrieren (im Kontext notwendiger Kompetenzanforderungen) machen ergänzend zur Forderung berufsbiografisch-flankierender Weiterbildungsmaßnahmen deutlich, dass Qualifizierungsmaßnahmen Möglichkeiten der Persönlichkeitsentwicklung berücksichtigen sollten. Damit werden sie zu Bildungsangeboten im weiteren Sinne – einige dahingehende Erläuterungen:

Auf die Frage nach notwendigen Handlungskompetenzen (vgl. Kap. 4.1) betonen die interviewten Fachkräfte durchgängig die Bedeutung einer stabilen Persönlichkeit sowie von Freude an der Arbeit mit Kindern und Jugendlichen. Wird „Persönlichkeit" und „Lust an der Arbeit mit Kindern und Jugendlichen" als Grundlage kompetenten Handelns betrachtet, sollte „Persönlichkeitsbildung" im Rahmen von Qualifizierungsmaßnahmen besondere Berücksichtigung finden. Im Hinblick auf Qualifizierungsprozesse würde sich die Frage stellen, welchen Beitrag Fort- und Weiterbildungsangebote zur Stabilisierung, Reflexion und Selbstkritik der „Persönlichkeit" leisten könnten. Diese Frage stellt sich dann umso dringender, wenn kontinuierliche Supervisionsmöglichkeiten (die in diesem Zusammenhang im Rückblick der Fachkräfte häufig als hilfreich angeführt werden) reduziert werden (auch der Reflexion eigener Ideale kommt dabei eine wichtige Bedeutung zu). Ganz grundlegend kann ausgehend von der formulierten Bedingung der „Freude" an der Arbeit mit Kindern und Jugendlichen gefragt werden, welchen Beitrag die jeweilige Einrichtung – bspw. durch entsprechende Qualifizierungsangebote – leisten kann, um die entsprechende Arbeitsmotivation an der

Arbeit wach zu halten und darüber hinaus schwierige Prozesse beruflicher Übergänge zu unterstützen. Das Plädoyer, Aspekte „persönlicher Bildung" in ein Qualifizierungsmodell mit aufzunehmen, steht dafür, Qualifizierungsprozesse nicht nur unter dem Gesichtspunkt von „Kompetenzerwerb" sondern als Bildungsprozess, der Persönlichkeitsbildung einschließt, zu verstehen. Welche Konsequenzen dies im Hinblick auf konkrete Angebote hat, müsste in einem weiteren Schritt bedacht werden (bspw. in Kooperation mit Fortbildungsträgern).

6.3.3 Planungen beruflicher Qualifizierung als Aushandlungsprozess gestalten

These 3: Die Nutzung von Qualifizierungsangeboten durch die jeweiligen Fachkräfte unterliegt Aushandlungsprozessen innerhalb der Einrichtung. Entscheidendes Kriterium ist die Anschlussfähigkeit bzw. Passung der Themen (und Qualifizierungsformen) an berufsbiografische und institutionelle Zwecke.

Tendenziell – vor allem im oberen Kostenbereich – unterliegen Fort- und Weiterbildungen einer thematischen Rationalisierung, die die Fachkräfte und Abteilungsleitungen aushandelnd vollziehen. Eine Aufgabe von leitenden Fachkräften, die einen Gesamtblick auf die Weiterentwicklung der Einrichtung einnehmen, liegt auch in der Förderung von Qualifizierungsprozessen.

Angesichts einer zunehmend wichtiger werdenden Passung von individuellen Weiterbildungen und Organisationsentwicklung stellt sich folgende Frage: In der Fort- und Weiterbildung als Mitarbeiterin und Mitarbeiter eigene Schwerpunkte zu setzen, wird an vielen Stellen positiv bewertet; geraten solche selbstgesteuerten Schwerpunktsetzungen angesichts einer strategischen Qualifizierungsplanung in Gefahr? Der Begriff der Aushandlung verweist diesbezüglich auf zwingend notwendige, offene Abstimmungen zwischen individuellen Wünschen der Fachkräfte und Einrichtungsinteressen.

7 Resümee

Im Folgenden werden die Ergebnisse der Untersuchung entsprechend der Leitfragen an die Fachkräfte zusammengefasst (Kap. 7.1). Die anschließenden Pointierungen und Empfehlungen fokussieren u.E. zentrale Ergebnisse, auch vor dem Hintergrund aktueller Fachdebatten (Kap. 7.2). Der abschließende Abschnitt (Kap. 7.3) thematisiert kritisch die Reichweite und Grenzen des Untersuchungsdesigns.

7.1 Zusammenfassung der Ergebnisse

Vielfältige Veränderungen fordern den Organisationen der Jugendhilfe Anpassungen und Neugestaltungen ab. Von Mitarbeitenden und Organisationen wird erwartet, dass sie sich die für diese Veränderungsleistungen notwendigen Kompetenzen aneignen. Dies ist sowohl eine Grundannahme für das Projekt KOMMIT als auch für das hier vorgestellte Forschungsprojekt. Die folgenden Ergebnisse (basierend auf der Auswertung qualitativer Interviews) geben Auskunft über eigenständig vorgestelltes Erfahrungswissen und subjektive Sichtweisen diakonischer Fachkräfte im Hinblick auf die Fragen nach Herausforderungen, Handlungskompetenzen, Bedingungen kompetenter Praxis und dem Qualifizierungsbedarf der Mitarbeiterinnen und Mitarbeiter.

7.1.1 Herausforderungen beruflichen Handelns

Gegenwärtige und in die Zukunft reichende Herausforderungen an die Jugendhilfe und Jugendsozialarbeit stellen sich auf zwei Ebenen:

- auf der Ebene gesellschaftlicher und sozialpolitischer Dynamiken (z.B. einer Zunahme von Armut und den abzuschätzenden Folgewirkungen auf Kinder, Jugendliche und Familien; externe Kontexte);
- auf der Ebene der Aufgabenbewältigung von Jugendhilfehandeln (z.b. Entstandardisierungen in den Arbeitsbedingungen der Jugendhilfe; interne Kontexte).

Herausforderungen werden vor allem auf der zweiten Ebene, also aufgabenbezogen, wahrgenommen. Dies gibt Anlass zu einer Unterscheidung der benannten Herausforderungen in Bezug auf die jeweiligen Aufgabenbereiche (Beobachtungs-, Kern-, Peripherie- und Kooperationsaufgaben). Im Ergebnis zeigt sich, dass Herausforderungen häufig durch Diskrepanzerfahrungen begründet sind und nur teilweise als Problem von Handlungskompetenz thematisiert werden:

- *Diskrepanzen bei Kernaufgaben:* Herausforderungen entstehen durch eine Reihe von Diskrepanzen im Bereich der „Kernaufgaben". Diese umfassen das Handeln mit Bezug auf Adressaten, Teams und Vorgesetzte respektive Mitarbeiterinnen und Mitarbeiter:
  - zwischen fachlichen Zielen und bereitgestellten Mitteln,
  - zwischen Flexibilisierung und Planungssicherheit,
  - zwischen individueller Zuständigkeit und kollektivem Bewusstsein,
  - vor allem aber als komplexe Aufgabe an Führungskräfte, strukturbezogene Formen der Qualitätsentwicklung und Personalführung so aufeinander zu beziehen, dass dadurch zusätzliche kreative Ressourcen für die Einrichtung freigesetzt werden (vgl. These 1, S. 73).

- *Zunehmende Peripherieaufgaben* (Öffentlichkeitsarbeit, Verhandlungen mit Kostenträgern, Einwerben von Fördergeldern, Dokumentationsaufgaben, Wirkungscontrolling): Peripheraufgaben haben in den letzten Jahren im Verhältnis zu den Kernaufgaben an Umfang und Bedeutung zugenommen. Diese „neben der eigentlichen Arbeit her" bewerkstelligen zu müssen, stellt eine Herausforderung für die interviewten Fachkräfte dar, häufig zu Lasten der Bewältigung der Kernaufgaben (vgl. These 2, S. 78).

- *Angebote für beobachtete Bedarfe entwickeln:* Die Fachkräfte beobachten zunehmende Schwierigkeiten für die Lebensbewältigung der Adressaten der Jugendhilfe: Steigende Armut, Arbeits- und Perspektivlosigkeit sowie eine Zunahme komplexer Problemsituationen für Jugendliche und deren Familien. Für die Unterstützung bei der Bewältigung dieser sich kumulierenden strukturellen Schwierigkeiten (als Aufgabe von Jugendhilfe und Jugendsozialarbeit) fehlen konzeptionelle Ideen. Dies führt zu der langfristigen Folgeeinschätzung, dass erkannter Bedarf und Angebotsentwicklung sich ‚entkoppeln' (vgl. These 3, S. 83).

- *Neue „externe" Kooperationsaufgaben* (insbesondere im Kontext von Jugendhilfe und Schule, Jugendberufshilfe und Unternehmen): Initiativen starten, in denen die Fachkräfte nicht einfach ihr Wissen in andere Kontexte einbringen, sondern mit anderen Berufsgruppen gemeinsam neue Wege für Kinder und Jugendliche erproben und neue Angebote entwickeln, wird als Herausforderung beschrieben.

7.1.2 Professionelle Handlungskompetenzen

Angesichts dieser Herausforderungen – braucht es da ganz andere, neue Kompetenzen? Dies fordern die interviewten Fachkräfte nur bedingt: An der „Grundvoraussetzung für eine Arbeit in der Jugendhilfe hat sich wenig verändert", so die zusammenfassende Äußerung einer Leitungskraft (vgl. Kap. 4.1). Die von den Fachkräften für notwendig erachteten Kompetenzanforderungen lassen sich folgendermaßen differenzieren:
- *Haltung und Persönlichkeit:* Um in der Jugendhilfe bzw. Jugendsozialarbeit kompetent arbeiten zu können, brauche es „gefestigte Persönlichkeiten", die authentisches Interesse an Jugendlichen, Lust und

Freude an pädagogischer Arbeit haben. Dies zu vermitteln ist auch Teil der Aus- und Weiterbildung.

- *Zentrale Fähigkeiten – Interaktionen gestalten können:* Die in den Vordergrund gerückten notwendigen Fähigkeiten beziehen sich überwiegend auf die Gestaltung von Interaktionen. Erforderlich ist ein an Verständigung orientierter Umgang mit Adressaten, Kolleginnen und Kollegen sowie mit externen Kooperationspartnern:
    - Sozialpädagogische Arbeit mit verschiedenen Adressaten erfordert vor allem Wahrnehmungsfähigkeiten, Empathie und Einfühlungsvermögen, die Fähigkeit zur Anerkennung der Individualität der Anderen, zur Aushandlung gemeinsam geteilter Ziele und Lösungswege.
    - Für organisationsinterne Interaktionen werden Team- bzw. Konfliktfähigkeit sowie Flexibilität (als Bereitschaft und Fähigkeit in verschiedenen Bereichen arbeiten zu können) vorausgesetzt. Fähigkeiten zu Projekt- und Sozialmanagement bzw. zum „Management des Überlebens" (so eine Leitungskraft) werden als eher neue Anforderungen ergänzt. Auf dieser Ebene liegen „Leitungs-Fähigkeiten": Interessen ausgleichen, beraten, motivieren, vorausdenken, eine ausreichende Informationspolitik sowie Finanzierungen sichern können.
    - Der Umgang mit externen Bezugspersonen und Kooperationspartnern verlangt Fähigkeiten, die eine gute Außendarstellung der Arbeit gewährleisten und Aushandlungsprozesse sowie Kompromissschließungen zur Herstellung einer gemeinsamen Arbeitsgrundlage ermöglichen.

- *Notwendiges Wissen:* Kompetentes Handeln der Fachkräfte setzt folgendes Wissen voraus:
    - Überblickswissen (bspw. zu kommunalen Strukturen),
    - Erklärungswissen, das ein Verständnis aktueller Problemsituationen ermöglicht,

-   Methoden Know-How, das Handeln nicht auf die Anwendung von standardisierten Verfahrensweisen beschränkt,
-   Wissen zur Auswertung bzw. Reflexion und gegebenenfalls Relativierung individuellen Erfahrungswissens.

-   *Selbstorganisierte Reflexivität:* Pädagogisches Handeln setzt Selbststrukturierungsfähigkeiten, Entscheidungsvermögen sowie die Reflexion möglicher Fehler voraus. Ebenso ist die Bewältigung von Herausforderungen auf selbstorganisierte Reflexivität als zentrale Kompetenz angewiesen. Selbstorganisierte Reflexivität ermöglicht,
-   Diskrepanzerfahrungen als strukturelle Handlungsprobleme oder Wissenslücken zu erkennen,
-   verändernde Rahmenbedingungen und Anforderungen zu gewichten,
-   grundständige Handlungskompetenzen wie z.b. kommunikative Kompetenzen auf verschiedene personale Kontexten abzustimmen sowie
-   ein gekonntes Changieren zwischen Adressaten- und Bündnisorientierung, strategischem Handeln und Innovationsbereitschaft durch Handlungsentwürfe, die sich nicht nur an der Fortschreibung bestehender Handlungsmuster und Wissensbestände orientieren.

Als zentrale Thesen lassen sich festhalten, dass die interviewten Fachkräfte viele Parallelen zwischen Kompetenzanforderungen an Fachkräfte in leitender und nicht-leitender Funktion formulieren (vgl. These 1, S. 140), dass die vorhandenen Handlungskompetenzen der Jugendhilfefachkräfte als ‚stabiles Rüstzeug' angesehen werden (vgl. These 2, S. 142), allerdings die Ausbildung und Stärkung selbstorganisierter Reflexivität angesichts vielfältiger Veränderungsdynamiken eine größere Bedeutung erhält (vgl. These 3, S. 145).

7.1.3 Bedingungen kompetenter Praxis

Die Bedingungen kompetenter Praxis lassen sich auf einem Kontinuum
zwischen Selbstgestaltung und Fremdstrukturierung abbilden.

- *Selbstgestaltete Bedingungen – Produktive Interaktionskulturen:* Ein för-
  derliches Miteinander lebt von einem gemeinsam geteilten Verständnis von Arbeits- und Hilfeprozessen, auf das sich die Interakti-
  onspartner verlassen können. *Jugendliche* sollten sich sicher sein können, dass ihre Ressourcen und Bedürfnisse Ausgangspunkte professionellen Handelns sind. Innerhalb der *Organisationen* sollte von gegenseitigem Vertrauen, Wertschätzung und der Möglichkeit des
  Nachvollzugs strategischer Entscheidungen ausgegangen werden
  können. Mit *externen Kooperationspartnern* gilt es, deren eigene Handlungsformen zu verstehen, die eigene professionelle Ethik deutlich
  zu machen und gemeinsame Interessen zu finden. Da diese Bedingungen nicht selbstverständlich gegeben sind, müssen sie immer
  wieder gestaltet und überprüft werden.

- *Fremdstrukturierte Bedingungen – Begrenzungen in den sozial- und gesellschaftspolitischen Dynamiken:* Sozial- und gesellschaftspolitischer
  Wandel und veränderte Bedingungen des Aufwachsens werden als
  die Arbeit begrenzende Bedingungen angesehen (z.B. Entwertung
  Sozialer Arbeit im öffentlichen Bewusstsein, Arbeitslosigkeit, Perspektivlosigkeit etc.). Sie werden allerdings nur von einem Teil der
  Befragten als Handlungsauftrag für Jugendhilfefachkräfte begriffen.
  Ob also sozialpolitische Einmischungen für die Adressaten der Jugendhilfe eine Aufgabe der jeweiligen Fachkräfte oder übergeordneter Verbandsvertretern darstellen bzw. darstellen soll, wird nicht
  einheitlich beantwortet.

Interessant ist vor allem, dass die Fachkräfte auch im Kontext der Frage
nach Bedingungen kompetenter Praxis eine produktive Interaktionskultur ins Zentrum ihrer Aussagen stellen (vgl. These 1, S. 179) und dabei

auf die notwendige Balance von kommunikativem und strategischem Handeln verweisen (vgl. These 2, S. 181). Veränderungen in den Arbeitskontexten fordern die Einrichtungen der Jugendhilfe allerdings heraus, Bedingungen zu schaffen, die (fachlich begründete und zukunftsfähige) Innovationen, zumindest aber entsprechende Überlegungen befördern (vgl. These 3, S. 182).

7.1.4 Qualifizierungsbedarf von Jugendhilfefachkräften

Unter Qualifizierungsbedarf werden die subjektiven Einschätzungen der Fachkräfte darüber verstanden, welche Qualifizierungsmöglichkeiten und -angebote für notwendig erachtet werden (prinzipiell und aktuell). Im Material zeigen sich allgemein notwendige Inhalte, aber auch generelle Begründungskontexte von Qualifizierungsangeboten, die ein weites Verständnis von Qualifizierung insgesamt nahe legen.

- *Themenbezogene Aspekte notwendiger Qualifizierung:* Fachkräfte in *nicht-leitender Position* bewerten Qualifizierungsangebote im Bereich der Kernaufgaben als unverzichtbar (z.B. Vertiefung zielgruppenspezifischen Wissens, Aneignung pädagogischer Handlungsmethoden sowie Unterstützung eigener Reflexionsprozesse). Zur Bewältigung von Peripherieaufgaben werden Angebote zur Schulung von Präsentationskompetenzen sowie zur Optimierung der Arbeitsorganisation empfohlen. Für diese Gruppe zeigt sich eine hohe Zufriedenheit mit den vom Diakonischen Werk gemachten Angeboten – mit Ausnahme fehlender Maßnahmen im Bereich Präsentation und Öffentlichkeitsarbeit. Problematisiert wird, dass die Teilnahme der Mitarbeiterinnen und Mitarbeiter an Qualifizierungsangeboten mangels Zeit insgesamt zurückgeht.
Leitende Fachkräfte betonen einen eigenen Qualifizierungsbedarf an betriebswirtschaftlichem Anwendungswissen, an Kommunikationsmethoden zur Gestaltung von Mitarbeitergesprächen, an Hilfestellungen zur Entwicklung von Konzepten und entsprechenden

Managementaufgaben sowie an Reflexionsmöglichkeiten. Für diese Gruppe existiert noch kein ausreichendes Qualifizierungsangebot, das ihren Anforderungen entspricht.

- *Allgemeine Aspekte notwendiger Qualifizierung:* Es zeigt sich, dass Qualifizierung nicht auf Wissens- und Kompetenzerwerb in isolierten Veranstaltungen beschränkt werden kann. Qualifizierungsprozesse einzelner Mitarbeiter sollen verstärkt mit ihren beruflichen Anforderungen und persönlichen Ressourcen abgestimmt und Persönlichkeitsbildung mit in den Blick genommen werden. Die Entwicklung der Berufsbiografie soll entsprechend unterschiedlicher Phasen so mit Angeboten flankiert werden, dass erworbene Kompetenz nicht verloren geht, weder beim Wechsel von Aufgabe und Funktion noch während Erziehungszeiten. Organisationsentwicklung ist mit Kompetenzentwicklung zu verschränken.

Insgesamt zeigt sich, dass der Bedarf an Qualifizierung überwiegend auf die Aufgaben bezogen wird, mit denen die Fachkräfte ihre Arbeit identifizieren („Kernaufgaben"). Möglichkeiten von Qualifizierung im Hinblick auf aktuelle Veränderungen (bspw. zunehmende Peripherieaufgaben und Ökonomisierungsprozesse) sind kaum im Blick der Fachkräfte (vgl. These 1 , S. 221). Ebenso fehlen Möglichkeiten der gezielten Transformation erworbener Kompetenzen bei berufsbiografischen Übergängen (vgl. These 2, S. 224). Reflexion und Qualifikation sind in zweifacher Weise verschränkt: Die Reflexion des eigenen fachlichen Handelns wird in Qualifizierungsprozessen neu herausgefordert, gleichzeitig findet in planvollen Reflexionsformen Qualifizierung statt. Qualifizierungsprozesse sollten daher Passungen zwischen berufsbiografischen und institutionellen Anforderungen ermöglichen (vgl. These 3, S. 225).

7.2 Inhaltliche Pointierungen und Empfehlungen

In den folgenden Ausführungen beziehen wir uns auf inhaltliche Aspekte, die uns – ausgehend von den empirischen Ergebnissen der vorliegenden Studie – für den allgemeinen Fachdiskurs anregend und weiterführend erscheinen. Zentraler Hintergrund dieser Pointierungen stellte
die Frage dar, wie Modernisierungsprozesse in der Jugendhilfe bewältigt
werden und welcher Stellenwert fachlichen Kompetenzen darin zukommt. Bemerkenswert erscheinen uns die Befunde, dass trotz oder wegen vielfältiger Veränderungsprozesse in der Jugendhilfe an bewährten
Kompetenzen festgehalten wird (Kap. 7.2.1), dass allerdings die Auswirkungen von Modernisierungs- und Ökonomisierungsprozessen durchaus
unterschiedlich und in einer Spannung wahrgenommen werden (Kap.
7.2.2) und dass vor dem Hintergrund vielfältiger Veränderungen und
Ungewissheiten gelingenden und vertrauensbasierten Verständigungs-
prozessen besonderes Gewicht zukommt (Kap. 7.2.3). Wie eine dynamisch-innovative Interaktionskultur befördert werden kann, wird in den
abschließenden Empfehlungen fokussiert (Kap. 7.2.4).

7.2.1 Stabiles Vertrauen in die Zukunftsfähigkeit fachlicher Kompetenzen

Die Ergebnisse zeigen, dass der Tenor der Interviews fast durchweg
durch eine eher gelassene und erfahrungsgesättigte Selbstvergewisse-
rung des eigenen Könnens gekennzeichnet ist, als durch den Ruf nach
neuen Konzepten und Strukturen, die auf großflächige Defizite schließen
ließen. Die Interviewten blicken auf ein gutes Stück Erfolgsgeschichte zurück, Schwierigkeiten wurden und werden gemeistert, Zukunftsopti-
mismus kann sich auf Erfahrungen des Gelingens berufen. Wenngleich
auch Plausibilitätsverluste hinsichtlich Auftrag und Ressourcenlagen
thematisiert werden (z.B. begrenzte Möglichkeiten in der Jugendberufshilfe), so erscheint dennoch insgesamt das Zutrauen in die eigene Bewäl-
tigungsfähigkeit von Zukunft stabil. Dabei werden zwei Grundhaltungen
deutlich:

Erstens: Modernisierungsstrategien und Anpassungserfordernisse werden nicht als derart dramatisch eingeschätzt, dass es zu einem Krisenszenario käme, z.b. indem entweder die eigene Kompetenz durch strukturelle Barrieren ständig ins Leere greifen müsste oder die Entwicklungsfähigkeit von Kompetenz in Frage gestellt würde, noch gar die Einrichtungen vor unlösbaren Zukunftsaufgaben stünden oder Ähnliches. Weder die zunehmende Bedeutung bildungspolitisch gesetzter Rahmenbedingungen, die z.b. durch die Einrichtung von Ganztagsschulen erhebliche Auswirkungen auf die erzieherischen Hilfen oder auf die Jugendberufshilfe haben, noch sozialpolitisch induzierte Entwicklungen führen zu ernsthaftem Zweifel am Kern eigener Handlungskompetenzen. Dass diese nicht hinreichen, um z.b. der zunehmenden Armut von Kindern entgegenzuwirken, wird überwiegend nicht dem fachlichen Profil der Jugendhilfe, sondern einer externen Entwicklungsdynamik zugerechnet, auf die die Jugendhilfe nicht immer sofort und angemessen reagieren kann. Dass die Fachkräfte den für erforderlich gehaltenen Entwicklungsbedarf in der Regel auf der Linie derjenigen Kompetenzprofile sehen, die schon zum Standard fachlich qualifizierter Jugendhilfe gehören, entspricht diesem Befund.

Zweitens: Allerdings wird deutlich, dass manche Fachkräfte strukturelle Krisen (zunehmende Armut, Arbeitslosigkeit etc.) insofern als starke Beanspruchung der eigenen Kompetenz verstehen, als sie sich dem Auftrag verpflichtet sehen, Hilfe- und Unterstützungsmöglichkeiten mit zu entwickeln. Hier steuern sie eine Reihe kreativer Impulse bei, die die Entwicklung neuer Angebotsstrukturen befördern und die Grenzen gegebener Handlungsmöglichkeiten, durch das Finden unkonventioneller oder bisher noch nicht entwickelter Handlungsformen, überschreiten. Auch und gerade hier bieten sich Gelegenheiten für die Bewältigung von Herausforderungen, die als subjektiv befriedigende Entfaltungsmöglichkeiten empfunden werden, und zwar obwohl die Ausgangslage schwierig sein mag.

Darüber hinaus fällt auf, dass die Fachkräfte einen Kanon bekannter Kompetenzen nennen – ein Befund, der nun nicht als Defizit an Innovati-

onsideen interpretiert werden sollte. Denn diese Kompetenzen zu realisieren ist keineswegs durchgängig gesichert. Trotz eines relativ hohen
Zutrauens in ihre Leistungsfähigkeit gilt die Realisierung dieser Kompetenzen nicht als unbezweifelte Selbstverständlichkeit in allen Handlungsfeldern. Vielmehr ist dieser Kanon immer wieder erneut darauf angewiesen, in Teamstrukturen hergestellt zu werden. Zugespitzt formuliert,
richtet sich der professionelle ‚Geist' nicht auf außergewöhnliche Pro-
jektideen und ‚querliegende' Konventionsbrüche sondern auf sukzessive
Abarbeitungen an Herausforderungen. Obwohl die veränderten Rahmenbedingungen es nahe legen mögen: Es ist gleichsam nicht die Zeit für
Pioniertaten, sondern für kluge Konsolidierung, vorsichtige Innovations-
versuche und behutsame Entwicklungsschritte.

7.2.2 Sozialpädagogische Fachautonomie zwischen Erweiterung und Begrenzung

Die Untersuchungsergebnisse entstammen Argumenten von Fachkräften,
die als Ausdruck einer selbstbewussten Fachautonomie verstanden werden. Zugleich bietet sich ein Bild, in dem die Fachkräfte das eigene Können eher in einen Gestaltungsrahmen langsamer Veränderung, statt ab-
rupter Beschleunigung einordnen. Deren Logik wird nicht immer vollständig überschaut. Mit diesen Veränderungsprozessen muss auch in
Zukunft gerechnet werden, ihre Bewältigung erfordert, dass die erreichten Qualitätsstandards gesichert und das erworbene Rüstzeug an Kompetenzen erweitert wird. Die mitunter geäußerte Sorge, einer – mehr oder
minder sanften – Entwertung überlieferter Selbstverständnisse entgegen
zu steuern, vielleicht auch der Enteignung wenn nicht gar der Entfremdung fachlicher Autonomie durch externe Zwänge des Dienstleistungs-
und Arbeitsmarktes, kann nicht als Identitätskrise beruflichen Handelns
interpretiert werden. Diese Sorge könnte wohl aber als ein Hinweis gelten, die Handlungskompetenzentwicklung verstärkt in der Dualität von

Ökononomisierung[42] und Selbstbestimmung zu sehen, und damit eine
Neuthematisierung fachlicher Autonomie in Gang zu bringen. Die dabei
auftretenden Paradoxien zu erkennen, den bis zur Einschränkung pädagogischer Möglichkeiten reichenden Imperativ betriebswirtschaftlichen
Controllings abzuschätzen und neue intelligente Strategien zu entwickeln, die die sozialpädagogische Fachlichkeit stärkt, wird dabei
durchaus als eine Aufgabe gesehen. Handlungskompetenzentwicklung
sollte mit Organisationsentwicklung enger verzahnt, zugleich aber auch
dem dazu nötigen Reflexionsaufwand entsprechend nachhaltige Gele-
genheitsstrukturen eingeräumt werden.

Unterschiedliche Sichtweisen auf Modernisierung

Gegenüber dem Modernisierungsprozess lassen sich zwei Einstellungen
der Fachkräfte unterscheiden: Während die eine Gruppe den Zuwachs an
Controlling-, Evaluations-, Management- und Dokumentationsaufgaben
begrüßt und darin eine für das ‚Überleben' der Jugendhilfe unverzicht-
bare Erweiterung der Handlungsmöglichkeiten sieht, thematisiert eine
andere Gruppe auch Skepsis und sieht den Trend zu einer Verselbstständigung des Manageriellen: Der dafür betriebene Aufwand und die Notwendigkeit, die entsprechenden Verfahren regelmäßig aufs Neue zu
vollziehen, führt dazu, dass weniger Zeit für die Arbeit mit den Adressaten bleibt und die Tendenz verstärkt wird, in ihnen hauptsächlich „den
verwalteten Menschen" zu sehen – trotz aller anders lautenden Rhetorik.[43]

---

[42] Als Zusammenfassungen zu Modernisierungs- und Ökonomisierungsprozessen in der
Jugendhilfe und Sozialen Arbeit: Otto/Schnurr (2000); Thole/Cloos (2000); Kessl (2002);
Messmer (2007) und Sorg (2007).
[43] Nicht zuletzt wird mit der Erwartung an die Transparenz der jeweils eigenen Handlungsschritte eine Haltung verinnerlicht, die das eigene Tun immer schon als ein nach Außen
rechtfertigungsfähiges Geschehen begreifen muss, das eher einer außengeleiteten Fachkon-
trolle als einem selbstbestimmten Gestaltungswillen Rechnung trägt. Die Folge ist, dass das
Handeln weniger im Medium eines kollegialen Vertrauens, als vielmehr im Medium von
Kontrolle vollzogen wird. Damit werden entsprechende Handlungskompetenzen erforder-

Allerdings – dass das Managerielle wie eine unzumutbare Beschränkung der sozialpädagogischen Fachautonomie wirkt, kann (ausgehend vom empirischen Material) nicht bestätigt werden, wohl aber, dass die Fachkräfte sich anstrengen, eine Balance zu finden. Gehört es zu den gleichsam „klassischen" Gegenüberstellungen von ökonomischer und sozialpädagogischer Vernunft, die durch das moderne Berufsbild des sozialpädagogischen Organisationshandelns integriert werden soll, so ist doch eine ideale Balance nur schwer zu erreichen. Vermieden werden soll nämlich eine einseitige Verkörperung von Fachlichkeit im Sinne sozialtechnologischen Managertums, aber auch im Sinne einer für wirtschaftliche und administrative Anforderungen blinden Sozialpädagogik. Dass beide Anteile zum professionellen Profil gehören, ändert nichts daran, dass jeder von ihnen eine Eigendynamik entwickeln kann. Das führt in den Äußerungen der Fachkräfte aber nicht dazu, dass Verwaltung, Ökonomie und Sozialpädagogik gegeneinander ausgespielt würden; vielmehr gilt es, die Verschiebung der jeweiligen Anteile zu beobachten und deren Folgen für den Umgang mit Adressaten, Kollegen und Öffentlichkeit einzuschätzen und notwendige Korrekturen vorzunehmen[44].

In ihren Äußerungen machen die befragten Fachkräfte ein breites Panorama von Bedingungen und Formen kompetenter Praxis sichtbar. Es entsteht unter dem Einfluss einer Reihe von Modernisierungsstrategien, die vor allem der Ökonomisierung im Sinne eines „manageriellen" Kosten-Nutzen-Denkens und einer von dort aus begründeten Rationalisierung durch Effektivitäts- und Effizienzkontrollen sozialer Dienstleistungen geschuldet ist. Dass Modernisierungsschübe nichts Ungewöhnliches für die Jugendhilfe sind, zeigt zwar ihre Geschichte; was indessen die gegenwärtige Situation auszeichnet, ist die keineswegs durchgängig vollzogene Integration dementsprechender Denkansätze und Haltungen in

---

lich, deren Grundlage es ist, Vertrauen als eher knappes Gut einer Einrichtung zu verstehen.

[44] Auch innerhalb der sozialpädagogischen Fachdebatte differenziert Fabian Kessl unterschiedliche Perspektiven auf Ökonomisierung, die als „notwendige betriebswirtschaftliche Umsteuerung", als „unabweisbare Herausforderung", als „Eindringen einer feldfremden Logik" oder als „Teil neoliberalen Wohlfahrtsstaatsabbaus" beschrieben wird (Kessl 2002, S. 1118).

den persönlichen Autonomierahmen der Fachkräfte: Je nach Position im
Gefüge der Jugendhilfeeinrichtungen wird nämlich deutlich, dass ein
Gutteil der Kompetenz auf die Aneignung und Übernahme von Moder-
nisierungsverfahren verwendet werden muss, ohne dass dabei immer
auch eine hinreichende Plausibilität erkannt wird. Obwohl die Befragten
diesem Ökonomisierungsanteil gegenüber fast durchweg eine positive,
pragmatisch-gestaltende Haltung einnehmen und ihre Kompetenz sich
darin geradezu auszeichnet, es nicht beim Beschreiben von Sinnverlusten
bewenden zu lassen, scheint diese Plausibilitätserosion institutionell
nicht wirklich so thematisiert zu werden, dass sozialpädagogische Fachautonomie sich gegenüber steuerungsstrategischer Rationalität des „Manageriellen" behauptet und diese nicht als Einschränkung empfunden
wird: Die Positionen bewegen sich zwischen einem „man muss es leider
machen" und einem „gut, dass wir es machen können".

Spannung zwischen Ökonomie und sozialpädagogischer Fachlichkeit

So sieht sich das berufliche Selbstverständnis in der eigentümlichen Situation, einem Wandel des Kompetenzprofils gegenüberzustehen, das die
für erforderlich gehaltenen betriebswirtschaftlich-kontrollierenden Aufgaben nicht immer bruchlos mit dem pädagogisch-fachlichen Engagement integriert. Manchen sozialpädagogischen Erfordernissen kann deshalb nicht mehr nachgekommen werden, weil externe wie interne Ökonomisierung Grenzen setzt, die durch sozial- und bildungspolitische
Rahmenbedingungen flankiert werden. Eventuelle Chancen der Ökonomisierung werden auch als Risiken interpretiert: Controlling als allzu
aufwendiges Legitimationsritual oder Qualitätssicherung als „einge-
führte" Maßnahme mit durchaus begrenztem Nutzen. Die entsprechenden Wissenskomplexe werden zwar angeeignet, aber sie scheinen sich im
Kompetenzprofil nicht selten in bloß additiver Weise gegenüber zu stehen: hier Pädagogik, Hilfeangebot und Dienstleistung und dort Evaluation, Controlling, Außenlegitimation. Der jeweilige Geltungsanspruch
beider Rationalitäten wird als nicht immer überbrückbare Diskrepanz

von Peripherie- und Kernaufgaben, von Bedarf und Angebot empfunden und je deutlicher die wirtschaftlichen Kontextbedingungen die Aufgabe der Jugendhilfe durchkreuzen, Jugendliche auf Ausbildung und Beschäftigung bzw. auf lebensweltliche Rollenübernahmen vorzubereiten und zu begleiten, desto stärker zeichnet sich ab, welche Grenzen auch der noch so gut entwickelten Handlungskompetenz gesetzt sind.

Bemerkenswert ist weiterhin, dass Veränderungen durch die neue Bildungs-, Familien-, Gesundheits- und Sozialpolitik zwar bisweilen Kritik auslösen, aber keine massiven Gegnerschaften thematisiert werden. Sich schon noch zu arrangieren wissen – dies scheint die gut fundierte Grundeinstellung zu sein.[45]

Indessen lassen die Ergebnisse, die auf eine breite Kenntnis der Fachkräfte über allgemeine Entwicklungstrends Bezug nehmen, den Schluss zu, dass eine auf die bloße Weiterentwicklung von Kompetenz begrenzte Perspektive allein keine Garantie für eine erfolgreiche Zukunftsgestaltung der Kinder- und Jugendhilfe sein kann, wenn sie nicht mindestens durch strukturell wirkende Maßnahmen flankiert wird, die sowohl im internen wie im externen Kontext sicherstellen, dass fachliche Kompetenz auf entsprechende Mindestressourcen an Kommunikation, Zeit, Geld und Reflexivität vertrauen kann. Sonst könnte es sein, dass sich dauerhaft eine Schere zwischen Kompetenz und strukturellen Rahmenbedingungen öffnet, ein prekäres Passungsverhältnis, das keineswegs motivationsbestätigend wirken könnte. In Fällen fachlich unzureichender Praxis würde dann lediglich auf der Kompetenzseite gesucht, was auf der Seite struktureller Mängel zu finden wäre. Dass diese Möglichkeit nicht bloß theoretisch ist, zeigt die in der Fachliteratur ausgedrückte zunehmende Sorge, dass Soziale Arbeit „zwischen Ökonomisierung und Selbstbestimmung" einen Autonomieverlust erleidet (vgl. Krauß/Möller/Münchmeier 2007).

---

[45] In diesem Zusammenhang kann folgende These von Hans-Uwe Otto Anlass für kritische Überprüfungen eigener Haltungen geben: „Die Chancen für eine Weiterentwicklung des Professionalisierungsprozesses in der Sozialen Arbeit sind gegeben, sie werden aber nicht größer, wenn [...] die Frage nach dem Verhältnis von Sozialer Arbeit und Gesellschaft nicht mehr unter wohlfahrtstaatlichen Prämissen expliziert, sondern am Horizont der Marktrationalität durch den Zwang zur Ökonomisierung eingefärbt wird" (Otto 2006).

„Soziale Arbeit zwischen Ökonomisierung und Selbstbestimmung – ein Spannungs-
feld, das an Schärfe zunimmt. Auf den ökonomischen Wandel reagierte die Soziale
Arbeit zunächst mehr ratlos als kompetent, mehr abwehrend als gestaltend, bis deutlich wurde, dass sie sich den Anforderungen des sozialen und ökonomischen Wan-
dels nicht mehr entziehen konnte. Aktuell sind unterschiedliche Strategien zu beobachten. Während sich ein Teil zum Vorreiter der Zertifizierungsbewegung nach ISO-
Norm macht, suchen andere nach angemessenen Formen für die Soziale Arbeit, um
deren Qualität zu überprüfen und zu verbessern. Da die Finanzierung Sozialer Arbeit
zunehmend davon abhängig gemacht wird, ob ihr ‚Erfolg‘ nachgewiesen werden
kann, muss sich diese mit der Frage auseinandersetzen, ob und wie sie ihre Wirksamkeit messen kann und welchen Einfluss diese wiederum auf die Soziale Arbeit hat
und künftig haben wird. Viele haben Sorge, dass ihnen das Heft aus der Hand genommen wird, indem die McKinseys ihre Arbeit nach betriebswirtschaftlichen Gesichtspunkten durchforsten. Nicht wenige haben aufgegeben und füllen murrend
Formulare für den vermeintlichen Nachweis der Effektivität und Effizienz ihrer Arbeit aus. Immer mehr wollen jedoch auf fachlicher Basis selbst bestimmen, wie Soziale
Arbeit zu beurteilen sei und stellen sich zugleich der Anforderung, dass gesellschaftliche Gelder auch Qualitäts- und Effizienzkontrollen zu rechtfertigen seien"
(Krauß/Möller/Münchmeier 2007: 13).

7.2.3 Zur Analyse von Interaktionskulturen

Handlungskompetenz auf Handlungskontexte zu beziehen – dies war
der allgemeine theoretische Ausgangspunkt der Untersuchung. Den vorgestellten Ergebnissen folgend ist die Eingrenzung dieses weiten Rah-
mens auf zwei Fragen interessant, die das Verhältnis von individueller
Handlungskompetenz und strukturellen Rahmenbedingungen betreffen:
-    In welcher Weise ist die Interaktionskultur innerhalb einer Jugend-
     hilfeeinrichtung förderlich für die Entwicklung individueller Kom-
     petenzniveaus?
-    In welcher Weise tragen individuelle Kompetenzniveaus zur Ent-
     wicklung einer Interaktionskultur bei?

Als zentrale Rahmenbedingung für individuelle Kompetenzentwicklung
hat sich die Qualität der Interaktionskulturen herausgestellt. Dies führt
zu einer Reihe von Schlussfolgerungen, die zunächst eine schematische
Darstellung zur Unterscheidung von vier unterschiedlichen Typen von

Interaktionskulturen nahelegen. Daran schließen sich Empfehlungen an, die vor allem der Förderung des ersten Typus, nämlich einer „dynamisch-innovativen Interaktionskultur" dienen sollen.

Die Untersuchung zeigte Herausforderungen auf, die mit den zunehmenden Anforderungen an Jugendhilfefachkräfte zu tun haben. So macht die These von der Entkoppelung von Bedarf und Angebot („Entkoppelungsthese") zwar deutlich, dass einzelne Fachkräfte dabei an die Grenze stoßen, Handlungskompetenz in Handeln umzusetzen; dies wird aber nicht dahingehend problematisiert, was „noch" in der Verantwortung der Fachkräfte liegt und was nicht. Anders formuliert:

- Einerseits hängt die Bewältigung der benannten Herausforderungen maßgeblich von den Fachkräften ab: Sie gilt es zu fördern, um ihre Ressourcen besser zu nutzen, sie müssen den Zuwachs an Peripherieaufgaben (bei verringertem Personal) bewältigen, sie müssen die Diskrepanz aushalten, dass ihre Angebote den Bedarf nicht ausreichend decken können. Die weiteren (oben genannten) Ebenen (bspw. Verantwortung der Organisation, Politik etc.) treten hier weniger in den Blick.

- Andererseits wird damit die Bewältigung der von den Fachkräften wahrgenommenen Herausforderungen gleichsam individualisiert: Bewältigungsversuche werden einseitig auf der Ebene der jeweiligen Handlungskompetenz, nicht jedoch auf der Ebene struktureller Rahmenbedingungen thematisiert.

Die starke Fokussierung der individuellen Handlungsebene zeigt sich auch bei der Benennung notwendiger Kompetenzen, bei denen die Lernfähigkeit der individuellen Fachkräfte einen wichtigen Entwicklungsfaktor darstellt. Ergänzt man diese Beobachtungen allerdings um jene Aspekte, die auf die Frage nach Rahmenbedingungen thematisiert werden, so zeigt sich, dass institutionelle Faktoren, Austauschprozesse etc. eine, wenn nicht die, entscheidende Bedingung kompetenter Praxis darstellen.

In der Folge bedeutet dies, dass die Bewältigung erfahrbarer Herausforderungen gelingen kann, wenn entsprechende institutionelle Rahmenbedingungen gegeben sind, die Veränderungsprozesse ermöglichen, unterstützen und kritisch begleiten, also eine produktiv erfahrene Weiterentwicklung struktureller Bedingungen und individueller Handlungskompetenz gelingt.

Für das Verhältnis von Kompetenzniveau und struktureller Rahmung
können sich folgende 4 Typen von Interaktionskulturen ergeben (vgl.
Abb. 3):

- *Dynamisch-innovativ:* Einer optimalen strukturellen Rahmung (z.B.
  Lern- und Interaktionskultur einer Organisation) entspricht ein hohes individuelles Kompetenzniveau. Beides wirkt in wechselseitiger
  Ergänzung, die Chance einer fachlich reflektierten, innovationsori-
  entierten Weiterentwicklung von Fachkräfte- und Organisationspro-
  fil ist hoch.

- *Stagnierend-individualisiert:* Einem hohen individuellen Kompetenzniveau entspricht eine nur unzureichend gestaltete strukturelle Rahmung. Die Chance der Vereinzelung von Fachkräften (und des Auf-
  baus entsprechender Selbstbilder: Einzelkämpfer, Resignation) ist
  hoch, ebenso die Entstehung einer Kluft zwischen Fachkraft und Organisation.

- *Dynamisch-kompensativ:* Einem niedrigen individuellen Kompetenzniveau entspricht eine optimale strukturelle Rahmung. Die Chance,
  dass die Organisation Maßnahmen zur Fort- und Weiterbildung, zur
  Integration, zur kollegialen Beratung und Begleitung ergreift ist
  hoch, dadurch wird Kompetenzzuwachs wahrscheinlich, der sich als
  positives Gestaltungsmoment für die strukturelle Rahmung bemerk-
  bar macht.

- *Stagnierend-regressiv:* Einem niedrigen individuellen Kompetenzniveau entspricht eine dauerhaft unzureichend gestaltete strukturelle
  Rahmung. Die Chance der Stagnation bzw. Regression des Verhältnisses von Fachkraft und Organisation ist hoch, Intervention von
  Außen wird wahrscheinlich.

Tabelle 7: Typen von Interaktionskulturen

Strukturelle Rahmung	+	–	+	–
Individuelles Kompetenzniveau	+	+	–	–
Interaktionskultur	*dynamisch-innovativ*	*stagnierend-individualisiert*	*dynamisch-kompensativ*	*stagnierend-regressiv*

Welche Auswirkungen diese Typen von Interaktionskulturen auf den Umgang mit Adressaten, auf Kooperationsbeziehungen haben, bedarf einer weiteren Prüfung.

7.2.4 Empfehlungen für eine dynamisch-innovative Interaktionskultur

Welche Empfehlungen ergeben sich nun aus dem Befund, dass die Entwicklung individueller Handlungskompetenz und deren strukturelle Rahmung in Zusammenhang stehen? Wie kann in Organisationen eine dynamisch-innovative Interaktionskultur gefördert und erhalten werden? Ergebnisse der Studie legen folgende Empfehlungen nahe:

Stärkung selbstorganisierter Reflexivität und Koordinierung unterschiedlichen Wissens

Fachliches Handeln ist in der Regel reflektiertes Handeln, wissensgeleitetes Planen, Lernen, Beobachten und Schlussfolgern sind Prozesse der Reflexion. Die Untersuchung zeigt, dass für Fachkräfte die Frage der Entwicklung von Handlungskompetenz in engem Zusammenhang mit der Art und Weise steht, wie über Handeln, Handlungskontexte und Herausforderungen reflektiert wird. Selbstverständlich setzt Reflexion nicht erst ein, wenn eine sozialpädagogische Unterstützungsleistung abgeschlossen ist (ex post); sie beginnt wesentlich früher, nämlich in der vergleichsweise fallunabhängigen Betrachtung der internen Organisationsstruktur, des institutionellen Umfelds, der kollegialen Verständigungsformen, der eigenen Standpunkte. Und im Adressatenbezug begleitet Reflexion strukturierend die Phase der Anfangsbeobachtung, sie begleitet die Interaktionen mit Adressaten, die Einschätzung von Bedarfslagen, das Abgleichen mit verfügbaren Ressourcen, die Koordinierung von Handlungsschritten mit Kolleginnen und Kollegen, die Interpretation eventueller Konflikte, den Abschluss einer Unterstützungsleistung, den Vergleich von geleisteter Hilfe im allgemeinen Auftragsverständnis sowie alle kooperations- und wettbewerbsbezogenen Aktivitäten im sozialräumlichen Umfeld von Jugendhilfeeinrichtungen.

Dieses komplexe Geschehen – das zeigen die Untersuchungsergebnisse ebenfalls – erfordert ganz unterschiedliche Reflexionsleistungen im Umgang mit eingeleiteten, stattfindenden und abgeschlossenen Handlungsverläufen sowie mit den dabei einbezogenen Wissensbeständen. Wie über Verständigung mit Adressaten nachgedacht wird, unterscheidet sich von der Reflexivität, die für Analyse und Planung von Kosten-Nutzen-Analysen aufgewendet wird; die Frage nach dem Kindeswohl bedarf eines anderen, nämlich pädagogisch-rechtlichen Referenzrahmens als die Frage nach der ansprechenden Außendarstellung einer Jugendhilfeeinrichtung in der kommunalen Öffentlichkeit. Dies gilt schließlich auch für die Reflexion darüber, wie die Vielfalt der Aufgaben einigermaßen stimmig aufeinander bezogen werden können usw.

All diese Reflexionsleistungen ermöglichen erst, dass bestimmte Handlungsschritte – und nicht irgendwelche andere – durchgeführt, Optionen erkannt und Entscheidungen ausgehandelt, getroffen und auch korrigiert werden können. Nicht alle Reflexionsleistungen sind von sämtlichen Fachkräften gleichermaßen zu erbringen. Entsprechend arbeitsteilig sind sie bestimmten Zuständigkeiten zugewiesen, die den Zugang zu spezialisiertem Wissen erforderlich machen.

Daher sollten Organisationen der Jugendhilfe optimale Strukturbedingungen für die Entwicklung selbstorganisierter Reflexivität bei Fachkräften anstreben. Damit ist gemeint, dass die Erfahrung der Selbstbestimmung fachlichen Handelns bzw. deren Einschränkung im kollegialen

Rahmen zu thematisieren ist. Eine Reihe von Untersuchungsbefunden lässt nämlich die Schlussfolgerung zu, dass es schwieriger geworden ist, die Balance zwischen den als aufgenötigt erlebten Herausforderungen und der eigenen fachlichen Selbstbestimmung zu finden, so dass es mitunter zu bloß äußerlich bleibenden Anpassungen an Modernisierungstechniken (Evaluation, Qualitätsmanagement) kommt, die nicht mit dem professionellen Selbstbild der Fachkräfte vermittelt sind und Anzeichen einer sich selbst entfremdeten Fachlichkeit zeigen. Damit die entsprechenden Gründe zur Sprache gebracht und nicht nur im Schatten individueller Bewältigung nicht einleuchtender Ereignisse verharren, ist die Schaffung einer Interaktionskultur zwischen Kolleginnen und Kollegen, aber auch zwischen Professionellen und Ehrenamtlichen förderlich.

Zur Rolle der Führungskräfte

Durch die Stärkung selbstorganisierter Reflexivität sollen der kollegiale Auseinandersetzungsprozess vertieft und Fachkräfte ermutigt werden, sich über die für ihre Handlungsfelder angemessenen Qualitätskriterien und -verfahren zu verständigen oder diese weiter zu entwickeln. Dazu bedarf es einer nachhaltigen Achtsamkeit, die sowohl die persönlich wie fachlich begründeten Beobachtungen, Bedarfslagen, Schwierigkeiten, Hilfeprozesse und innovativen Ideen in einem fehlerfreundlichen, aber zugleich kritisch-kollegialen Milieu zur Alltäglichkeit werden lässt. Fachkräfte in leitender Position werden in besonderer Verantwortung gesehen zur Herstellung von
- Begründungs- und Entscheidungsfähigkeit,
- Transparenz im Hinblick auf strategische Entscheidungen,
- Klarheit im Hinblick auf Eigenverantwortung, Freiheit, Vorgaben,
- Klarheit im Hinblick auf institutionelle Ziele,
- nachvollziehbare Kommunikationsstrukturen,
- gegenseitiges Vertrauen und Zutrauen,
- Angstfreiheit in Entwicklungsprozessen.

Die auf diese Weise geschaffenen kommunikativen Rahmenbedingungen können die Problem- und Erfolgssensibilität der Organisation im Sinne einer lernenden Interaktionskultur erhöhen, weil sie von einem hohen Vertrauen in die Reflexions- und Gestaltungskompetenz aller Beteiligten getragen wird (weitere Hinweise zur Personalführung in den Erziehungshilfen finden sich bei Grunwald/Steinbacher 2007).

Themen einer lernenden Interaktionskultur

Wenn es gelingen soll, aus gewonnenen Erfahrungen Erwartungshorizonte für die Zukunft zu erzeugen, dann gilt es, die entsprechenden Reflexionsleistungen, Empfindungen, ja Widerspruchs- und Diskrepanzerfahrungen zum Thema zu machen und Mitarbeiterinnen und Mitarbeitern die dafür benötigten Gelegenheiten zu schaffen. Sie sollten ihre Fragen, Themen, Beobachtungen, Schlussfolgerungen, kurz, ihre Reflexivität verstärkt zur Sprache bringen und sich auf eine Atmosphäre fachlich-kollegialer Beratung verlassen können. Dabei gilt, dass ihren Reflexionsleistungen tatsächlich ein erheblicher Stellenwert eingeräumt wird, der sich von eher beiläufig registrierten Überlegungen dadurch unterscheidet, dass sie ein verlässliches Feed-back erhalten und auch Konsequenzen für die alltägliche Arbeit erfahren. Damit ist die Erwartung verbunden, dass die Fachkräfte ihren eigenen Bedarf an Verständigung und Wissen nicht nur ausnahmsweise, sondern regelmäßig artikulieren und durch eigenständig organisierte Wissensaneignung kollegial decken.

Im Zuge der Entwicklung einer dynamisch-innovativen Interaktionskultur wären Inhalte zu thematisieren, die sich mit den Auswirkungen der verschiedenen Ökonomisierungsprozesse auf fachliches Handeln sowie mit der Diskrepanz bzw. Entkoppelung von Bedarf und angemessener Angebotsentwicklung im sozialräumlichen Gefüge der jeweiligen Einrichtung befassen. Diese wären auf die Erreichbarkeit von Adressatengruppen, auf die Abstimmung von Ressourcen und Bedarfsbestimmungen sowie auf die tatsächlich erreichten Integrationsleistungen ge-

genüber dem Anspruch und dem fachlichen Selbstverständnis zu untersuchen. Dazu gehört die Vergewisserung über die eigenen Potenziale
und Stärken ebenso wie die Analyse von Diskrepanzerfahrungen zwischen fachlichem Anspruch und dessen Realisierbarkeit sowie von Handlungskompetenz und strukturellem Mangel im Binnenraum der Jugend-
hilfeorganisation.

Sinn für „diversity" stärken

Aber ob es sich um pädagogisches, kommunikatives, instrumentelles o-
der strategisches Wissen handelt, das einfließt – eines bleibt deutlich: Es
ist die Person, die das organisierende Zentrum für die von ihr erwarteten
Reflexions- und Unterstützungsleistungen ist. Sie ist es, die den Sinnge-
halt eines Jugendhilfeauftrags deutet, den Hilfeplan gestaltet, über diese
oder jene Vorgehensweise entscheidet. Sie ist es, die das dazu nötige
Fachwissen entweder abruft oder es selbst herstellt, Wissensbedarf bemerkt und ihn gegebenenfalls ausgleicht, aber auch Gefühle zeigt und
auch darin ansprechbar für Adressaten und Kollegen ist. Und sie ist es
schließlich, die ihre Hilfeleistung mit einem Selbstverständnis abstimmt,
aus dem sich erhebliche Anteile an Berufsmotivation und Engagement
ebenso ableiten wie Erfahrungen der Nicht-Passung, ja der Anzeichen
von Entfremdung vom eigenen beruflichen Selbstverständnis. Nicht zuletzt zeigt die hohe Bedeutung, die die Befragten der persönlichen Haltung und der Persönlichkeitsentwicklung zuweisen, dass die Selbst- und
Fremdbeschreibung als „Fachkraft" auch als eine Verengung der Person
auf die Bewältigung rein funktionaler Aufgaben begriffen wird, die weder ausreicht, um mit Kindern- und Jugendlichen pädagogisch zu handeln, noch um eine dynamisch-innovative Interaktionskultur zu befördern.

Dies wird der Gesamtheit der Reflexions- und Interaktionsformen
auch im Hinblick auf das Verhältnis zur eigenen Persönlichkeit schon
deshalb nicht gerecht, weil personenbezogene Dienstleistungen im Umgang mit Kindern und Jugendlichen immer Ebenen der Persönlichkeit

berühren, die sich aus den lebensweltlich motivierten Erwartungen der
Adressaten und nicht aus der funktionalen Organisation von Jugendhilfeeinrichtungen ergeben. Erst wenn beides in eine Balance gebracht werden kann, Erwartungen an Respekt und Anerkennung von Personen erfüllt werden, können auch fachliche Kompetenzen sich entsprechend realisieren. Damit wird die Berücksichtigung eines angemessenen Um-
gangs mit personeller Vielfalt (diversity) notwendig, die innerhalb von
Organisationen als etwas Wertvolles betrachtet werden muss. Auch das
Selbstverständnis der Befragten zeigt, dass sich das berufliche Engagement gerade im Diakonischen Werk einer Motivlage verdankt, die eine
reine Job-Gesinnung überschreitet, indem die Person sich einem von e-
thischen Hilfekonzepten getragenen Weltbild zuordnet und nicht lediglich einer rechtlich-administrativ gesicherten Durchführung von Hilfe-
aufträgen. Das ist eine kostbare Ressource.

*Durch Qualifizierung Bildungsprozesse und Organisationsentwicklung
befördern*

Qualifizierung ist als vielförmiger Begleitprozess beruflichen Handelns
zu konzipieren: Neben langfristigen Formen sind aktualitätsbezogene
Inputs zeitnah bereitzuhalten; neben direkt mit beruflichem Alltagshandeln verzahnten Reflexions- und Auswertungsprozessen sind Unterbrechungen gewohnter Abläufe und Distanz zum gewohnten beruflichen
Umfeld zu schaffen; neben solchen Qualifizierungsinhalten, die gegen-
wartsbezogen in Berufshandeln einfließen und dieses verbessern sollen,
sind prospektiv auch solche Inhalte anzubieten, die auf künftige Übergänge im Rahmen von Berufskarrieren vorbereiten; neben diskursiven
Formen der Wissensvermittlung sind schließlich auch alternative Zugrif-
fe auf aufbereitetes Wissen weiterzuentwickeln (Wissensmanage-
mentsystem).

   Qualifizierung dient primär der Unterstützung individuellen beruflichen Handelns und hat die Funktion, einzelne Phasen der beruflichen
Entwicklung sinnvoll aufeinander abzustimmen, so dass – auch ange-

sichts wechselnder Arbeitsverhältnisse und Auftragslagen – eine Anreicherung der Handlungskompetenz einzelner Fachkräfte entstehen kann. Für diese berufliche Bildung sind die Fachkräfte selbst verantwortlich, nicht jedoch für die Möglichkeiten zur Inanspruchnahme von Bildungsangeboten. Hier gilt es seitens der Einrichtung Motivationsanreize zu schaffen, die sich z.b. auch gegenüber Zeitknappheit im Berufsalltag behaupten und nicht an der Anstellungsmodalität bemessen sind.

Qualifizierung – als ein von den Subjekten aus bestimmter Aneignungsprozess – ist schließlich auch in Verbindung zu bringen mit Organisationsentwicklung. Während die Aneignung theoretischen und praktischen Wissens einzelner den Wissenskorpus einer Einrichtung insgesamt vergrößert, unterstützt ein Zuwachs an reflexivem Wissen vor allem die Auseinandersetzung mit virulenten Themenbereichen in den Arbeitszusammenhängen (Einrichtungen, Teams, kommunalen Netzwerken, verbandlichen Zusammenhängen), in denen diese Themen entstehen. Hier sind in erster Linie die zuvor genannten Herausforderungen zu nennen:
- Wettbewerbs- und Konkurrenzsituationen und dadurch notwendige ,Marketing-' bzw. Vermittlungskonzepte von ,Best Practice',
- scheinbar unhintergehbare Imperative betriebswirtschaftlichen Controllings und neuartigem Legitimationsdruck,
- mannigfache Diskrepanzerfahrungen zwischen fachlichen Leitvorstellungen und pragmatischen (Zwischen-) Lösungen.

Darauf bezogen sollte Qualifizierung vor allem die Förderung von selbstorganisierter Reflexivität leisten und somit den von den Fachkräften angezeigten Bedarf an Selbstbewertung, Selbsterkenntnis und Selbsterfahrung prozessual unterstützen. Indem Organisationsentwicklung die Entwicklung selbstorganisierter Reflexivität systematisch integriert, wird schließlich die eigene Bewertung von Fachlichkeit gegenüber fremdgesetzten Maßstäben gestärkt. Selbstorganisierte Reflexivität trägt auch dazu bei, dass „Kompetenzen und Lernkulturen" (Veith 2003) einer Organisation sich wechselseitig aufeinander beziehen und das Können Einzelner für Andere vermittelbar machen. Damit wird selbstorganisierte

Reflexivität auch zu einer Brücke von Kompetenz- und Organisationsentwicklung.

Die vorliegende Forschung zeigt, dass Kompetenzentwicklung nicht
als temporäres Praxis-Begleit-Projekt zu verstehen ist, gleichwohl einzelne fachliche Inputs und Weiterbildungen unverzichtbar sind. Entscheidend für eine nachhaltige Kompetenzentwicklung ist, diese in ihren
komplexen Zusammenhängen von persönlicher Entwicklung, beruflicher
Sozialisation, fachlicher Weiterbildung und insbesondere innovations-
fördernder Lernkultur innerhalb der Organisationen zu verstehen. Macht
man sich dieses Verständnis zu Eigen, heißt Kompetenzentwicklung
auch und vor allem Organisationsentwicklung hin zu einer dynamisch-
innovativen Interaktionskultur.

7.3 Grenzen und Reichweite des Untersuchungsdesigns

Lassen die vorhandenen Ergebnisse Aussagen darüber zu, ob die Einschätzungen der Befragten hinreichen, um die Zukunft der Jugendhilfe
fachlich, strategisch und strukturell zu meistern? Das hier gewählte qualitative Untersuchungsverfahren bringt vor allem jenes berufsbiografisch
erworbene Erfahrungswissen von Fachkräften zur Sprache, das sich in
einer langen Reihe unterschiedlicher Handlungssituationen gebildet hat.
Es ist ein Wissen, das im aktuellen Zeitraum der Befragung von den
Fachkräften aktualisiert und das zur Grundlage für mehr oder minder
klar konturierte Zukunftseinschätzungen wird. Forschungsleitend ist dabei die Annahme, dass es in der Hauptsache die Fachkräfte selbst sind,
die die Grenzen und Reichweiten jener Kompetenzen und Kompetenz-
erwartungen kennen, die sich für ihr eigenes fachliches Handlungsseg-
ment stellen.

Die Grenze dieses stark auf Selbstthematisierung setzenden Verfahrens liegt darin, dass Herausforderungen, Kompetenzen, Bedingungen
und Qualifizierungsbedarfe, die diesem Erfahrungsraum entzogen sind,
nicht benannt werden können und sich ein fachlicher Erwartungshori-
zont aufgebaut hat, der das breite Spektrum möglicher Zukunftsent-

wicklungen entsprechend auf das eigene Erfahrungswissen hin einengt. Dies hätte eine Extrapolation von vergangenen Erfahrungen auf Zukunft zur Folge und würde auch diejenigen Entwicklungstrends betreffen, die sich mit dem Wissen der Vergangenheit nicht mehr deuten und mit überlieferten Handlungskompetenzen nicht mehr gestalten lassen. Kritisch gesehen kann das heißen, dass Trends und Ereignisse in der Gesellschaft nicht erkannt werden, die sich dem Wahrnehmungshorizont der Fachkräfte entziehen oder die aus Gründen der Vermeidung von Verunsicherung oder Konflikten nicht zur Kenntnis genommen werden. Mit anderen Worten: Es bleibt zu klären, über welche Bereiche die Fachkräfte mehr wissen wollen und mehr wissen sollten, um eine Kompetenzentwicklung zu betreiben, die sich auch der Wissensbestände vergewissert, die dem professionellen Selbstbild nicht entsprechen oder es gar in Frage stellen.

Um diesen berufsbiografisch erworbenen Wissenskomplex der Fachkräfte durch einen zweiten Wissenskomplex zu ergänzen, der nicht diesem Erfahrungsraum entstammt, wäre es theoretisch denkbar, eine davon getrennte Datenerhebung zu groß- und kleinräumigen Regionalentwicklungen durchzuführen, diese mit Trends, Hochrechnungen, sozialpolitischen Entwicklungsverläufen sowie sozialdemographischen Berechnungen zu ergänzen und deren Bedeutung für die jeweils spezifischen Handlungsfelder einzuschätzen. Außerdem müssten gezielter die Zonen des Nicht-Wissens und des genaueren Wissensbedarfs erkundet werden. Ob dadurch Herausforderungen etc. erkannt würden, die für die Fachkräfte noch unbekannt oder gar überraschend wären, kann hier nur vermutet werden. So könnte eine Ergänzung entstehen, die möglicherweise Kontraste zum Erfahrungswissen der Fachkräfte sichtbar macht. Diese Kontraste wären dann bislang unbekannte Herausforderungen, die erst interpretiert und mit den verfügbaren Ressourcen abgeglichen werden müssten. Ähnliches gilt für die Methodenwahl einer teilnehmenden Beobachtung.[46]

---

[46] Da auch keine teilnehmende Beobachtung von Handlungsprozessen durchgeführt wurde, können auch keine Aussagen darüber getroffen werden, welche die aus der Sicht der Beobachtung sich zeigende Begrenzung der Handlungskompetenz betreffen, die im interakti-

Insofern die vorliegende Untersuchung vor allem Erfahrungswissen über bekannte Herausforderungen, Handlungskompetenzen, Rahmenbedingungen und Qualifikationsbedarf zugänglich macht, ist der Aussagekraft der Ergebnisse eine dementsprechende Grenze gesetzt. Die Frage also, ob die Einschätzung der Befragten „genügen", um die Zukunft fachlich, strategisch und strukturell zu meistern, kann hier schon deshalb nicht zufriedenstellend beantwortet werden, weil Zukunft erstens immer kontingent ist und zweitens immer auch Variablen intervenieren, die so niemand voraussehen kann.

Dennoch lässt sich begründen, dass das aus den Äußerungen der Fachkräfte entstandene Bild von der Tragfähigkeit der eigenen Handlungskompetenzen zeigt, wie selbstbewusst und professionalisiert die Fachkräfte ihr Wissen, Können und ihre persönliche Haltung einschätzen und dies auch angesichts von Trends und Veränderungen durchhalten, die von Kritikern z.B. als neoliberaler Abbau des Sozialstaats, prekären Arbeitsverhältnissen und ungewisser Zukunft sozialer Sicherung beschrieben werden. So gesehen scheint der Stand der Profession gefestigt. Soziale Arbeit – zumal die der Jugendhilfe – weiß um ihre inzwischen erreichte ‚Normalität' im Kreis anderer personenbezogener Dienstleistungsberufe.

Andererseits könnte gerade diese Selbstgewissheit angesichts der gravierenden Herausforderungen Erstaunen erzeugen: Reicht die solide Realisierung gelingender Interaktionen aus, um Strukturveränderungen in der Jugendhilfe zu meistern? Zeigt sich darin eine Verengung sozialpädagogischer Arbeit auf die Gestaltung von Hilfeprozessen? Die sich aus den genannten Verwerfungen ergebenden Strukturveränderungen scheinen weniger das professionelle Handwerkszeug zu betreffen, als vielmehr die Rahmenbedingungen, die bis in Fragen des Tarifrechts, der

---

ven Zusammentreffen von Fallstruktur und jeweils gewählter Handlungsform (Ko-Produktion sozialer Dienstleistung) entstehen. Daher ist zu schlussfolgern, dass die so gewonnenen Erkenntnisse zwar einen überaus gewichtigen Stellenwert für die Beschreibung und Entwicklung von handlungsfeldspezifischen Kompetenzen haben, aber eben darin auch ihre Beschränkungen liegen.

Vertragsdauer von Stellen und der Ausstattung mit Personal und Geld zu teilweise erheblichen Auseinandersetzungen geführt haben.[47] Diese Ebene wird weniger dem Bestand an fachlichen Kompetenzen zugerechnet, sondern vielmehr den Bedingungen der Möglichkeit, sie zu realisieren. Zusammenhänge zwischen den beschriebenen Herausforderungen, den notwendigen Kompetenzen und den schwieriger werdenden Arbeitsbedingungen werden kaum ausdrücklich angesprochen.

So wäre kritisch zu fragen, ob der Blick auf bewährte Kompetenzen von der Brüchigkeit, Verunsicherung und Konfliktträchtigkeit gesellschaftlicher und betrieblicher Konstellationen ablenkt, die das berufliche Selbstbild der kompetenten Praxis vielleicht verunsichern könnten. Diese Blickrichtung könnte gerade in den Turbulenzen der Modernisierung eine Funktion erfüllen, die als gleichsam letzte Instanz der Selbstbehauptung der Sozialpädagoginnen und Sozialpädagogen gegenüber dem Strukturwandel der Jugendhilfe die „Persönlichkeit" der Fachkräfte und ihre individuelle Haltung anruft – als ob sich diese jenseits zeitlich verkürzter Ausbildungsgänge, schwindender Ressourcen für reflexiv begleitete Praxis und eingeschränkter sozialer Infrastruktur für Adressaten befände. Denn letztlich steht auch die Persönlichkeit in Abhängigkeit von sozial- und bildungspolitischen Ressourcen, deren Ab- oder Umbau erhebliche Bedeutung für eben jenen Bildungsprozess hat, in dem sie sich doch entwickeln soll. Offen bleibt, ob optimistische Einschätzungen, diese Schwierigkeiten seien vor allem durch Kompetenzentwicklung zu bewältigen, der gesellschaftlichen Entwicklung angemessen sind.

---

[47] Zur Gleichzeitigkeit der gewachsenen Normalität von und Kritik an Sozialer Arbeit sei auf Hans Thiersch verwiesen: „In dieser Normalität aber zeigen sich in den letzten Jahren Brüche und Risse, in denen Soziale Arbeit ihr Selbst- und Arbeitsverständnis neu artikulieren muss. Dazu ist [...] der Status der Normalität eine notwendige, aber auch eine gute Voraussetzung: Soziale Arbeit kann es sich leisten, sich neuen Auseinandersetzungen kritisch-selbstkritisch zu stellen" (Thiersch 2002: 5).

Literatur

Böhm, Andreas (2000): Theoretisches Codieren: Textanalyse in der Grounded Theory. In: Flick/Kardorff/Steinke (2000): S. 475-485

Bolay, Eberhard/Flad, Carola/Gutbrod, Heiner (2004): Sozialraumverankerte Schulsozialarbeit. Eine Studie zur Kooperation von Jugendhilfe und Schule. Stuttgart

Bundesministerium für Familie, Senioren, Frauen und Jugend (2005): Zwölfter Kinder- und Jugendbericht. Bericht über die Lebenssituation junger Menschen und die Leistungen der Kinder- und Jugendhilfe in Deutschland. Berlin

Diakonisches Werk Württemberg (2002): Leitlinien, Qualitätskriterien und Checklisten zur Qualitätsentwicklung. Materialien zum Projekt „Qualitätsentwicklung in der diakonischen Jugendhilfe". Stuttgart

Diakonisches Werk Württemberg (2004a): Projektbeschreibung: Projekt KOMMIT. Kompetenzentwicklung von Mitarbeitenden in der diakonischen Jugendhilfe (Projektmaterialien). Stuttgart

Diakonisches Werk Württemberg (2004b): Instrumente zur Weiterentwicklung diakonischer Unternehmen der Jugendhilfe. Projekt Innovative Jugendhilfe. Stuttgart

Diakonisches Werk Württemberg u.a. (2004c): Projekt Ikarus – Innovation und Qualitätsentwicklung in Einrichtungen und Netzwerken der Jugendhilfe. Ein Kooperationsprojekt. Abschlussdokumentation. Stuttgart

Erpenbeck, John/Rosenstiel, Lutz v. (Hrsg.) (2003): Handbuch Kompetenzmessung. Stuttgart

Flad, Carola/Schneider, Sabine/Treptow, Rainer (2007): Forschungsbericht „Handlungsfeldspezifische Kompetenzentwicklung". Unveröff. Bericht. Tübingen

Flick, Uwe (2000): Design und Prozess qualitativer Forschung. In: Flick/Kardorff/Steinke (2000): S. 252-265

Flick, Uwe/Kardorff, Ernst von/Steinke, Ines (Hrsg.) (2000): Qualitative Forschung. Ein Handbuch. Reinbek

Flick, Uwe (2002): Qualitative Sozialforschung. Eine Einführung. Reinbek

Galuske, Michael (2007): Methoden der Sozialen Arbeit. Eine Einführung. 7. Aufl. Weinheim/München

Glaser, Barney G./Strauss, Anselm L. (1967): The discovery of grounded theory. Chicago

Grunwald, Klaus/Steinbacher, Elke (2007): Organisationsgestaltung und Personalführung in den Erziehungshilfen. Grundlagen und Praxismethoden, Weinheim/München

Huber, Günter L. (Hrsg.) (1992a): Qualitative Analyse. Computereinsatz in der Sozialforschung. München

Huber, Günter L. (1992b): Vorwort. In: Huber (1992a): S. 7-10

Helsper, Werner/Hörster, Reinhard/Kade, Jochen (Hrsg.) (2003): Ungewissheit. Pädagogische Felder im Modernisierungsprozess. Weilerswist

Kelle, Udo/Kluge, Susann (1999): Vom Einzelfall zum Typus. Opladen

Kessl, Fabian (2002): Ökonomisierung. In: Schröer/Struck/Wolff (2002): S. 1113-1128

Klatetzki, Thomas (1993): Wissen, was man tut. Professionalität als Organisationskulturelles System. Bielefeld

Kohli, Martin/Robert, Günther (Hrsg.) (1994): Biographie und soziale Wirklichkeit. Stuttgart

Krauß, E. Jürgen/Möller, Michael/Münchmeier, Richard (Hrsg.) (2007): Soziale Arbeit zwischen Ökonomisierung und Selbstbestimmung. Kassel

Lamnek, Siegfried (1988): Qualitative Sozialforschung. Band 1. Weinheim/München

Lau, Thomas/Wolff, Stephan (1982): Wer bestimmt hier eigentlich, wer kompetent ist? Eine Kritik an Modellen kompetenter Sozialarbeit. In: Müller u.a. (1982): S.261-302

Leisgang, Winfried/Kehler, Holger (2006): Soziale Kompetenzen in der Sozialen Arbeit. In: Soziale Arbeit. 2006. Heft 5. S.162-175

Lüders, Christian (1987): Der „wissenschaftlich ausgebildete Praktiker" in der Sozialpädagogik – zur Notwendigkeit der Revision eines Programms. In: Zeitschrift für Pädagogik, 33. Jg. Heft 5. S. 635-653

Messmer, Heinz (2007): Jugendhilfe zwischen Qualität und Kosteneffizienz. Wiesbaden

Métraux, Alexandre (2000): Verfahrenskunst, Methodeninnovation und Theoriebildung in der qualitativen Sozialforschung. In: Flick/Kardorff/Steinke (2000): S. 643-652

Moch, Matthias (2006): Wissen, Verstehen, Können: Kompetenzerwerb durch reflexive Praxisanleitung im Studium der Sozialen Arbeit, In: neue praxis. 36. Jg. Heft 5. S.532-544

Müller, Burkhard (2006): Sozialpädagogisches Können. Ein Lehrbuch zur multiperspektivischen Fallarbeit. Freiburg i. Br.

Müller, Burkhard (1997): Wie kann sich die Jugendhilfepraxis an wissenschaftlichen Ergebnissen orientieren? In: Sozialpädagogik. 39. Jg. Heft 3. S.98-103

Müller, Siegfried/Otto, Hans-Uwe/Peter, Hilmar/Sünker, Heinz (Hrsg.) (1982): Handlungskompetenz in der Sozialarbeit/Sozialpädagogik. Band 1. Interventionsmuster und Praxisanalysen. Bielefeld

Müller, Siegfried/Otto, Hans-Uwe/Peter, Hilmar/Sünker, Heinz (Hrsg.) (1984): Handlungskompetenz in der Sozialarbeit/Sozialpädagogik. Band 2. Theoretische Konzepte und gesellschaftliche Strukturen. Bielefeld

Müller, Siegfried u.a. (Hrsg.) (2000): Soziale Arbeit. Gesellschaftliche Bedingungen und professionelle Perspektiven, Neuwied/Kriftel

Olk, Thomas (1986): Abschied vom Experten. Sozialarbeit auf dem Weg zu einer alternativen Professionalität. Weinheim/München

Otto, H.-U./Thiersch, H. (Hrsg.) (2001): Handbuch zur Sozialarbeit/Sozialpädagogik. 2. völlig überarb. Aufl. Neuwied/Berlin

Rauschenbach, Thomas/Treptow, Rainer (1984): Sozialpädagogische Reflexivität und gesellschaftliche Rationalität. Überlegungen zur Konstitution sozialpädagogischen Handelns. In: Müller u. a. (1984): S. 21-71

Rychen, Dominique Simone/Salganik, Laura Hersh (Hrsg.) (2003): Key Competencies for a Successful Life and a Well-Functioning Society. Göttingen

Schneider, Sabine (2006): Sozialpädagogische Beratung. Praxisrekonstruktionen und Theoriediskurse. Tübingen

Schreyer-Schubert, Anne (2004): Diskussionspapier Leitsätze zum Projekt ,Kommit' in der diakonischen Jugendhilfe. Kompetenzmanagement und Kompetenzentwicklung. Manuskript. Stuttgart

Schreyer-Schubert, Anne/Grajer, Jürgen (2005): Checkliste zur Evaluation von Personalentwicklungssystemen. Stuttgart

Schröer, Wolfgang/Struck, Norbert/Wolff, Mechthild (Hrsg.) (2002): Handbuch Kinder- und Jugendhilfe. Weinheim/München

Schütze, Fritz (1994): Kognitive Figuren des autobiographischen Stegreiferzählens. In: Kohli/Robert (1994): S. 78-117

Schwarz, Christine (2004): Evaluation als modernes Ritual. Vortrag Heinrich Böll Stiftung. Berlin, [http://www.boell.de/downloads/stw/schwarz_evaluation.pdf]

Schwarz, Christine (2006): Evaluation als modernes Ritual. Zur Ambivalenz gesellschaftlicher Rationalisierung am Beispiel virtueller Universitätsprojekt. Münster

Seckinger, Mike/van Santen, Eric (2003): Kooperation: Mythos und Realität einer Praxis. Eine empirische Studie zur interinstitutionellen Zusammenarbeit am Beispiel der Kinder- und Jugendhilfe. Leverkusen

Senge, Peter M. (1996): Die fünfte Disziplin. Kunst und Praxis der lernenden Organisation. Stuttgart

Sorg, Richard (2007): Soziale Arbeit und Ökonomisierung. In: neue praxis. 37. Jg. Heft 2. S. 209-215

Sozialministerium Baden-Württemberg (2004): Zweiter Landesjugendbericht Baden-Württemberg für die 13. Legislaturperiode. Stuttgart

Spiegel, Hiltrud von (2004): Methodisches Handeln in der Sozialen Arbeit. München/Basel

Strauss, Anselm L. (1991): Grundlagen qualitativer Sozialforschung – Datenanalyse und Theoriebildung in der empirischen soziologischen Forschung. München

Strübing, Jörg (2004): Grounded Theory: Zur sozialtheoretischen und epistemologischen Fundierung des Verfahrens der empirisch begründeten Theoriebildung, Wiesbaden

Thole, Werner/Küster-Schapfl, Ernst-Uwe (1997): Sozialpädagogische Profis. Beruflicher Habitus, Wissen und Können von PädagogInnen in der außerschulischen Kinder- und Jugendarbeit. Opladen

Thole, Werner/Cloos, Peter (2000): Soziale Arbeit als professionelle Dienstleistung. In: Müller u.a. (2000): S. 547-567

Treptow, Rainer (2001): Handlungskompetenz. In: Otto/Thiersch (2001): S. 757-771

Otto, Hans-Uwe (2006): Neue Herausforderungen für die Profession Sozialer Arbeit. Thesen anlässlich des 30. Tübinger Sozialpädagogiktages. http://www.erziehungswissenschaft.uni-tuebingen.de/Abteilungen/Sozialpaedagogik/Sozialpaedagogiktag/2006/files/Otto-Thesen-2006.pdf

Otto, Hans-Uwe/Schnurr, Stefan (2000): Privatisierung und Wettbewerb in der Jugendhilfe. Marktorientierte Modernisierungsstrategien in internationaler Perspektive. Neuwied/Kriftel

Thiersch, Hans (2002): Positionsbestimmungen der Sozialen Arbeit: Gesellschaftspolitik, Theorie und Ausbildung. Weinheim/München

Veith, Hermann (2003): Kompetenzen und Lernkultur. Zur historischen Rekonstruktion moderner Bildungsleitsemantiken. Münster u.a.

Wolff, Reinhart (2004): Eckpfeiler einer lernenden Organisation. In: Verein für Kommunalwissenschaften e.V. (Hrsg.): Wenn das Jugendamt wüsste, was das Jugendamt weiß... - Das Jugendamt auf dem Weg zu einer lernenden Organisation. Aktuelle Beiträge zur Kinder- und Jugendhilfe, Band 44. Berlin

Wolff, Stephan (1983): Die Produktion von Fürsorglichkeit. Bielefeld